한국어문회(한자능력검정회) 주관

한자능력 검정시험
한권으로 급수따기

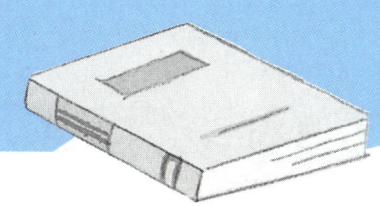

검정대비 시리즈 ③

개정된 출제 기준 완벽 대비(필순 문제)
배정 한자 300자 완전 문제화
풍부한 한자 쓰기 연습
유형별 한자 익히기, 확인평가
기출 예상문제 및 답안지 수록

6급
6급Ⅱ포함

이 책의 구성과 특징

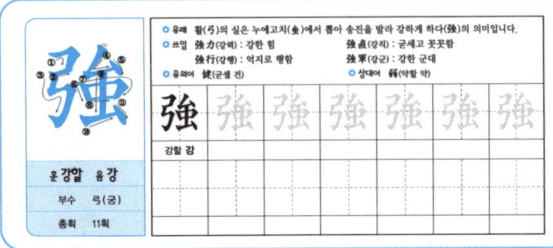

한자 배우기

6급에서 새로 배우게 될 한자 150자를 10단원으로 나누어 각 단원별로 훈과 음, 필순은 물론 글자의 유래와 쓰임, 상대어와 유의어 등을 함께 제시하여 한자를 재미있게 익히도록 하였습니다.

확인평가

각 단원별로 새롭게 배운 한자를 철저한 출제 경향 분석에 따른 실제 시험 형식에 따라 점검해보고 자신의 부족한 부분을 보완하도록 합니다.

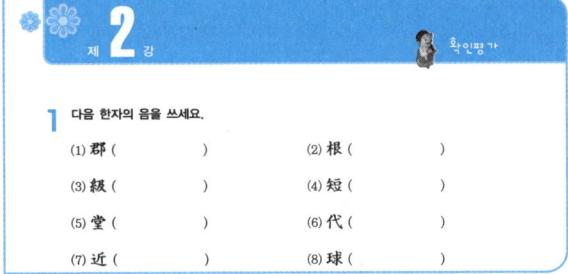

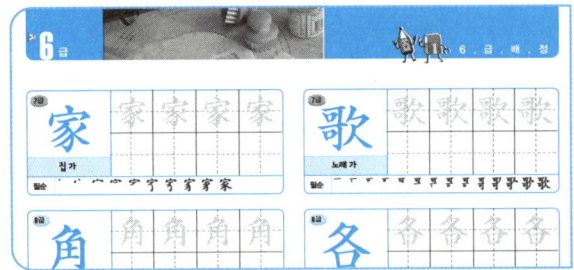

6급 배정 300자 다지기

별도의 한자 노트가 필요 없이 쓰기 연습을 충분히 할 수 있도록 6급 과정에 배정된 300자 한자를 다시 한 번 모아 익히도록 하였습니다.

한자 익히기

한자의 생성, 부수, 필순 등의 원리를 배우고 6급 한자 범위의 한자성어와 함께 반의어, 유의어, 비슷한 한자를 통해 더욱 실력을 다질 수 있으며 읽기 어려운 한자를 따로 정리하였습니다.

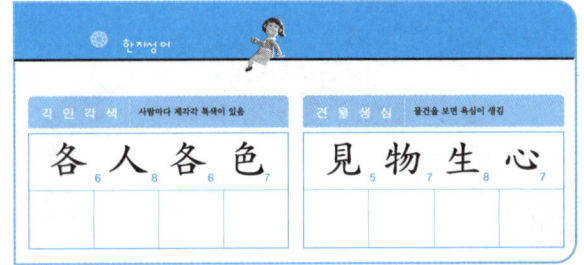

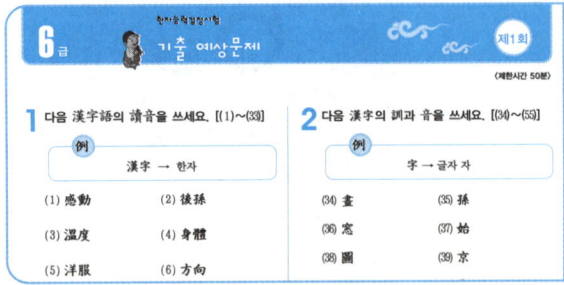

기출 예상문제

이미 출제된 문제를 충실히 분석하고 달라진 출제 기준에 따라 엄선된 6급Ⅱ와 6급 예상문제를 실제 시험에서와 같이 마지막 점검을 하여 시험에 대한 자신감을 길러줍니다.

머리말

최근 한자에 대한 관심이 높아지면서 한자능력검정의 응시자 수도 놀라운 속도로 늘어나고 있습니다. 한자어는 우리말 중 그 비중이 70%를 넘어설 정도로 오랜 시간에 걸쳐 우리의 생활에 깊숙이 스며들어 있음에도 불구하고 그 동안 상대적으로 교육 현실에서 소홀히 여겨져 온 것이 사실입니다. 그러한 중에 한자에 대한 교육이 꾸준히 늘어나고 있는 현실은 퍽 다행이라 할 수 있습니다.

중국이 이미 세계 무대의 중심에 우뚝 서 한자 문화권이 넓게 형성되었으며 논술 시험의 비중이 높아져 한자의 이해가 그 어느 때보다 절실한 상황이며, 더욱이 우리말을 정확히 알고 구사하기 위해서라도 한자는 반드시 넘어야 할 산임을 정확히 알게 된 것입니다.

그리하여 한자능력검정시험이 국가 공인을 얻어 자격 취득시 초·중·고등 생활 기록부에 등재되고, 대학교 특례입학의 자격이 주어지고 있으며 공무원, 군인 등의 인사고과에 반영되며 입사시험에 필수 사항이나 우대 사항으로 대우를 해 주는 회사도 많이 늘어나고 있습니다.

이에 본 교재는 한국어문회에서 시행하는 국가공인 한자능력검정시험에 대비하여 새로이 개정 증면되어 한자의 기본을 더욱 튼튼히 하고 철저한 분석과 풍부한 예제로 이 한 권으로 자격증을 획득하기에 조금도 부족함이 없도록 하였습니다. 빠르게 변하고 필요한 정보가 더욱 요구되는 이 시기에 여러분들의 귀한 시간을 아껴드림과 아울러 정확한 합격의 길로 인도하여 드릴 것을 확신합니다.

한자능력검정시험 안내

한자능력검정시험 요강

- **주　관** : (사)한국어문회 (☎ 02-1566-1400) (http://www.hanja.re.kr)
- **시　행** : 한국한자능력검정회
- **시험일시** : 연 3회 - 교육급수 : 4, 7, 10월
  　　　　　　　공인급수 : 5, 8, 11월
- **응시자격**
  - 제한없음, 능력에 맞게 급수를 선택하여 응시하면 됩니다.
  - 1급은 2급 합격자에 한하여 응시할 수 있고, 서울, 부산, 대구, 광주, 대전, 제주에서만 실시합니다.
- **접 수 처**
  - 서울 : (사)한국어문회 ☎ 02-1566-1400(서울교대 정문 맞은 편 교대벤처타워 501호)
  　　　　종로 이그젬센터[6서당] ☎ 02-730-6116(1호선 종각역 3번 출구 국세청 뒤)
  - 기타지역 : 한자능력검정시험 지역별 접수처 및 응시처 참조
- **접수시 준비물**
  반명함판사진 3매 / 응시료(현금) / 한자 이름 / 주민등록번호 / 급수증 수령주소

급수별 출제 유형

구 분	공인급수					교육급수						
	1급	2급	3급	3급Ⅱ	4급	4급Ⅱ	5급	6급	6급Ⅱ	7급	8급
읽기 배정 한자	3,500	2,355	1,817	1,400	1,000	750	500	300	300	150	50
쓰기 배정 한자	2,005	1,817	1,000	750	500	400	300	150	50	0	0
독음	50	45	45	45	30	35	35	33	32	32	24
훈음	32	27	27	27	22	22	23	22	29	30	24
장단음	10	5	5	5	5	0	0	0	0	0	0
반의어	10	10	10	10	3	3	3	3	2	2	0
완성형	15	10	10	10	5	5	4	3	2	2	0
부수	10	5	5	5	3	3	0	0	0	0	0
동의어	10	5	5	5	3	3	3	2	0	0	0
동음이의어	10	5	5	5	3	3	3	2	0	0	0
뜻풀이	10	5	5	5	3	3	3	2	2	2	0
필순	0	0	0	0	0	0	3	3	3	2	2
약자	3	3	3	3	3	3	3	0	0	0	0
한자쓰기	40	30	30	30	20	20	20	20	10	0	0

- 쓰기 배정 한자는 한두 급수 아래의 읽기 배정 한자이거나 그 범위 내에 있습니다.
- 출제 유형표는 기본 지침 자료로서, 출제자의 의도에 따라 차이가 있을 수 있습니다.

급수별 합격 기준

급수별 합격기준	8급	7급	6급 Ⅱ	6급	5급	4급 Ⅱ	4급	3급 Ⅱ	3급	2급	1급
출제문항수	50	70	80	90	100	100	100	150	150	150	200
합격문항수	35	49	56	63	70	70	70	105	105	105	160
시험시간(분)	50							60			90

급수별 수준 및 대상

급수	수준 및 특성	권장대상
8급	• 읽기 50자, 쓰기 없음 • 유치원이나 초등학생의 학습 동기 부여를 위한 급수	초등학생
7급	• 읽기 150자, 쓰기 없음 • 한자 공부를 처음 시작하는 분을 위한 초급 단계	초등학생
6급 Ⅱ	• 읽기 300자, 쓰기 50자 • 한자 쓰기를 시작하는 첫 급수	초등학생
6급	• 읽기 300자, 쓰기 150자 • 기초 한자 쓰기를 시작하는 급수	초등학생
5급	• 읽기 500자, 쓰기 300자 • 학습용 한자 쓰기를 시작하는 급수	초등학생
4급 Ⅱ	• 읽기 750자, 쓰기 400자 • 5급과 4급의 격차를 해소하기 위한 급수	초등학생
4급	• 읽기 1000자, 쓰기 500자 • 초급에서 중급으로 올라가는 급수	초등학생
3급 Ⅱ	• 읽기 1,000자, 쓰기 750자 • 4급과 3급의 격차를 해소하기 위한 급수	중학생
3급	• 읽기 1,817자, 쓰기 1,000자 • 신문 또는 일반 교양어를 읽을 수 있는 수준	고등학생
2급	• 읽기 2,355자, 쓰기 1,817자 • 일상 한자어를 구사할 수 있는 수준	대학생·일반인
1급	• 읽기 3,500자, 쓰기 2,005자 • 국한 혼용 고전을 불편없이 읽고, 공부할 수 있는 수준	대학생·일반인

자격 취득시 혜택

1. 초·중·고등학생 생활기록부 등재
2. 대학 수시모집 및 특기자 전형 지원
3. 대입면접 가산·학점반영·졸업인증
4. 기업체 인사·승진·인사고과 반영

○ 초·중·고등학생 생활기록부 등재[자세히]

구분	효력	생활기록부 등재란	관련 규정
1급~4급	국가공인자격증	'자격증' 란	교육부 훈령 제616호 11조
4급Ⅱ~8급	민간자격증	'세부사항' 란	교육부 훈령 제616호 18조

● 생활기록부의 '세부사항' 등재(4Ⅱ~8급)는 교육부 훈령의 권장 사항으로, 각급 학교 재량에 따릅니다.

6급 신출한자 (150자)

角	뿔 각	10	級	등급 급	21	美	아름다울 미	35
各	각각 각	10	多	많을 다	21	朴	성 박	36
感	느낄 감	10	短	짧을 단	22	反	돌이킬 반	36
强	강할 강	11	堂	집 당	22	半	반 반	36
開	열 개	11	代	대신 대	22	班	나눌 반	37
京	서울 경	11	待	기다릴 대	26	發	필 발	37
界	지경 계	12	對	대할 대	26	放	놓을 방	37
計	셀 계	12	度	법도 도	26	番	차례 번	38
古	예 고	12	圖	그림 도	27	別	다를 별	38
高	높을 고	13	讀	읽을 독	27	病	병 병	38
苦	쓸 고	13	童	아이 동	27	服	옷 복	42
功	공 공	13	頭	머리 두	28	本	근본 본	42
公	공평할 공	14	等	무리 등	28	部	떼 부	42
共	한 가지 공	14	樂	즐길 락	28	分	나눌 분	43
果	실과 과	14	例	법식 례	29	使	하여금 사	43
科	과목 과	18	禮	예도 례	29	死	죽을 사	43
光	빛 광	18	路	길 로	29	社	모일 사	44
交	사귈 교	18	綠	푸를 록	30	書	글 서	44
區	구분할 구	19	李	오얏 리	30	石	돌 석	44
球	공 구	19	利	이할 리	30	席	자리 석	45
郡	고을 군	19	理	다스릴 리	34	線	줄 선	45
近	가까울 근	20	明	밝을 명	34	雪	눈 설	45
根	뿌리 근	20	目	눈 목	34	成	이룰 성	46
今	이제 금	20	聞	들을 문	35	省	살필 성	46
急	급할 급	21	米	쌀 미	35	消	사라질 소	46

速 빠를 속	50
孫 손자 손	50
樹 나무 수	50
術 재주 술	51
習 익힐 습	51
勝 이길 승	51
始 비로소 시	52
式 법 식	52
神 귀신 신	52
身 몸 신	53
信 믿을 신	53
新 새 신	53
失 잃을 실	54
愛 사랑 애	54
夜 밤 야	54
野 들 야	58
弱 약할 약	58
藥 약 약	58
洋 큰바다 양	59
陽 볕 양	59
言 말씀 언	59
業 업 업	60
永 길 영	60
英 꽃부리 영	60
溫 따뜻할 온	61

用 쓸 용	61
勇 날랠 용	61
運 옮길 운	62
園 동산 원	62
遠 멀 원	62
由 말미암을 유	66
油 기름 유	66
銀 은 은	66
音 소리 음	67
飮 마실 음	67
衣 옷 의	67
意 뜻 의	68
醫 의원 의	68
者 놈 자	68
作 지을 작	69
昨 어제 작	69
章 글 장	69
才 재주 재	70
在 있을 재	70
戰 싸움 전	70
定 정할 정	74
庭 뜰 정	74
第 차례 제	74
題 제목 제	75
朝 아침 조	75

族 겨레 족	75
注 부을 주	76
晝 낮 주	76
集 모을 집	76
窓 창 창	77
淸 맑을 청	77
體 몸 체	77
親 친할 친	78
太 클 태	78
通 통할 통	78
特 특별할 특	82
表 겉 표	82
風 바람 풍	82
合 합할 합	83
行 다닐 행	83
幸 다행 행	83
向 향할 향	84
現 나타날 현	84
形 모양 형	84
號 이름 호	85
和 화할 화	85
畫 그림 화	85
黃 누를 황	86
會 모일 회	86
訓 가르칠 훈	86

이 책의 순서

6급

한자 익히기

- 1강_ 角 各 感 强 開 京 界 計 古 高 苦 功 公 共 果 ……… 009
- 2강_ 科 光 交 區 球 郡 近 根 今 急 級 多 短 堂 代 ……… 017
- 3강_ 待 對 度 圖 讀 童 頭 等 樂 例 禮 路 綠 李 利 ……… 025
- 4강_ 理 明 目 聞 米 美 朴 反 半 班 發 放 番 別 病 ……… 033
- 5강_ 服 本 部 分 使 死 社 書 石 席 線 雪 成 省 消 ……… 041
- 6강_ 速 孫 樹 術 習 勝 始 式 神 身 信 新 失 愛 夜 ……… 049
- 7강_ 野 弱 藥 洋 陽 言 業 永 英 溫 用 勇 運 園 遠 ……… 057
- 8강_ 由 油 銀 音 飮 衣 意 醫 者 作 昨 章 才 在 戰 ……… 065
- 9강_ 定 庭 第 題 朝 族 注 晝 集 窓 淸 體 親 太 通 ……… 073
- 10강_ 特 表 風 合 行 幸 向 現 形 號 和 畫 黃 會 訓 ……… 081

부록

- 6급 배정 300자 다지기 ……… 090
- 필순 익히기 ……… 115
- 육서 익히기 ……… 116
- 부수 익히기 ……… 118
- 상대어·반의어/유의어/모양이 닮은 한자 ……… 120
- 한자성어 ……… 124
- 주의하여 읽기 ……… 132

시험대비

- 6급 2 기출 예상문제(2회) ……… 133
- 6급 기출 예상문제(4회) ……… 137
- 답안지 양식(6회) ……… 145
- 정답(확인평가 10회, 기출 예상문제 6회) ……… 157

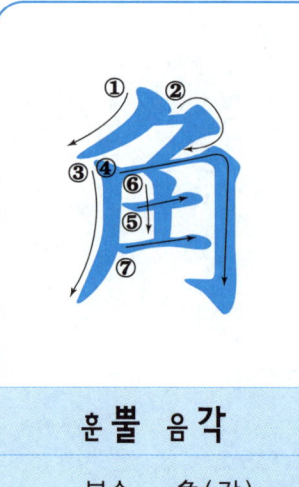

- 유래 동물의 뿔 모양을 본뜬 글자입니다.
- 쓰임 角度(각도) : 각의 크기   頭角(두각) : 남들보다 뛰어남
  　　　三角(삼각) : 세 개의 각   牛角(우각) : 소의 뿔
- 동음이의어 各(각각 각)

角	角	角	角	角	角	角
뿔 각						

훈 뿔 음 각

부수 角(각)

총획 7획

- 유래 걸어서 되돌아와(夂), 보고하는 사람들의 말하는(口) 바가 제각각이라는 의미입니다.
- 쓰임 各自(각자) : 각각의 사람   各國(각국) : 각각의 나라
  　　　各界(각계) : 사회의 각 방면   各立(각립) : 서로 갈라섬
- 상대어 合(합할 합) 同(한가지 동)   비슷한 글자 名(이름 명)

各	各	各	各	各	各	各
각각 각						

훈 각각 음 각

부수 口(구)

총획 6획

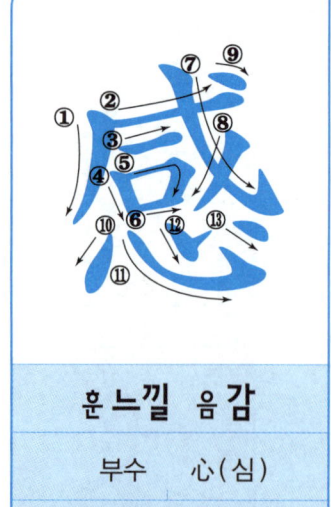

- 유래 나무에 열린 열매(咸)와 마음을 나타내는 심장(心) 모양을 합친 글자입니다.
- 쓰임 感動(감동) : 마음의 느낌이 있어 움직임   感氣(감기) : 몸에 일어나는 병
  　　　有感(유감) : 느끼는 바가 있음
- 비슷한 글자 減(덜 감)

感	感	感	感	感	感	感
느낄 감						

훈 느낄 음 감

부수 心(심)

총획 13획

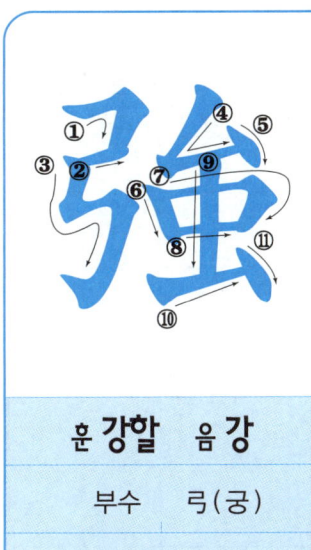

- 훈 강할 음 강
- 부수 弓(궁)
- 총획 11획

- 유래 활(弓)의 실은 누에고치(虫)에서 뽑아 송진을 발라 강하게 하다(強)의 의미입니다.
- 쓰임 強力(강력): 강한 힘   強直(강직): 굳세고 꼿꼿함
  強行(강행): 억지로 행함   強軍(강군): 강한 군대
- 유의어 健(굳셀 건)
- 상대어 弱(약할 약)

強	強	強	強	強	強	強
강할 강						

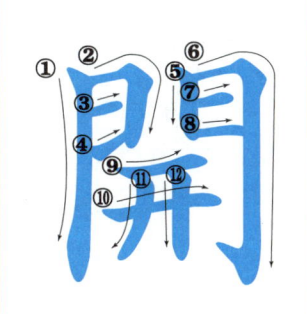

- 훈 열 음 개
- 부수 門(문)
- 총획 12획

- 유래 문(門)의 빗장(一)을 두 손(廾)으로 정중히 여는 모습을 나타낸 글자입니다.
- 쓰임 開學(개학): 방학이 끝나 수업을 다시 시작함   開放(개방): 출입이 자유롭도록 허락함
  開校(개교): 학교를 세워 처음 수업을 시작함   開示(개시): 처음으로 시작함
- 상대어 閉(닫을 폐)
- 비슷한 글자 聞(들을 문) 問(물을 문)

開	開	開	開	開	開	開
열 개						

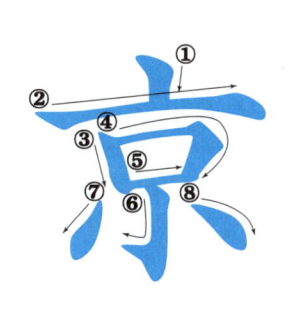

- 훈 서울 음 경
- 부수 亠(두)
- 총획 8획

- 유래 언덕 위에 높이 솟아 있는 수도 궁궐의 모양을 나타낸 글자입니다.
- 쓰임 京鄕(경향): 서울과 시골   上京(상경): 서울로 올라옴
  北京(북경): 중국의 수도 베이징   東京(동경): 일본의 수도 도쿄
- 상대어 鄕(시골 향)

京	京	京	京	京	京	京
서울 경						

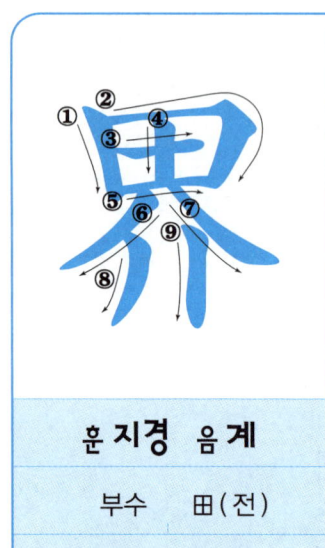

- 훈 지경 음 계
- 부수 田(전)
- 총획 9획

- 유래 논이나 밭(田) 사이에 끼인(介) 경계를 나타낸 글자입니다.
- 쓰임 世界(세계) : 모든 인류 세계   境界(경계) : 서로 다른 두 지역이 만나는 지점
  各界(각계) : 사회의 각 방면   外界人(외계인) : 지구 밖의 별에 사는 사람
- 비슷한 글자 果(과실 과) 里(마을 리)

界	界	界	界	界	界
지경 계					

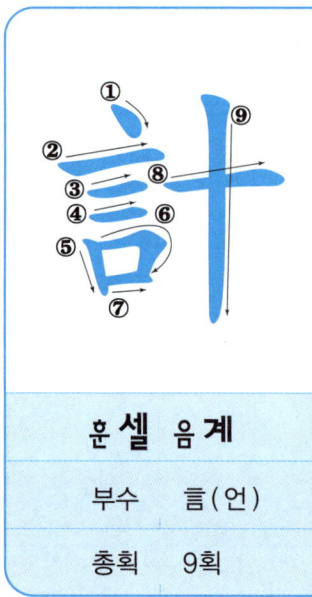

- 훈 셀 음 계
- 부수 言(언)
- 총획 9획

- 유래 물건의 수(十)를 말(言)로 헤아린다는 의미를 나타낸 글자입니다.
- 쓰임 會計(회계) : 한데 모아서 셈함   時計(시계) : 시각을 나타내는 장치
  集計(집계) : 모아서 합계함   計算書(계산서) : 물건 값의 청구서
- 유의어 算(셈 산)
- 비슷한 글자 訐(클 우) 記(기록할 기)

計	計	計	計	計	計
셀 계					

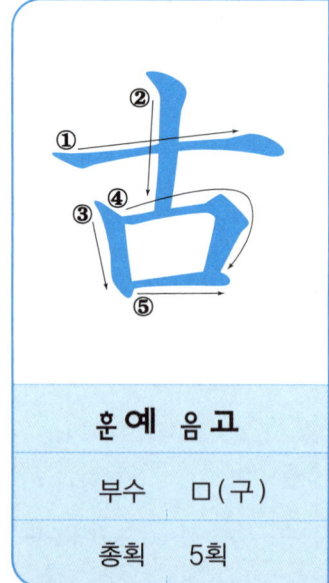

- 훈 예 음 고
- 부수 口(구)
- 총획 5획

- 유래 10(十)대에 걸쳐 입(口)으로 전해오는 오래된 이야기를 본 뜬 글자입니다.
- 쓰임 古物(고물) : 오래되거나 낡은 물건   古今(고금) : 옛날과 지금
  古書(고서) : 옛날 책   中古(중고) : 좀 써서 낡은 물건
- 상대어 今(이제 금) 新(새 신)
- 비슷한 글자 石(돌 석) 右(오른 우)

古	古	古	古	古	古
예 고					

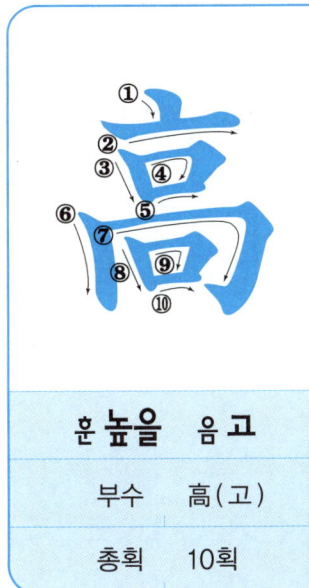

- 유래 성 위에 높이 치솟은 망루의 모양을 본 뜬 글자입니다.
- 쓰임 高價(고가) : 비싼 가격   高級(고급) : 높은 등급이나 품질
  高學年(고학년) : 상위 학년   高速道路(고속도로) : 자동차가 빨리 달리도록 한 전용 도로
- 상대어 下(아래 하) 低(낮을 저)

훈 높을 음 고
부수 高(고)
총획 10획

높을 고

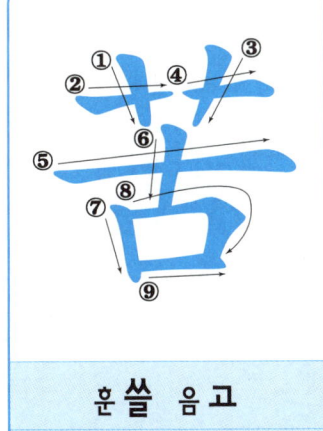

- 유래 오래된(古) 풀(艹)은 먹기에 쓰므로 괴롭다는 의미의 글자입니다.
- 쓰임 苦行(고행) : 수련을 위해 고통을 행함   苦言(고언) : 듣기에는 거슬리나 유익한 말
  苦心(고심) : 어려운 일을 해결하려고 힘씀   生活苦(생활고) : 생활에 있어 느끼는 경제적인 어려움
- 상대어 樂(즐거울 락) 甘(달 감)

훈 쓸 음 고
부수 艸(艹, 초)
총획 9획

쓸 고

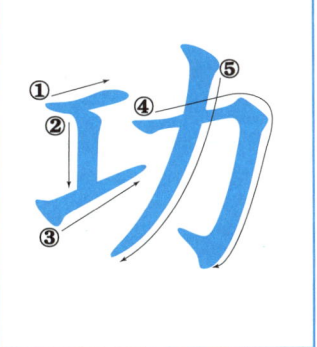

- 유래 기술자(工)가 힘(力)을 들여 무엇인가를 이루어 낸다는 의미의 글자입니다.
- 쓰임 成功(성공) : 뜻을 이룸   戰功(전공) : 싸움에서의 공로
  功利(공리) : 공로와 이익   功名心(공명심) : 공적과 명예를 구하는 마음
- 동음이의어 工(장인 공) 空(빌 공) 公(공평할 공) 共(한가지 공)

훈 공 음 공
부수 力(력)
총획 5획

공 공

한자검정능력 6급 **013**

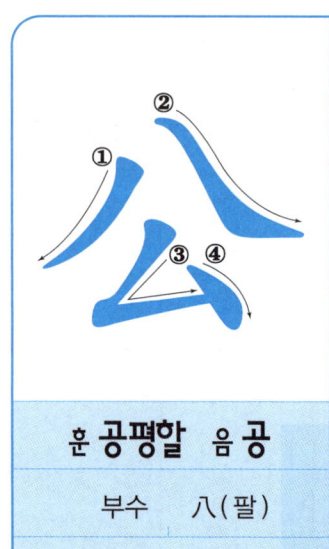

- 훈 **공평할** 음 **공**
- 부수 八(팔)
- 총획 4획

- 유래 사사로운 것(厶)을 떨쳐버리고(八) 공평하게 한다는 의미의 글자입니다.
- 쓰임 公開(공개) : 일반인이 알도록 허용함   公式(공식) : 공적인 방식
  公正(공정) : 치우침이 없이 공정하고 바름   公平(공평) : 어느 한쪽으로 치우치지 않음
- 상대어 私(사사로울 사)   비슷한 글자 分(나눌 분)

公 公 公 公 公 公

공평할 공

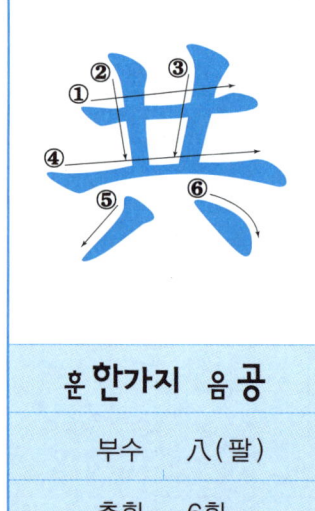

- 훈 **한가지** 음 **공**
- 부수 八(팔)
- 총획 6획

- 유래 많은 사람이 손을 모아 함께 붙잡고 있는 모양을 본 뜬 글자입니다.
- 쓰임 共通(공통) : 둘 이상이 함께 통하는 것   共感(공감) : 남의 의견에 동의함
  共有(공유) : 공동으로 소유함   公共(공공) : 국가나 사회 전체에 관한 것
- 유의어 同(한가지 동)   상대어 各(각각 각)

共 共 共 共 共 共

한가지 공

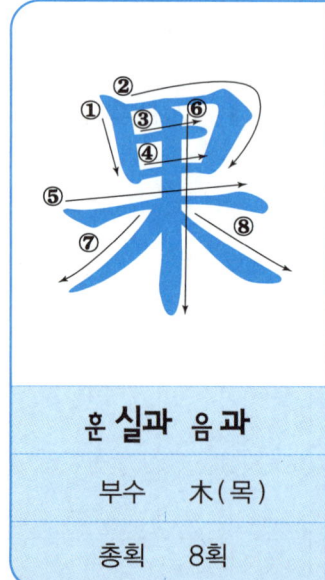

- 훈 **실과** 음 **과**
- 부수 木(목)
- 총획 8획

- 유래 나무(木) 위에 많은 과일들(ㅁㅁㅁㅁ)이 열려 있는 모양을 본 뜬 글자입니다.
- 쓰임 果木(과목) : 과일이 열리는 나무   成果(성과) : 이루어낸 결과
  果然(과연) : 진실로 그러함   果樹園(과수원) : 과일나무를 많이 키우는 곳
- 유의어 實(열매 실)   상대어 因(인할 인)

果 果 果 果 果 果

실과 과

제 1 강 　 확인평가

1 다음 한자의 음을 쓰세요.

(1) 強 (　　　)   (2) 京 (　　　)

(3) 界 (　　　)   (4) 高 (　　　)

(5) 各 (　　　)   (6) 苦 (　　　)

(7) 公 (　　　)   (8) 共 (　　　)

(9) 果 (　　　)   (10) 角 (　　　)

2 다음 뜻에 맞는 한자를 例에서 골라 기호를 쓰세요.

> 例
> ① 各　　② 感　　③ 開　　④ 界　　⑤ 計
> ⑥ 苦　　⑦ 古　　⑧ 功　　⑨ 果　　⑩ 高

(1) 각각 (　　　)   (2) 예(옛날) (　　　)

(3) 열다 (　　　)   (4) 느끼다 (　　　)

(5) 쓰다 (　　　)   (6) 세다 (　　　)

3 다음 음과 뜻에 맞는 한자를 쓰세요.

(1) 높을 고 (　　　)   (2) 강할 강 (　　　)

(3) 뿔 각 (　　　)   (4) 지경 계 (　　　)

4 다음 한자어의 음을 쓰세요.

(1) 感氣 (   )   (2) 苦行 (   )

(3) 功利 (   )   (4) 開放 (   )

(5) 強軍 (   )   (6) 公平 (   )

(7) 計算 (   )   (8) 成果 (   )

(9) 頭角 (   )   (10) 世界 (   )

5 다음 음과 뜻에 맞는 한자어를 한자로 쓰세요.

(1) 감동 : 마음의 느낌이 있어 움직임 (   )

(2) 공통 : 둘 이상이 함께 통하는 것 (   )

(3) 고급 : 높은 등급이나 품질 (   )

(4) 상경 : 서울로 올라옴 (   )

6 다음 문장의 밑줄 친 한자어를 한자로 쓰세요.

(1) 공공 장소에서 예절을 반드시 지켜야 합니다. (   )

(2) 비행기는 착륙하기 위해 고도를 낮추기 시작했다. (   )

(3) 철수와 영희는 각각 제 집으로 돌아갔습니다. (   )

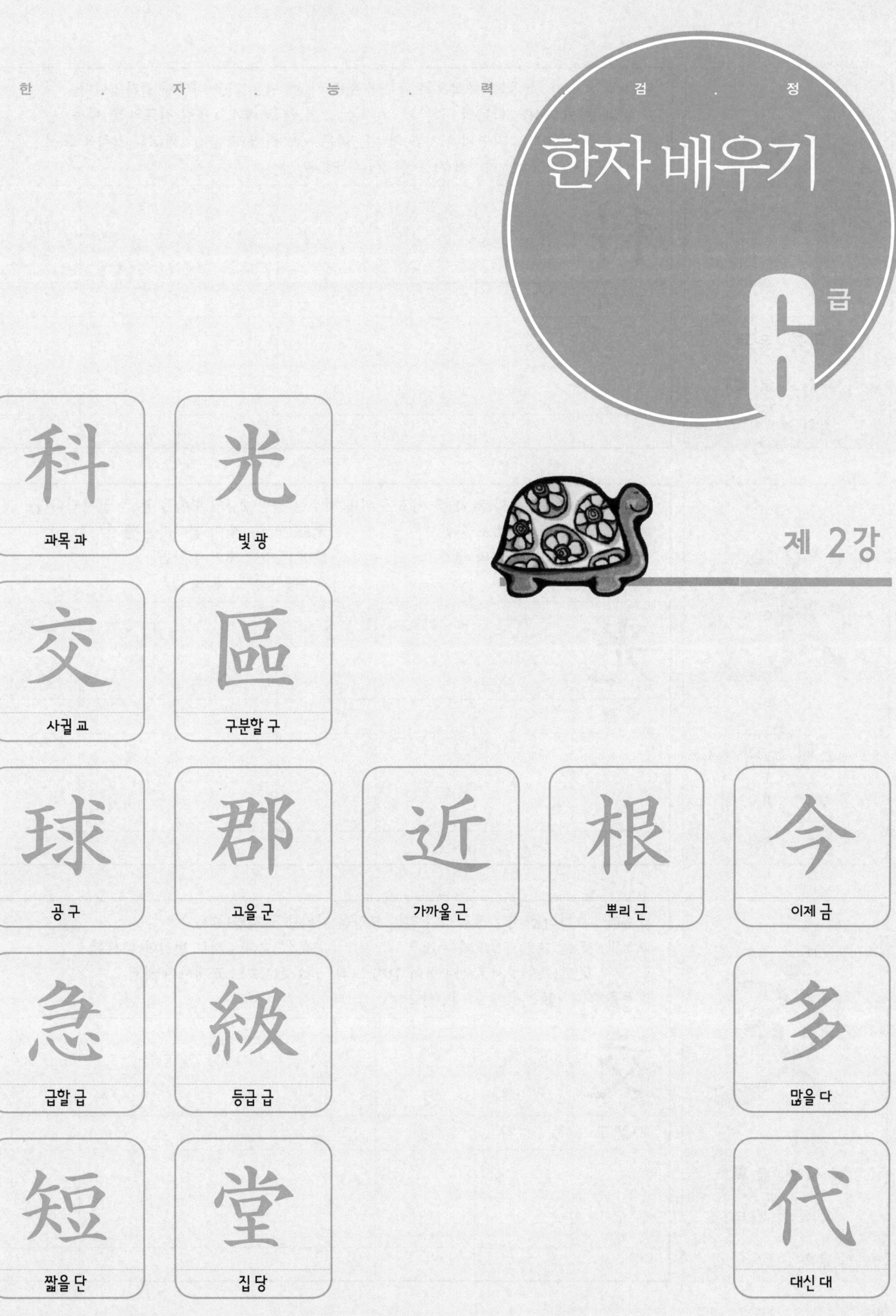

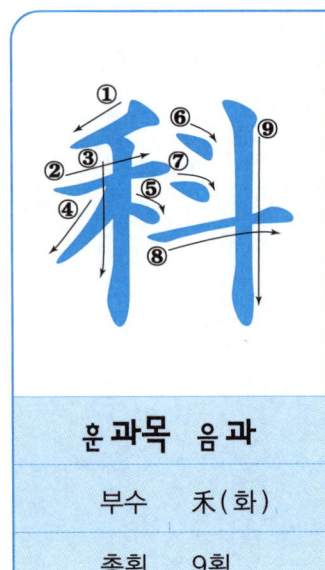

- 유래 추수한 벼(禾)를 조목조목 나누어 됫박(斗)에 담는 것을 나타낸 글자입니다.
- 쓰임 科目(과목) : 학문의 구분   內科(내과) : 병원 진료의 한 항목
  科學(과학) : 자연의 이치를 배우는 학문   敎科書(교과서) : 학교의 교과용 도서
- 비슷한 글자 利(이할 리) 私(사사 사) 料(헤아릴 료)

훈 과목 음 과
부수 禾(화)
총획 9획

과목 과

- 유래 머리에 밝은 화로(火)를 이고 주위를 비추는 사람(儿)의 모습을 본 뜬 글자입니다.
- 쓰임 光明(광명) : 밝고 환함   光線(광선) : 빛이 뻗어가는 줄기
  光度(광도) : 빛의 세기   發光(발광) : 빛이 발산됨
- 유의어 色(빛 색)
- 비슷한 글자 米(쌀 미)

훈 빛 음 광
부수 儿(인)
총획 6획

빛 광

- 유래 두 다리를 서로 엇갈리며 걷는 모양을 나타낸 글자입니다.
- 쓰임 交通(교통) : 오고가는 것   交代(교대) : 서로 번갈아 대신함
  交感(교감) : 서로 접촉하여 함께 느낌   社交(사교) : 교제하여 사귐
- 동음이의어 敎(가르칠 교) 校(학교 교)

훈 사귈 음 교
부수 亠(두)
총획 6획

사귈 교

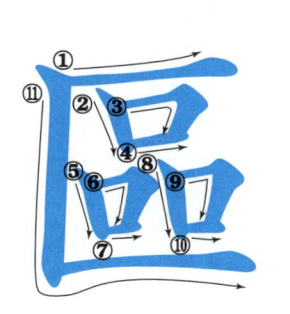

훈 구분할 **음** 구

부수 匸(방)

총획 11획

- 유래 물건들(品)을 작은 상자(匸)에 나누어 놓은 모양을 본 뜬 글자입니다.
- 쓰임 區別(구별) : 종류에 따라 갈라 놓음 區分(구분) : 구별하여 나눔
  區間(구간) : 일정한 지점의 사이 地區(지구) : 정해진 구역
- 유의어 別(나눌 별) 分(나눌 분)

區	區	區	區	區	區
구분할 구					

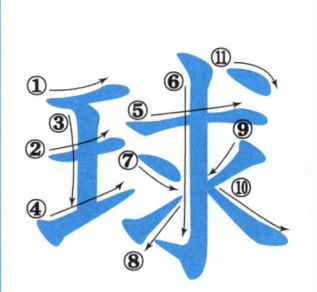

훈 공 **음** 구

부수 玉(옥)

총획 11획

- 유래 구슬(玉)의 둥근 모양과 구할 구(求)의 음을 따서 만든 글자입니다.
- 쓰임 地球(지구) : 인류가 살고 있는 천체 電球(전구) : 전기를 이용해 빛을 내는 기구
  野球(야구) : 구기 종목의 한 종류 白球(백구) : 흰색 공
- 동음이의어 口(입 구) 九(아홉 구) 區(구분할 구)

球	球	球	球	球	球
공 구					

훈 고을 **음** 군

부수 邑(阝, 읍)

총획 10획

- 유래 임금(君)의 명을 받아 다스리는 큰 고을(邑)을 나타낸 글자입니다.
- 쓰임 郡民(군민) : 행정 구역인 군 안에 사는 사람 郡邑(군읍) : 군과 읍
  郡內(군내) : 고을 안 郡界(군계) : 군과 군 사이의 경계
- 비슷한 글자 群(무리 군)

郡	郡	郡	郡	郡	郡
고을 군					

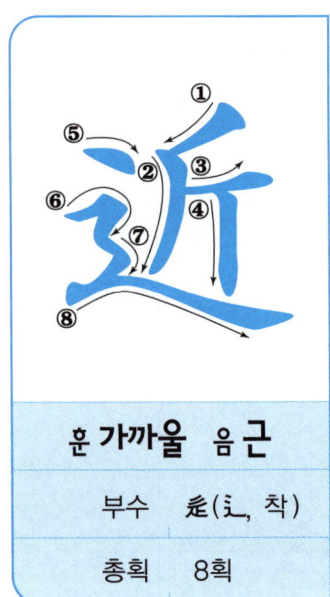

훈 가까울 음 근
부수   辵(辶, 착)
총획   8획

- 유래 무거운 도끼(斤)를 던져 날아가는(辵) 정도의 가까운 거리를 나타낸 글자입니다.
- 쓰임 近代(근대) : 중세와 현대 사이의 시대   近海(근해) : 육지에서 가까운 바다
  近來(근래) : 최근 가까운 시기   近方(근방) : 가까운 지역
- 상대어 遠(멀 원)
- 비슷한 글자 折(꺾을 절)

近	近	近	近	近	近
가까울 근					

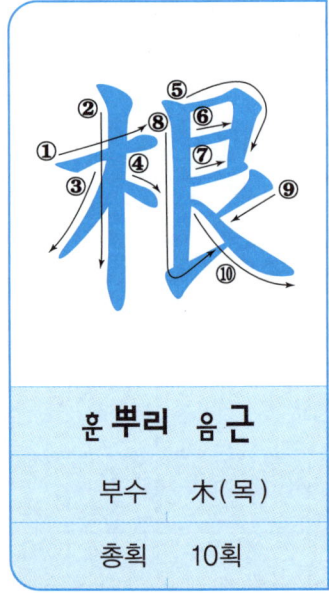

훈 뿌리 음 근
부수   木(목)
총획   10획

- 유래 나무(木) 가운데 땅 속으로 뻗어가 그치는 (艮) 뿌리를 나타낸 글자입니다.
- 쓰임 根本(근본) : 사물의 본바탕   根性(근성) : 타고난 성질
  草根(초근) : 풀뿌리
- 유의어 本(근본 본)
- 비슷한 글자 銀(은 은)

根	根	根	根	根	根
뿌리 근					

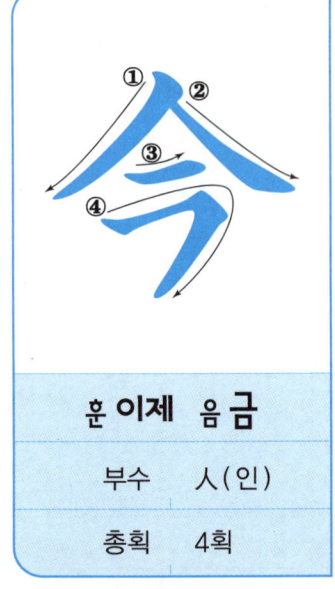

훈 이제 음 금
부수   人(인)
총획   4획

- 유래 사람(人)들이 모이는 곳에 시간을 맞추어 지금 간다는 의미의 글자입니다.
- 쓰임 方今(방금) : 지금 막   今日(금일) : 오늘
  昨今(작금) : 어제와 오늘   今年(금년) : 올해
- 상대어 古(예 고) 昨(어제 작)

今	今	今	今	今	今
이제 금					

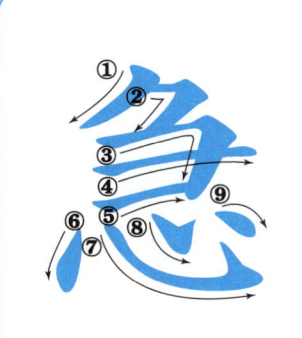

훈 급할 **음** 급

부수 心(심)

총획 9획

- 유래 앞 사람을 붙잡으려고(⺕) 서두르는 마음(心)을 나타내는 글자입니다.
- 쓰임 急行(급행) : 빨리 감   火急(화급) : 매우 급함
  急所(급소) : 사물의 중요한 부분   急死(급사) : 갑자기 죽음
- 유의어 速(빠를 속)
- 비슷한 글자 窓(창 창)

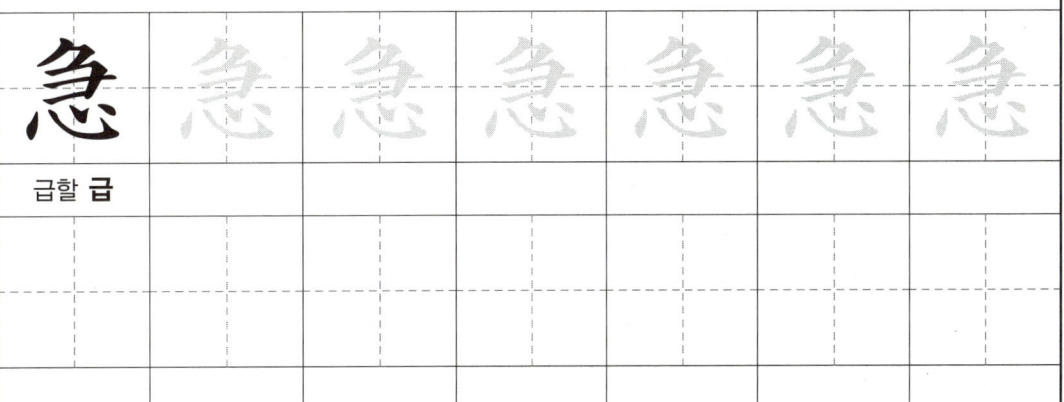

급할 급

훈 등급 **음** 급

부수 糸(사)

총획 10획

- 유래 실(糸)의 품질이 어느 정도에 이르느냐(及)를 나타낸 글자입니다.
- 쓰임 級數(급수) : 실력의 우열에 의한 등급   級友(급우) : 같은 학년의 친구
  特級(특급) : 특별한 계급   下級生(하급생) : 자기보다 낮은 학년의 학생
- 유의어 等(무리 등)
- 비슷한 글자 給(줄 급)

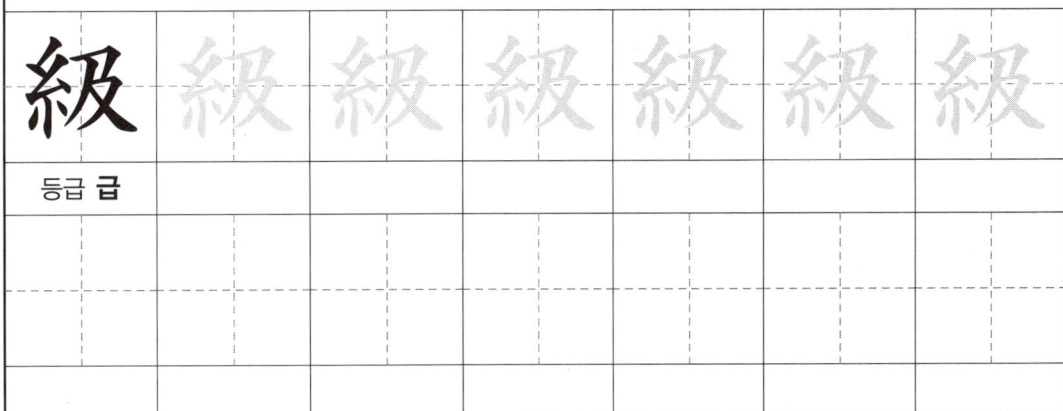

등급 급

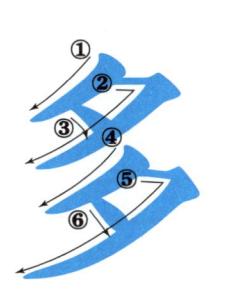

훈 많을 **음** 다

부수 夕(석)

총획 6획

- 유래 저녁(夕)이 반복되어 여러 날이 지나감을 의미하는 글자입니다.
- 쓰임 多發(다발) : 많이 발생함   多幸(다행) : 운이 좋음
  多讀(다독) : 책을 많이 읽음   多年生(다년생) : 여러 해 동안 사는 생물
- 상대어 少(적을 소)

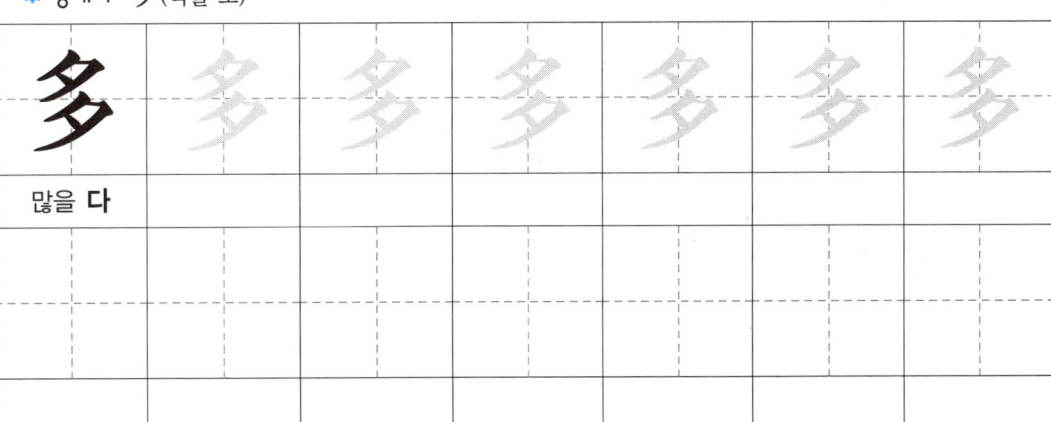

많을 다

- 유래 화살(矢)의 길이가 콩(豆)의 길이처럼 짧음을 의미하는 글자입니다.
- 쓰임 長短(장단) : 길고 짧음   短身(단신) : 키가 작음
         短文(단문) : 짧은 문장   短時日(단시일) : 짧은 시일
- 상대어 長(긴 장)

短 短 短 短 短 短
짧을 단

훈 짧을 음 단
부수 矢(시)
총획 12획

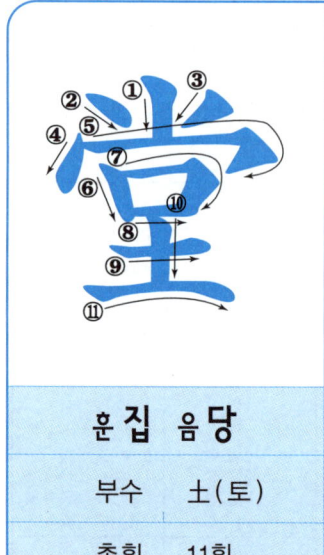

- 유래 흙(土) 위에 높이(尙) 쌓은 모양을 나타낸 글자입니다.
- 쓰임 明堂(명당) : 아주 좋은 묘자리   食堂(식당) : 음식을 먹을 수 있는 곳
         天堂(천당) : 죽으면 가는 좋은 곳   草堂(초당) : 짚이나 억새로 지붕을 이어 만든 집
- 유의어 家(집 가) 室(집 실)   ❈ 비슷한 글자 當(마땅 당)

堂 堂 堂 堂 堂 堂
집 당

훈 집 음 당
부수 土(토)
총획 11획

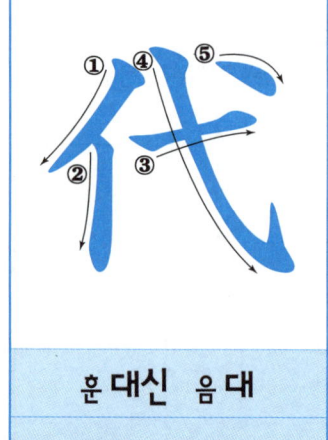

- 유래 사람(亻)을 대신하여 세운 말뚝(弋)을 의미하는 글자입니다.
- 쓰임 代用(대용) : 대신하여 씀   時代(시대) : 어떤 기준에 의한 일정한 기간
         代行(대행) : 대신하여 일을 처리함   代金(대금) : 물건을 사고 지급하는 돈
- 비슷한 글자 伐(칠 벌)

代 代 代 代 代 代
대신 대

훈 대신 음 대
부수 人(亻, 인)
총획 5획

제 2 강 확인평가

1 다음 한자의 음을 쓰세요.

(1) 郡 (　　　　)　　(2) 根 (　　　　)

(3) 級 (　　　　)　　(4) 短 (　　　　)

(5) 堂 (　　　　)　　(6) 代 (　　　　)

(7) 近 (　　　　)　　(8) 球 (　　　　)

(9) 光 (　　　　)　　(10) 科 (　　　　)

2 다음 뜻에 맞는 한자를 例에서 골라 기호를 쓰세요.

例
① 光　② 交　③ 區　④ 根　⑤ 近
⑥ 今　⑦ 急　⑧ 級　⑨ 短　⑩ 多

(1) 사귀다 (　　　　)　　(2) 구분하다 (　　　　)

(3) 등급 (　　　　)　　(4) 이제 (　　　　)

(5) 급하다 (　　　　)　　(6) 많다 (　　　　)

3 다음 음과 뜻에 맞는 한자를 쓰세요.

(1) 뿌리 근 (　　　　)　　(2) 가까울 근 (　　　　)

(3) 과목 과 (　　　　)　　(4) 대신 대 (　　　　)

제2강 - 확인평가

4 다음 한자어의 음을 쓰세요.

(1) 科學 (   )   (2) 光明 (   )

(3) 根性 (   )   (4) 交代 (   )

(5) 火急 (   )   (6) 級數 (   )

(7) 近來 (   )   (8) 郡民 (   )

(9) 時代 (   )   (10) 長短 (   )

5 다음 음과 뜻에 맞는 한자어를 한자로 쓰세요.

(1) 지구 : 인류가 살고 있는 천체 (   )

(2) 식당 : 음식을 먹을 수 있는 곳 (   )

(3) 구간 : 일정한 지점의 사이 (   )

(4) 다행 : 운이 좋음 (   )

6 다음 문장의 밑줄 친 한자어를 한자로 쓰세요.

(1) 야구는 내가 제일 좋아하는 스포츠다. (   )

(2) 방금 친구와 헤어지는 길이다. (   )

(3) 아인슈타인은 훌륭한 과학자이다. (   )

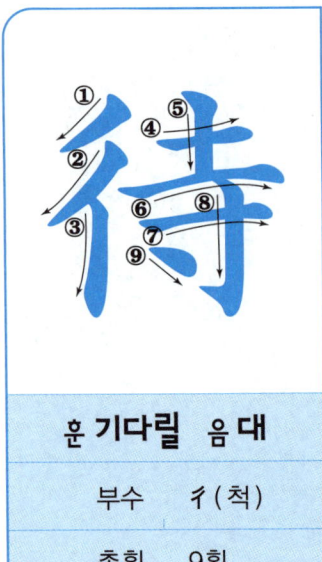

- 유래 관청이나 절(寺)에 가서 서성이며(彳) 자기 순서를 기다림을 나타낸 글자입니다.
- 쓰임 苦待(고대) : 몹시 기다림   期待(기대) : 어떤 것을 희망하여 기다림
  待人(대인) : 사람을 기다림   待合室(대합실) : 사람이나 차례를 기다리는 장소
- 비슷한 글자 特(특별할 특) 詩(시 시)

待 待 待 待 待 待

기다릴 대

훈 기다릴 음 대
부수 彳(척)
총획 9획

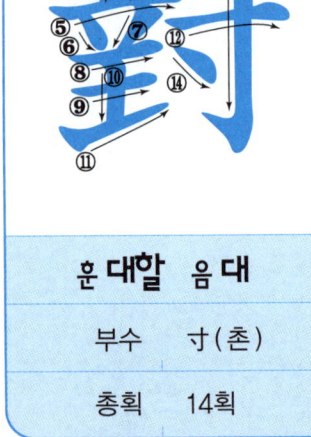

- 유래 서로 손을 마주 댄 모습을 나타낸 글자입니다.
- 쓰임 對答(대답) : 물음에 답함   對面(대면) : 얼굴을 마주 대함
  對立(대립) : 의견이 일치하지 않아 대치함   對等(대등) : 양쪽이 서로 엇비슷함
- 유의어 答(대답 답)

對 對 對 對 對 對

대할 대

훈 대할 음 대
부수 寸(촌)
총획 14획

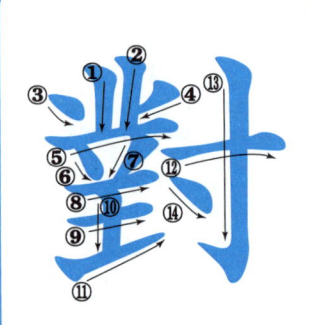

- 유래 큰 창고(广)에서 그릇을 손(又)으로 잡고 무게를 재는 모습을 나타낸 글자입니다.
- 쓰임 高度(고도) : 높이의 정도   度數(도수) : 크기나 정도를 나타내는 수
  用度(용도) : 씀씀이   強度(강도) : 강한 정도
- 비슷한 글자 席(자리 석)

度 度 度 度 度 度

법도 도

훈 법도 음 도(헤아릴 탁)
부수 广(엄)
총획 9획

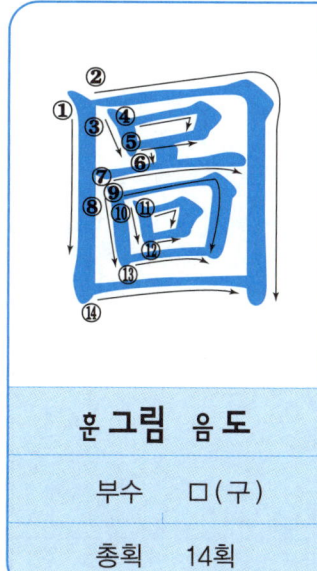

- 유래 마을이나 땅(啚)을 큰 종이(囗)에 그린 지도를 의미하는 글자입니다.
- 쓰임 圖形(도형) : 그림의 형상   圖面(도면) : 설계나 구조 등을 기하학적으로 나타낸 그림
  地圖(지도) : 땅의 모양을 기호로 나타낸 그림   圖畫紙(도화지) : 그림을 그리는 종이
- 유의어 畫(그림 화)   비슷한 글자 園(동산 원) 圓(둥글 원)

圖 圖 圖 圖 圖 圖 圖

그림 도

훈 그림 음 도
부수 囗(구)
총획 14획

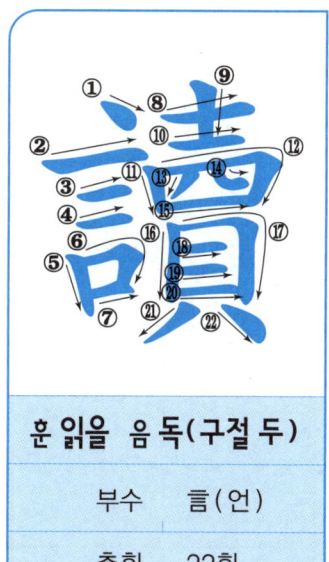

- 유래 장사꾼이 물건을 팔(賣) 때처럼 큰 소리(言)로 책을 읽는다는 의미의 글자입니다.
- 쓰임 讀書(독서) : 책을 읽음   讀者(독자) : 출판된 책을 읽는 사람
  速讀(속독) : 책 등을 정상보다 빨리 읽음   讀後感(독후감) : 책을 읽은 후의 느낌
- 비슷한 글자 續(이를 속)

讀 讀 讀 讀 讀 讀 讀

읽을 독

훈 읽을 음 독(구절 두)
부수 言(언)
총획 22획

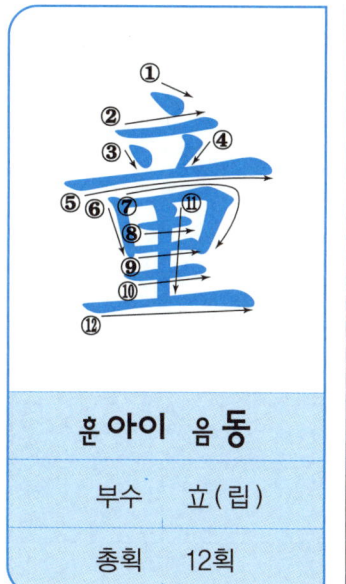

- 유래 마을(里)에 서서(立) 뛰어노는 어린아이의 모습을 나타낸 글자입니다.
- 쓰임 童話(동화) : 어린이를 대상으로 한 이야기   童心(동심) : 어린아이의 마음
  神童(신동) : 두뇌가 아주 뛰어난 아이   童子(동자) : 남자 어린아이
- 동음이의어 同(한가지 동) 冬(겨울 동) 東(동녘 동) 動(움직일 동)

童 童 童 童 童 童 童

아이 동

훈 아이 음 동
부수 立(립)
총획 12획

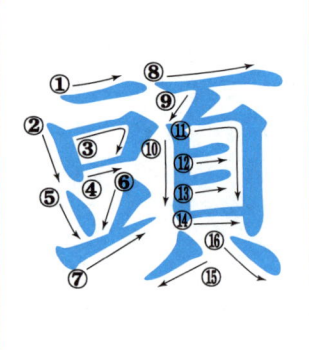

훈 머리	음 두
부수	頁(혈)
총획	16획

- 유래 콩을 담아두는 그릇(豆)처럼 생긴 사람의 머리를 나타낸 글자입니다.
- 쓰임 先頭(선두) : 맨 앞　　　　　　　頭目(두목) : 패거리의 우두머리
　　　　口頭(구두) : 마주 대하여 입으로 전함　　頭角(두각) : 뛰어난 재능
- 유의어 首(머리 수) 頁(머리 혈)　　　　· 상대어 尾(꼬리 미)

頭	頭	頭	頭	頭	頭	頭
머리 두						

훈 무리	음 등
부수	竹(죽)
총획	12획

- 유래 관청(寺)에서 대나무(竹)에 써 놓은 글을 분류하는 것을 나타낸 글자입니다.
- 쓰임 平等(평등) : 차등이 없이 공평함　　等級(등급) : 좋고 나쁜 정도의 구별
　　　　對等(대등) : 서로 엇비슷함　　　等高線(등고선) : 지도에서 같은 높이를 연결한 선
- 유의어 群(무리 군)

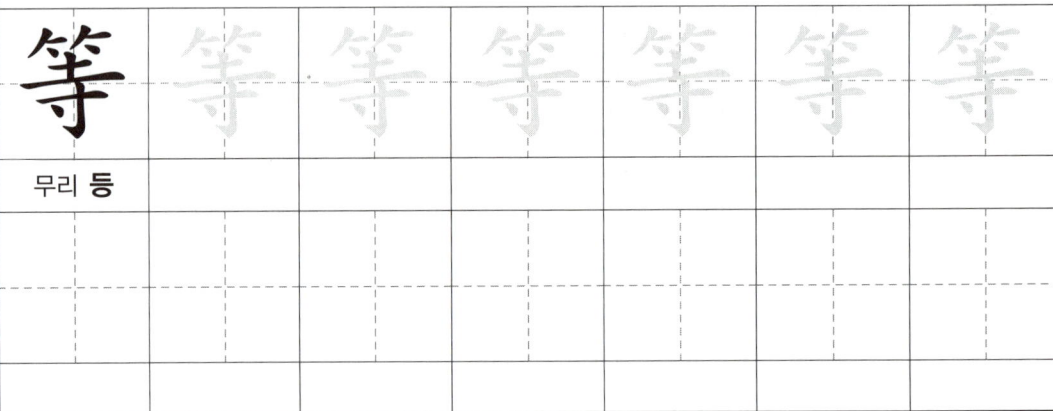

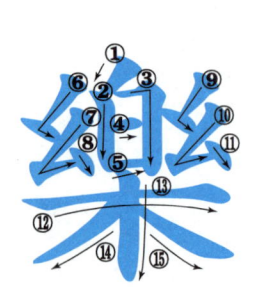

훈 즐거울	음 락 (노래 악 / 즐길 요)
부수	木(목)
총획	15획

- 유래 나무(木) 받침대 위에 올려놓고 즐겁게 연주하는 모습을 나타낸 글자입니다.
- 쓰임 音樂(음악) : 목소리나 악기로 표현하는 예술　農樂(농악) : 농사지으며 부르는 노래나 음악
　　　　樂勝(낙승) : 쉽고 편안하게 이김　　　　樂園(낙원) : 행복하게 살 수 있는 곳
- 유의어 喜(기쁠 희)　　　　· 상대어 苦(쓸 고) 悲(슬플 비)

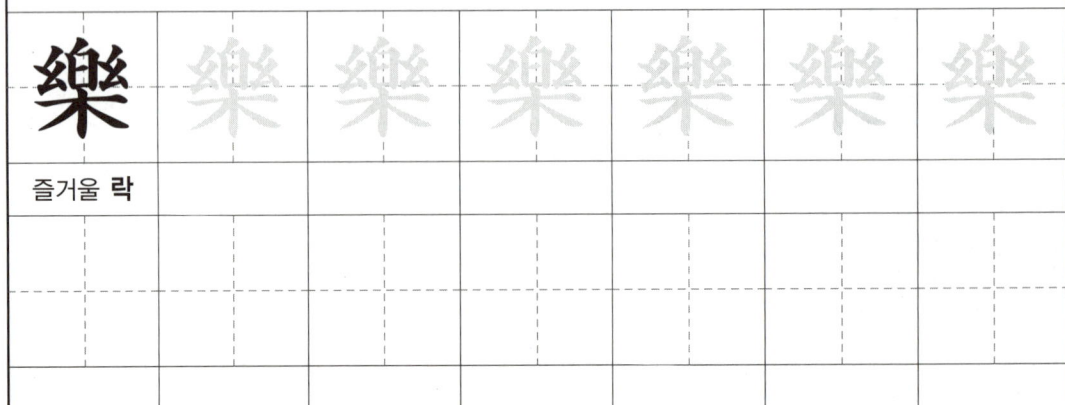

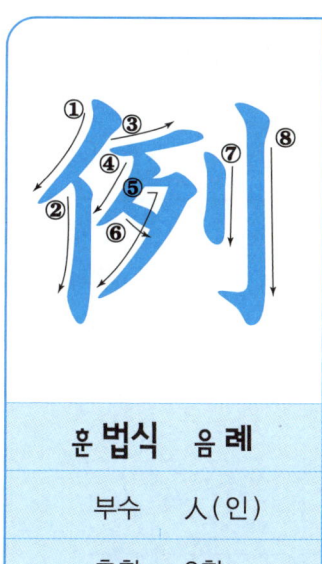

- 유래 사람(人)들이 질서 있게 줄(列)을 지어 선 모습을 나타낸 글자입니다.
- 쓰임 事例(사례) : 어떤 일의 실례   例外(예외) : 일반적 규칙에서 벗어난 일
  例文(예문) : 예로 드는 문장   例事(예사) : 흔히 있는 일
- 유의어 式(법 식)

例	例	例	例	例	例	例
법식 례						

훈 법식	음 례
부수	人(인)
총획	8획

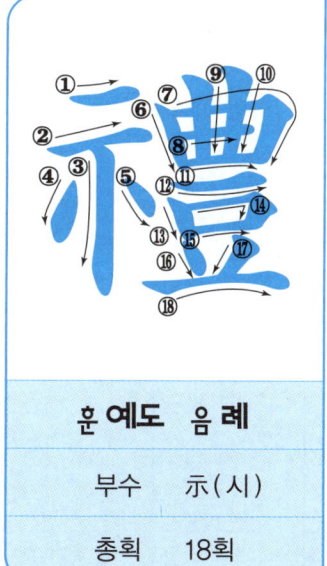

- 유래 상(示)에 올린 곡식(豊)으로 감사의 마음을 표현하는 글자입니다.
- 쓰임 禮物(예물) : 예의의 표시로 보내는 물건   答禮(답례) : 남에게 받은 예의에 보답함.
- 유의어 儀(예의 의)

禮	禮	禮	禮	禮	禮	禮
예도 례						

훈 예도	음 례
부수	示(시)
총획	18획

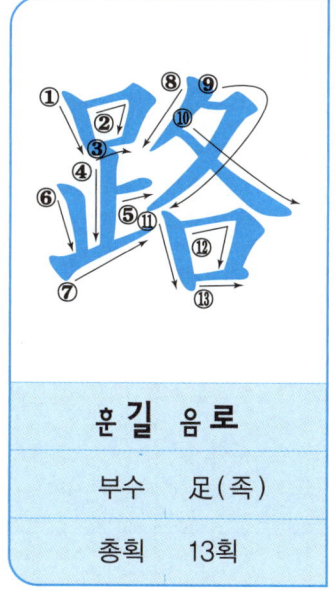

- 유래 사람들이 제각각(各) 발(足)로 걸어 다닌 길을 나타낸 글자입니다.
- 쓰임 路線(노선) : 자동차, 기차 등의 교통선   道路(도로) : 사람이나 차가 다니는 길
  路上(노상) : 길 위   路面(노면) : 길바닥
- 유의어 道(길 도)

路	路	路	路	路	路	路
길 로						

훈 길	음 로
부수	足(족)
총획	13획

한자검정능력 6급 **029**

훈 푸를	음 록
부수	糸(사)
총획	14획

- 유래 나무의 껍질을 깎으면(彔) 나오는 실(糸)처럼 가는 섬유질을 나타낸 글자입니다.
- 쓰임 新綠(신록) : 새로 돋아난 잎   草綠(초록) : 풀빛 같은 녹색
    青綠(청록) : 녹색과 파란색의 중간   綠豆(녹두) : 콩과에 속하는 일년초
- 유의어 青(푸를 청)
- 비슷한 글자 級(등급 급)

綠 綠 綠 綠 綠 綠 綠

푸를 록

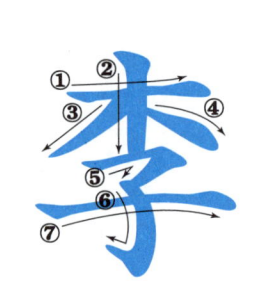

훈 오얏(성)	음 리
부수	木(목)
총획	7획

- 유래 자두나무(木) 밑에 어린아이(子)들이 몰려드는 모양을 나타낸 글자입니다.
- 쓰임 李花(이화) : 자두나무의 꽃   李朝(이조) : 조선 시대를 달리 일컫는 말
    行李(행리) : 여행할 때 쓰는 도구   李太白(이태백) : 중국 당나라 시대의 시인
- 비슷한 글자 季(계절 계)

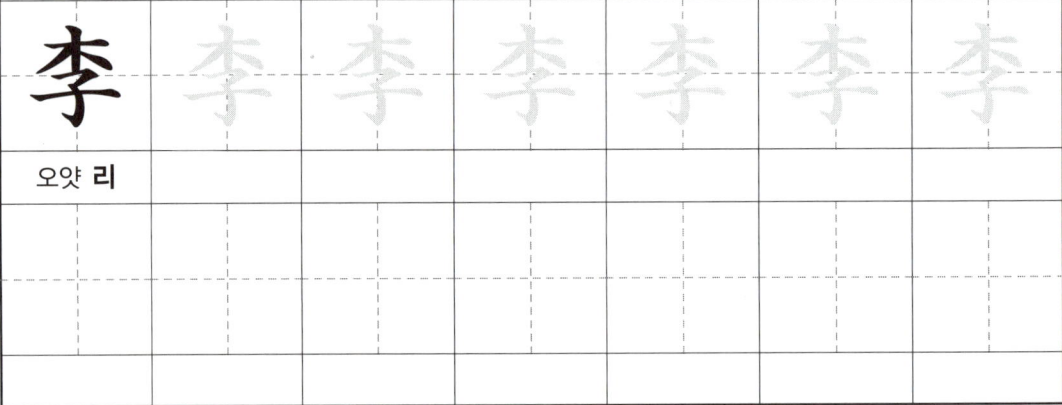

오얏 리

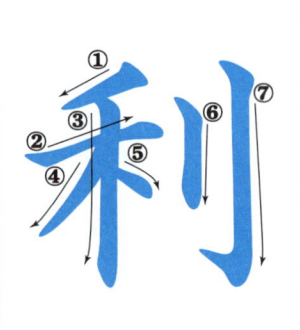

훈 이할	음 리
부수	刀(刂, 도)
총획	7획

- 유래 벼(禾)를 베는 칼(刂)을 재빨리 움직여 소득을 얻는다는 의미의 글자입니다.
- 쓰임 利用(이용) : 이롭게 씀   便利(편리) : 이용하기 편함
    利子(이자) : 돈을 빌려주어 얻는 이익   有利(유리) : 유리함
- 상대어 害(해할 해)

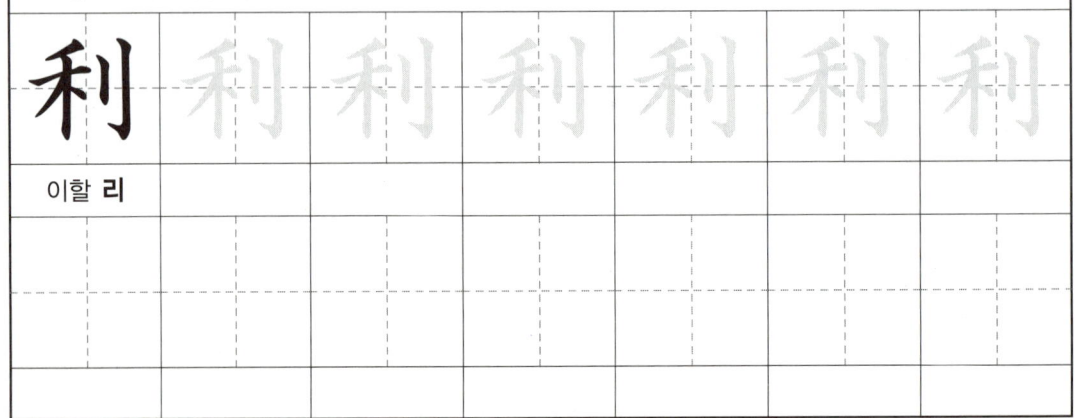

이할 리

제 3강 확인평가

1 다음 한자의 음을 쓰세요.

(1) 圖 (　　　　)   (2) 度 (　　　　)

(3) 讀 (　　　　)   (4) 例 (　　　　)

(5) 禮 (　　　　)   (6) 頭 (　　　　)

(7) 李 (　　　　)   (8) 利 (　　　　)

(9) 童 (　　　　)   (10) 對 (　　　　)

2 다음 뜻에 맞는 한자를 例에서 골라 기호를 쓰세요.

> 例
> ① 圖　② 讀　③ 童　④ 等　⑤ 樂
> ⑥ 禮　⑦ 路　⑧ 綠　⑨ 李　⑩ 例

(1) 그림 (　　　　)   (2) 푸르다 (　　　　)

(3) 무리 (　　　　)   (4) 아이 (　　　　)

(5) 길 (　　　　)   (6) 예도 (　　　　)

3 다음 음과 뜻에 맞는 한자를 쓰세요.

(1) 읽을 독 (　　　　)   (2) 대할 대 (　　　　)

(3) 오얏 리 (　　　　)   (4) 법도 도 (　　　　)

4 다음 한자어의 음을 쓰세요.

(1) 李花 (   )   (2) 例外 (   )

(3) 期待 (   )   (4) 答禮 (   )

(5) 音樂 (   )   (6) 先頭 (   )

(7) 對立 (   )   (8) 便利 (   )

(9) 強度 (   )   (10) 神童 (   )

5 다음 음과 뜻에 맞는 한자어를 한자로 쓰세요.

(1) 독서 : 책을 읽음 (   )

(2) 도면 : 설계나 구조 등을 기하학적으로 나타낸 그림 (   )

(3) 이자 : 돈을 빌려주어 얻는 이익 (   )

(4) 대등 : 서로 엇비슷함. (   )

6 다음 문장의 밑줄 친 한자어를 한자로 쓰세요.

(1) 선두에서 달리던 선수가 갑자기 기권하였다. (   )

(2) 신록이 푸르른 5월은 어린이의 계절이다. (   )

(3) 운동장을 도화지삼아 그림을 그렸다. (   )

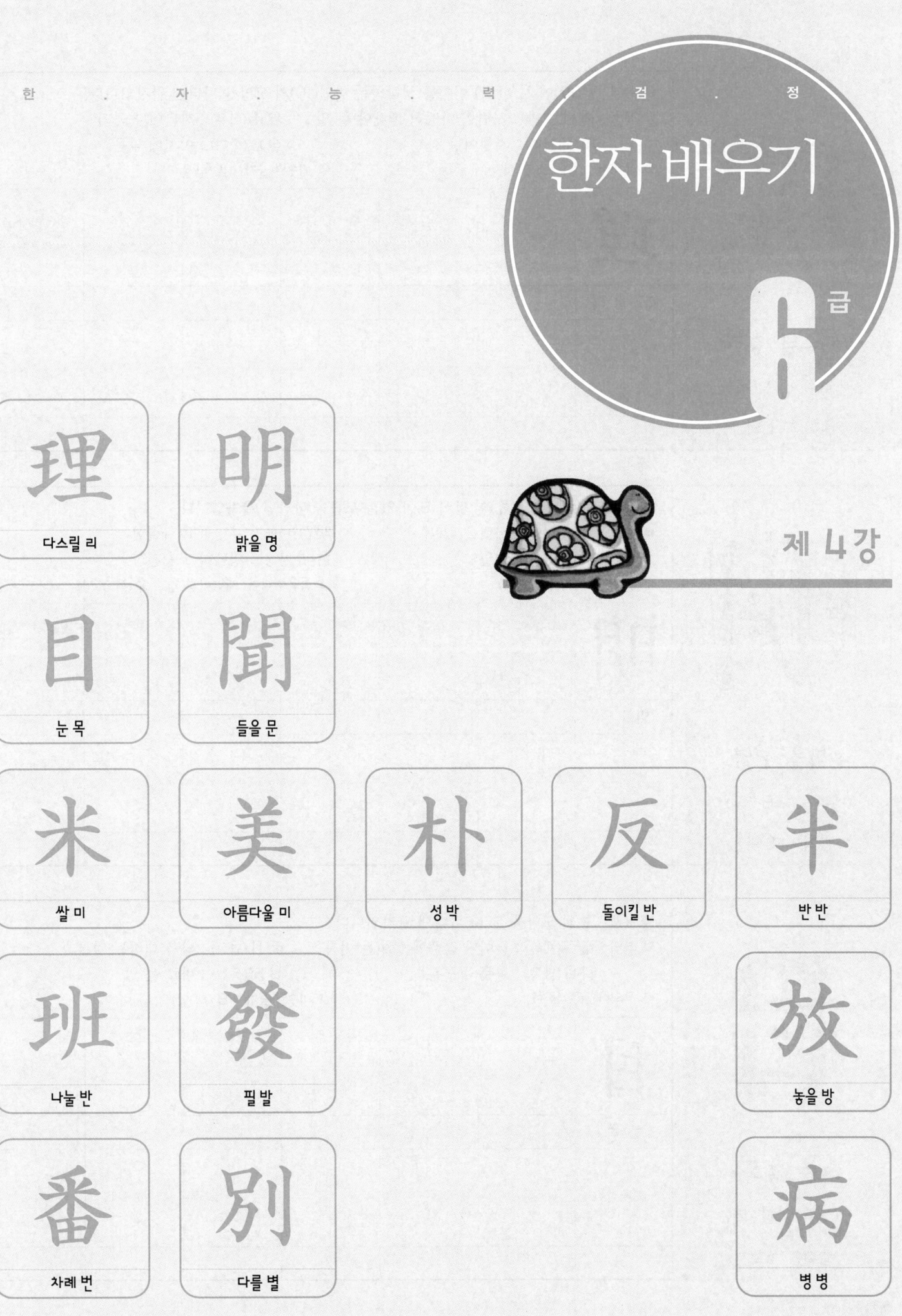

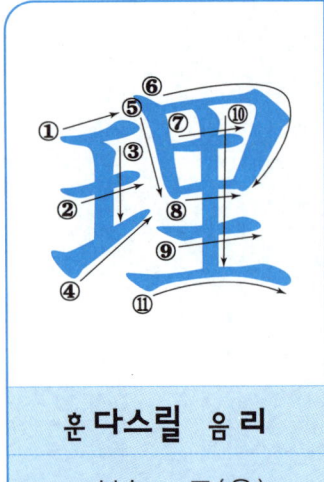

- 훈 다스릴 음 리
- 부수 玉(옥)
- 총획 11획

❂ 유래 밭(田)에 서서(土) 이치를 생각하는 현인(王)의 모양을 나타낸 글자입니다.
❂ 쓰임 道理(도리) : 사람이 마땅히 행해야 할 일   理由(이유) : 까닭이나 근거
       地理(지리) : 지형이나 길   合理(합리) : 이치에 맞음
❂ 유의어 治(다스릴 치)   ❂ 비슷한 글자 里(마을 리)

理	理	理	理	理	理
다스릴 리					

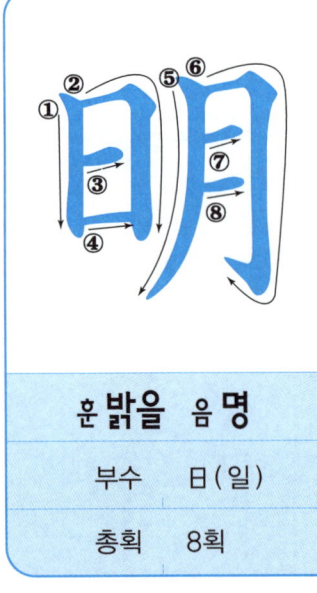

- 훈 밝을 음 명
- 부수 日(일)
- 총획 8획

❂ 유래 해(日)와 달(月)이 같이 모여 있는 모습을 나타낸 글자입니다.
❂ 쓰임 失明(실명) : 시력을 잃음   明白(명백) : 분명하고 확실함
       明日(명일) : 내일   自明(자명) : 명백하고 충분함
❂ 상대어 暗(어두울 암)   ❂ 동음이의어 名(이름 명) 命(목숨 명)

明	明	明	明	明	明
밝을 명					

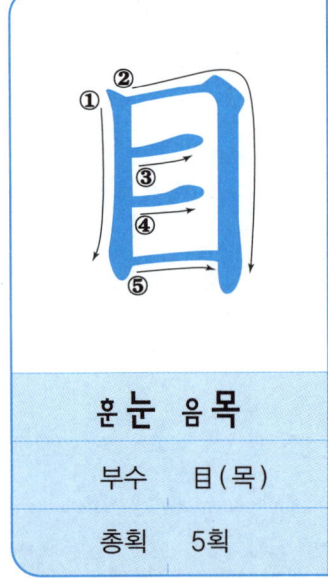

- 훈 눈 음 목
- 부수 目(목)
- 총획 5획

❂ 유래 눈의 모양을 본 떠 나타낸 글자입니다.
❂ 쓰임 題目(제목) : 글이나 작품에 붙이는 이름   面目(면목) : 남을 대하는 얼굴
       科目(과목) : 학문의 구분   目前(목전) : 바로 눈 앞
❂ 유의어 眼(눈 안)   ❂ 비슷한 글자 日(해 일)

目	目	目	目	目	目
눈 목					

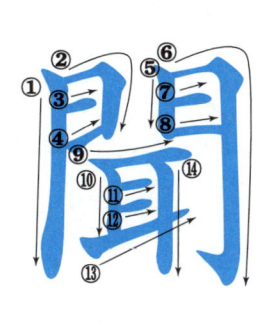

훈	들을	음	문
부수	耳(이)		
총획	14획		

- 유래 문(門)에 귀(耳)를 대고 소리를 듣는 모습을 나타낸 글자입니다.
- 쓰임 新聞(신문): 활자로 소식을 전하는 매체   所聞(소문): 전하여 들리는 말
        風聞(풍문): 바람결에 들리는 소문
- 동음이의어 文(글월 문) 問(물을 문) 門(문 문)

聞 聞 聞 聞 聞 聞

들을 문

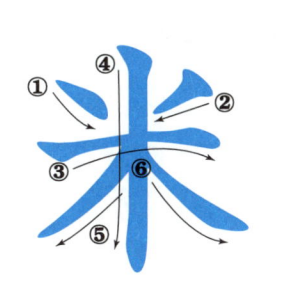

훈	쌀	음	미
부수	米(미)		
총획	6획		

- 유래 벼 이삭에 낟알이 달려 있는 모습을 나타낸 글자입니다.
- 쓰임 白米(백미): 흰 쌀   米飮(미음): 쌀 등을 넣어 끓인 죽
        米食(미식): 쌀밥을 먹음   米作(미작): 벼를 심고 거두는 일
- 비슷한 글자 未(아닐 미) 末(끝 말)

쌀 미

훈	아름다울	음	미
부수	羊(양)		
총획	9획		

- 유래 양(羊) 가죽을 쓰고 양떼에 접근하여 사냥하는 모습을 나타낸 글자입니다.
- 쓰임 美男(미남): 잘생긴 남자   美人(미인): 아름다운 여자
        美感(미감): 아름다움에 대한 감각 美國(미국): 나라 이름, 아메리카
- 상대어 凶(흉할 흉)

아름다울 미

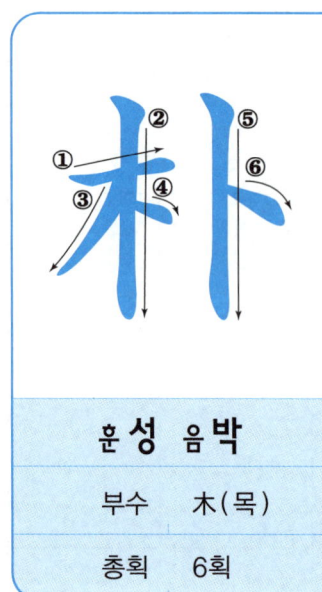

- 유래 나무(木)의 껍질(卜)이 투박하니 자연 그대로 순박하다는 의미의 글자입니다.
- 쓰임 朴直(박직) : 순박하고 정직함
  朴氏(박씨) : 성이 박씨인 사람
- 비슷한 글자 材(재목 재)

朴	朴	朴	朴	朴	朴
성 박					

훈 성 **음** 박
부수 木(목)
총획 6획

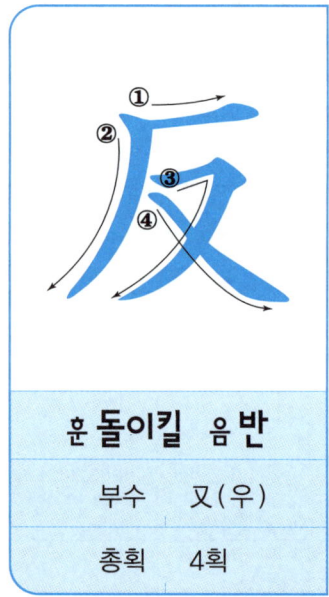

- 유래 기울어지는 물건을 원래의 상태로 돌려놓는다는 의미의 글자입니다.
- 쓰임 反對(반대) : 남의 의견에 찬성하지 않음   反省(반성) : 스스로 돌이켜 살핌
  反問(반문) : 질문에 답하지 않고 되물음   反感(반감) : 반발하는 감정
- 상대어 贊(도울 찬)   · 비슷한 글자 友(벗 우)

反	反	反	反	反	反
돌이킬 반					

훈 돌이킬 **음** 반
부수 又(우)
총획 4획

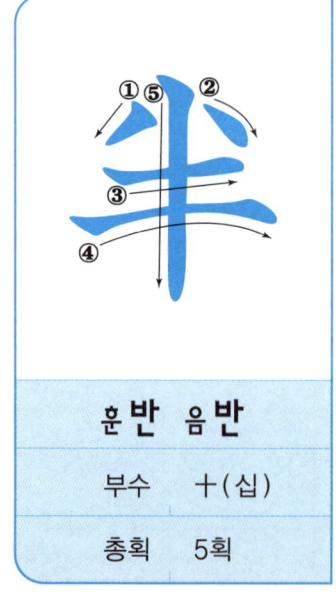

- 유래 소(丯)를 잡아 반씩 나눈다(八)는 의미에서 유래된 글자입니다.
- 쓰임 半年(반년) : 일 년의 반   半生(반생) : 생의 절반
  半月(반월) : 반 달, 한 달의 반   前半戰(전반전) : 반으로 나눈 앞부분의 경기
- 상대어 全(온전할 전)

半	半	半	半	半	半
반 반					

훈 반 **음** 반
부수 十(십)
총획 5획

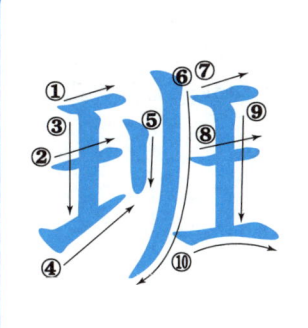

- 훈 **나눌** 음 **반**
- 부수 玉(옥)
- 총획 10획

- 유래 칼(刂)로 옥(玉)을 두 개로 나누어 징표로 간직한 데서 유래된 글자입니다.
- 쓰임 班長(반장) : 반의 대표　　　　文班(문반) : 문관의 반열
　　　　分班(분반) : 반을 나눔　　　　班名(반명) : 반의 이름
- 유의어 分(나눌 분) 別(나눌 별)

班　班　班　班　班　班

나눌 반

- 훈 **필** 음 **발**
- 부수 癶(발)
- 총획 12획

- 유래 활(弓)을 쏠 때 풀을 헤치고 밟아(癶) 자리를 마련한 데서 유래된 글자입니다.
- 쓰임 出發(출발) : 목적지를 향해 나감　　發表(발표) : 세상에 드러내 알림
　　　　發光(발광) : 빛을 냄　　　　　　發生(발생) : 어떤 일이 생겨남
- 비슷한 글자 廢(폐할 폐)

發　發　發　發　發　發

필 발

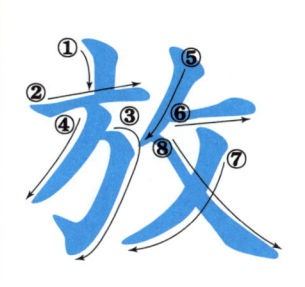

- 훈 **놓을** 음 **방**
- 부수 攵(攴, 복)
- 총획 8획

- 유래 강제로(攵) 펼친다(方)는 데서 '내쫓다', '놓아주다'의 뜻을 나타낸 글자입니다.
- 쓰임 放心(방심) : 마음을 놓고 있음　　　放學(방학) : 학기와 학기 사이에 쉬는 것
　　　　放生(방생) : 잡힌 생물을 놓아서 살려 줌　放電(방전) : 저장된 전기를 방출함
- 동음이의어 方(모 방)

放　放　放　放　放　放

놓을 방

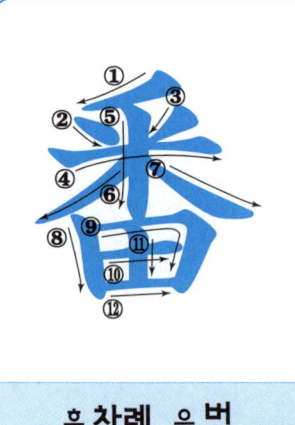

- 훈 **차례** 음 **번**
- 부수 田(전)
- 총획 12획

- 유래 밭(田)에 나있는 짐승 발자국(采)의 차례를 살핀다는 데서 유래된 글자입니다.
- 쓰임 番號(번호) : 차례를 숫자로 나타낸 것   番地(번지) : 땅이나 집의 위치나 순서 번호
  每番(매번) : 늘, 번번이   軍番(군번) : 군인에게 부여하는 고유 번호
- 유의어 第(차례 제) 序(차례 서)

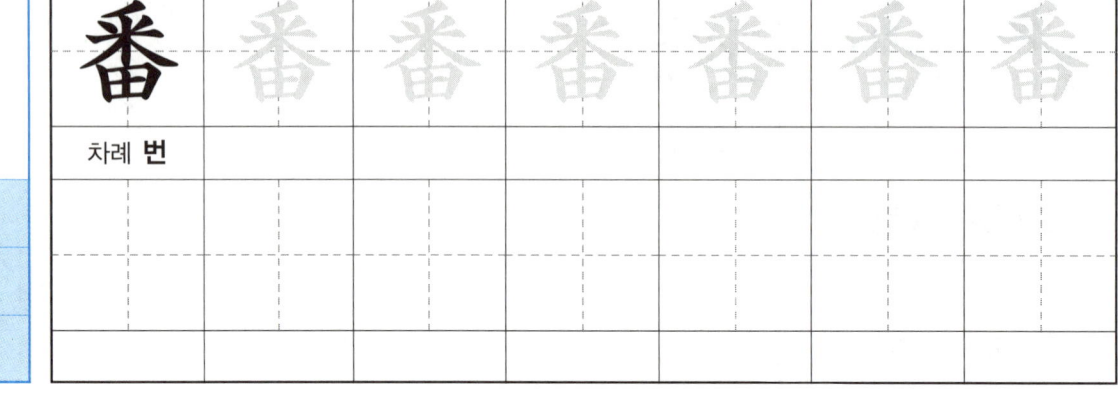

番 | 番 | 番 | 番 | 番 | 番

차례 번

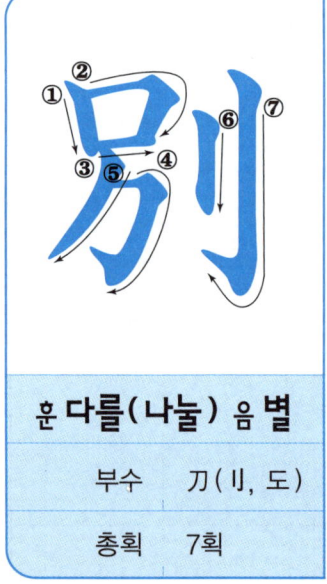

- 훈 **다를(나눌)** 음 **별**
- 부수 刀(刂, 도)
- 총획 7획

- 유래 뼈와 살을 칼로 갈라 구분한 데서 나눈다는 뜻을 나타내게 되었다.
- 쓰임 分別(분별) : 종류에 따라 나눔   別世(별세) : 세상을 떠남
  作別(작별) : 서로 헤어짐   別名(별명) : 이름 외에 불려지는 호칭
- 유의어 分(나눌 분) 班(나눌 반)   상대어 合(합할 합)

別 別 別 別 別 別

다를 별

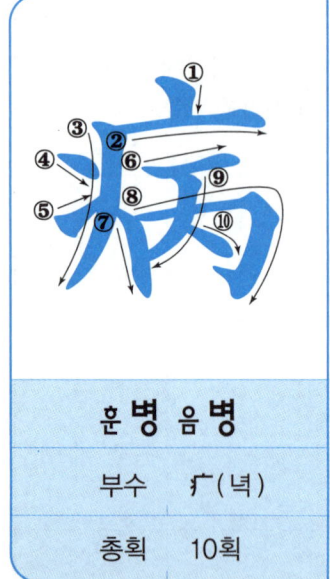

- 훈 **병** 음 **병**
- 부수 疒(녁)
- 총획 10획

- 유래 병들어(疒) 다리를 뻗고 누운 사람(丙)의 모습을 나타낸 글자입니다.
- 쓰임 病室(병실) : 환자를 수용하는 방   病者(병자) : 병에 걸린 사람
  重病(중병) : 고치기 어렵고 큰 병   問病(문병) : 환자를 위문 방문함
- 비슷한 글자 減(덜 감)

病 病 病 病 病 病

병 병

제 4강 확인평가

1 다음 한자의 음을 쓰세요.

(1) 發 (　　　　)   (2) 放 (　　　　)

(3) 班 (　　　　)   (4) 反 (　　　　)

(5) 美 (　　　　)   (6) 明 (　　　　)

(7) 聞 (　　　　)   (8) 半 (　　　　)

(9) 番 (　　　　)   (10) 別 (　　　　)

2 다음 뜻에 맞는 한자를 例에서 골라 기호를 쓰세요.

> 例
> ① 理　　② 目　　③ 聞　　④ 美　　⑤ 反
> ⑥ 班　　⑦ 發　　⑧ 放　　⑨ 番　　⑩ 病

(1) 눈 (　　　　)   (2) 아름답다 (　　　　)

(3) 나누다 (　　　　)   (4) 차례 (　　　　)

(5) 병 (　　　　)   (6) 듣다 (　　　　)

3 다음 음과 뜻에 맞는 한자를 쓰세요.

(1) 쌀 미 (　　　　)   (2) 밝을 명 (　　　　)

(3) 다를 별 (　　　　)   (4) 돌이킬 반 (　　　　)

4 다음 한자어의 음을 쓰세요.

(1) 合理 (   )   (2) 別世 (   )

(3) 反問 (   )   (4) 目前 (   )

(5) 班長 (   )   (6) 軍番 (   )

(7) 所聞 (   )   (8) 病者 (   )

(9) 失明 (   )   (10) 朴直 (   )

5 다음 음과 뜻에 맞는 한자어를 한자로 쓰세요.

(1) 미인 : 아름다운 여자 (   )

(2) 출발 : 목적지를 향해 나감 (   )

(3) 방생 : 잡힌 생물을 놓아서 살려 줌 (   )

(4) 백미 : 흰 쌀 (   )

6 다음 문장의 밑줄 친 한자어를 한자로 쓰세요.

(1) 내 친구 희경이의 별명은 강아지이다. (   )

(2) 그는 지난 날의 잘못을 반성하면서, 봉사 활동을 열심히 하였다. (   )

(3) 지리 시간에 서울의 옛 지도를 자료로 삼았다. (   )

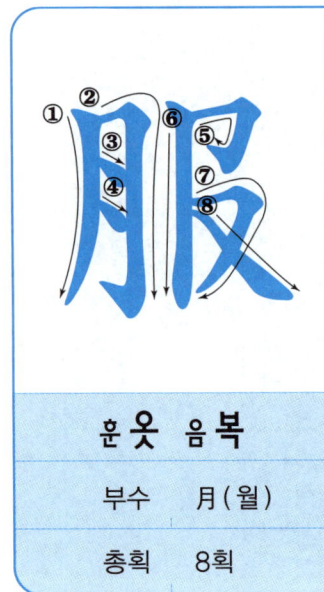

훈 옷	음 복
부수	月(월)
총획	8획

- ✿ 유래 사람(卩)을 손으로 다스리듯 몸(月)을 다스리는 옷을 나타내는 의미의 글자입니다.
- ✿ 쓰임 禮服(예복): 특별한 의식 때 입는 옷   服食(복식): 의복과 음식
  韓服(한복): 우리 나라 고유의 옷   服用(복용): 약을 먹음
- ✿ 유의어 衣(옷 의)
- ✿ 비슷한 글자 報(갚을 보)

服 服 服 服 服 服 服

옷 복

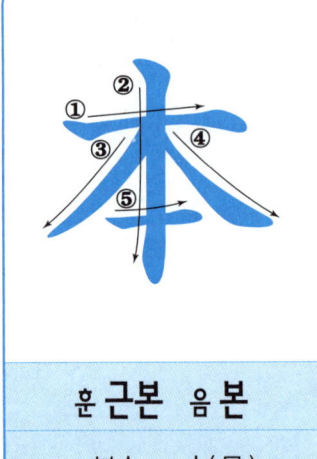

훈 근본	음 본
부수	木(목)
총획	5획

- ✿ 유래 나무(木)의 밑 부분(十)을 강조하여 근본의 의미를 나타낸 글자입니다.
- ✿ 쓰임 本部(본부): 여러 지부를 지휘하는 곳 本家(본가): 본집, 친가
  本然(본연): 원래 생긴 그대로의 상태 本文(본문): 글의 주요 내용이 있는 곳
- ✿ 유의어 根(뿌리 근)
- ✿ 비슷한 글자 木(나무 목) 未(아닐 미)

本 本 本 本 本 本

근본 본

훈 떼	음 부
부수	邑(阝, 읍)
총획	11획

- ✿ 유래 원래 고을(阝)의 의미에서 나누다, 부분의 의미로 사용하게 된 글자입니다.
- ✿ 쓰임 全部(전부): 사물의 모두   部分(부분): 전체 중의 일부
  部將(부장): 한 부의 우두머리   部門(부문): 갈라놓은 분류
- ✿ 상대어 單(홀 단)
- ✿ 동음이의어 父(아비 부) 夫(지아비 부)

部 部 部 部 部 部

떼 부

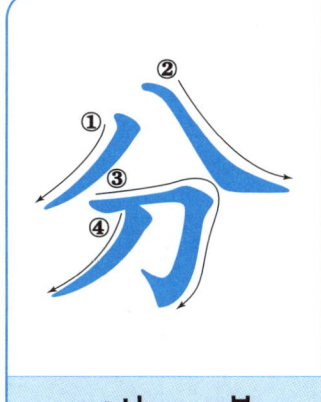

- 유래 칼(刀)로 잡아 나누는(八) 모습을 나타낸 글자입니다.
- 쓰임 分明(분명) : 흐리지 않고 확실함   分野(분야) : 몇으로 나눈 범위
       名分(명분) : 표면상의 이유   二等分(이등분) : 둘로 똑같이 나눔
- 유의어 別(나눌 별) 班(나눌 반)   상대어 合(합할 합)

分 分 分 分 分 分

나눌 분

훈 나눌 음 분
부수 刀(刂, 도)
총획 4획

- 유래 윗사람(人)이 벼슬아치(吏)에게 일을 시키는 데서 유래된 글자입니다.
- 쓰임 使用(사용) : 물건을 씀   天使(천사) : 하늘에서 온 심부름꾼
       使命(사명) : 주어진 임무   特使(특사) : 특별한 임무로 파견된 사람
- 상대어 勞(일할 로)   동음이의어 四(넉 사) 事(일 사) 死(죽을 사) 社(모일 사)

使 使 使 使 使 使

하여금 사

훈 하여금(부릴) 음 사
부수 人(인)
총획 8획

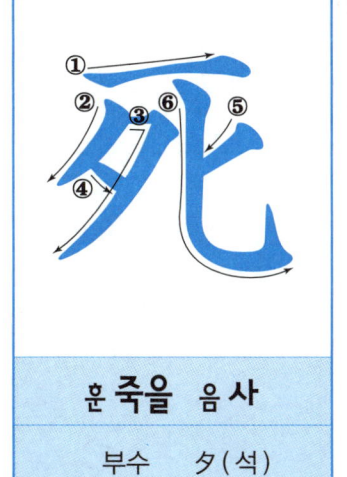

- 유래 죽은 지 오랜 백골(歹) 앞에서 사람이 절하는 모습(匕)에서 유래된 글자입니다.
- 쓰임 生死(생사) : 삶과 죽음   死力(사력) : 죽을 힘
       死色(사색) : 죽은 사람의 얼굴 빛   死線(사선) : 죽을 고비
- 상대어 生(살 생) 活(살 활)

死 死 死 死 死 死

죽을 사

훈 죽을 음 사
부수 歹(석)
총획 6획

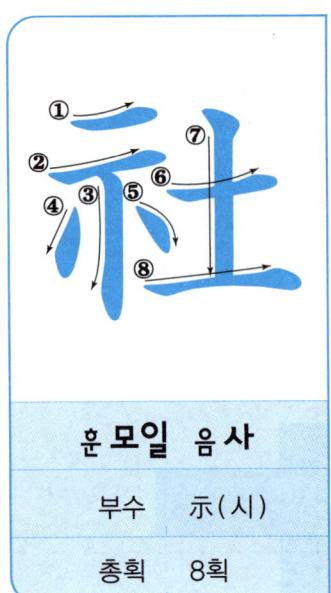

- 유래 땅(土)의 신에게 제사(示)를 지내기 위해 사람이 모이는 것에서 유래된 글자입니다.
- 쓰임 社交(사교) : 사람들이 모여 사귐   社長(사장) : 회사의 대표
       本社(본사) : 지사나 지점들의 주가 되는 곳   會社(회사) : 영리를 위해 설립한 단체
- 유의어 會(모일 회) 集(모일 집)

社 / 모일 사

훈 모일 음 사
부수 示(시)
총획 8획

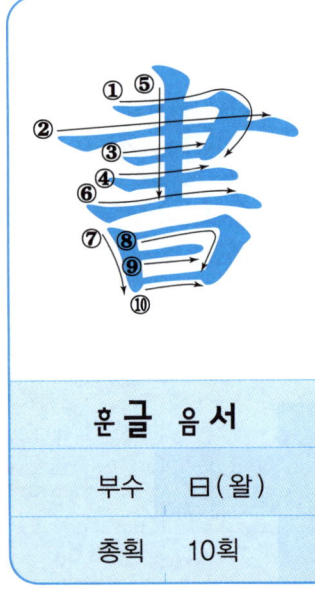

- 유래 붓(聿)으로 종이(日)에 글씨를 쓰고 있는 것에서 유래된 글자입니다.
- 쓰임 書堂(서당) : 글을 배우는 곳   書式(서식) : 공문서 등의 일정한 형식
       書體(서체) : 글씨의 모양   書記(서기) : 기록을 맡아 보는 사람
- 유의어 文(글월 문)   - 비슷한 글자 晝(낮 주) 畵(그림 화)

書 / 글 서

훈 글 음 서
부수 日(왈)
총획 10획

- 유래 언덕(厂) 아래에 작은 돌(口)이 있는 모습을 나타낸 글자입니다.
- 쓰임 石油(석유) : 지하에서 생산되는 광물성 기름   玉石(옥석) : 구슬과 돌
       石手(석수) : 돌을 다루어 물건을 만드는 사람   木石(목석) : 나무와 돌
- 비슷한 글자 古(예 고) 右(오른 우)

石 / 돌 석

훈 돌 음 석
부수 石(석)
총획 5획

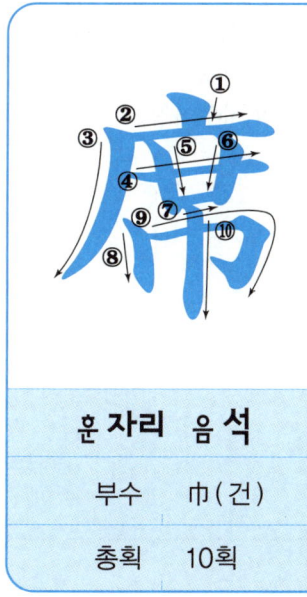

훈 자리 음 석
부수 巾(건)
총획 10획

- 유래 많은 무리(庶)가 앉을 수 있는 천으로 된 깔개(巾)에서 유래된 글자입니다.
- 쓰임 出席(출석) : 모임이나 수업에 나감　　上席(상석) : 윗자리
　　　 合席(합석) : 한자리에 같이 앉음　　空席(공석) : 비어 있는 자리
- 유의어 座(자리 좌)
- 비슷한 글자 度(법도 도)

席	席	席	席	席	席
자리 석					

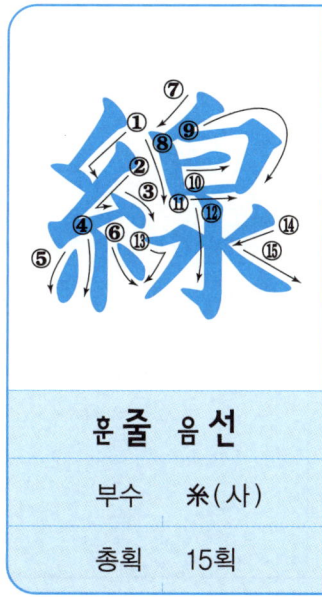

훈 줄 음 선
부수 糸(사)
총획 15획

- 유래 누에고치에서 실(糸)이 샘(泉)처럼 이어져 나오는 데서 유래된 글자입니다.
- 쓰임 直線(직선) : 곧게 이은 선　　　　　有線(유선) : 선으로 이어진 것
　　　 電線(전선) : 전기를 통하는 구리선　水平線(수평선) : 하늘과 바다가 맞닿아 보이는 경계
- 비슷한 글자 終(마칠 종)

線	線	線	線	線	線
줄 선					

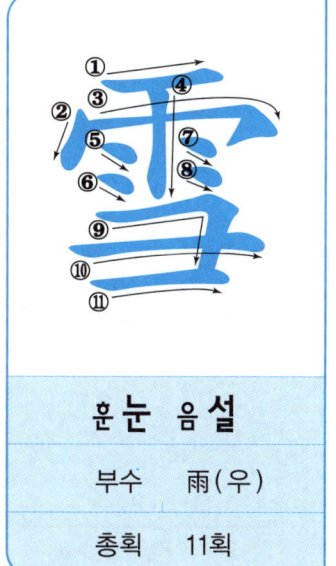

훈 눈 음 설
부수 雨(우)
총획 11획

- 유래 하늘에서 비(雨)처럼 내려 온 것을 싸리비(彗)로 쓸어내는 데서 유래된 글자입니다.
- 쓰임 雪光(설광) : 눈에서 반사된 빛　　白雪(백설) : 하얀 눈
　　　 雪山(설산) : 눈 덮인 산　　　　　大雪(대설) : 많이 내린 눈
- 비슷한 글자 雨(비 우)　雲(구름 운)　電(번개 전)

雪	雪	雪	雪	雪	雪
눈 설					

| 훈 | 이룰 | 음 | 성 |

부수 戈(과)

총획 7획

- 유래 혈기 왕성한 청년(丁)이 무성한(戊) 초목에서 열심히 일하는 데서 유래된 글자입니다.
- 쓰임 成長(성장) : 자라서 점점 커짐   成分(성분) : 물체를 이루는 여러 물질
  成事(성사) : 힘써서 일을 이룸   成立(성립) : 일이나 요건이 이루어짐
- 상대어 敗(패할 패)

成 이룰 성

| 훈 | 살필 | 음 | 성(덜 생) |

부수 目(목)

총획 9획

- 유래 작은 아이(少)를 눈(目)으로 살펴보는 데서 유래된 글자입니다.
- 쓰임 反省(반성) : 스스로 돌이켜 살핌   自省(자성) : 스스로 반성함
  省記(생기) : 요점만 간략하게 적음
- 유의어 察(살필 찰)

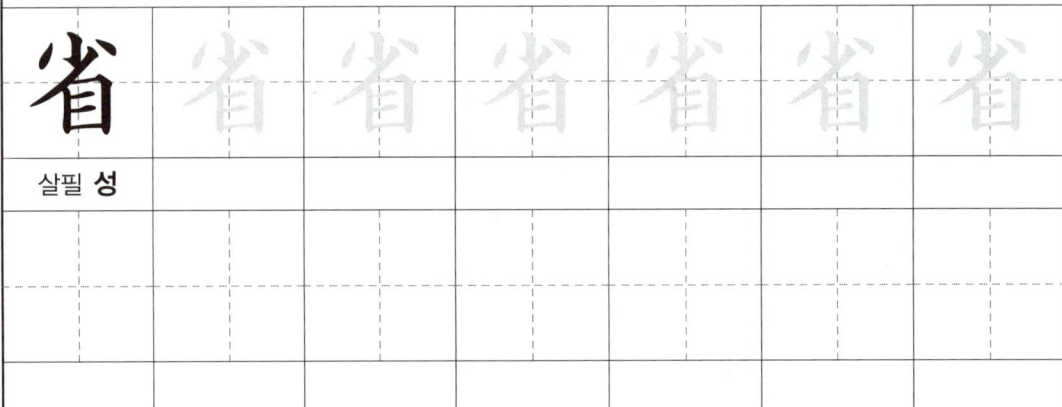

살필 성

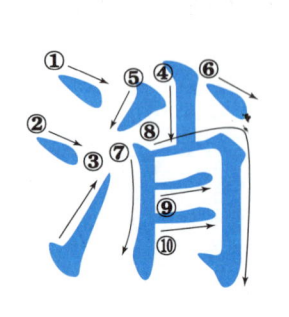

| 훈 | 사라질 | 음 | 소 |

부수 水(氵, 수)

총획 10획

- 유래 물(水)이 적어져서 사라지는(肖) 것을 나타낸 글자입니다.
- 쓰임 消失(소실) : 사라져 없어짐   消日(소일) : 빈둥대며 세월을 보냄
  消火(소화) : 불을 끔
- 상대어 現(나타날 현)

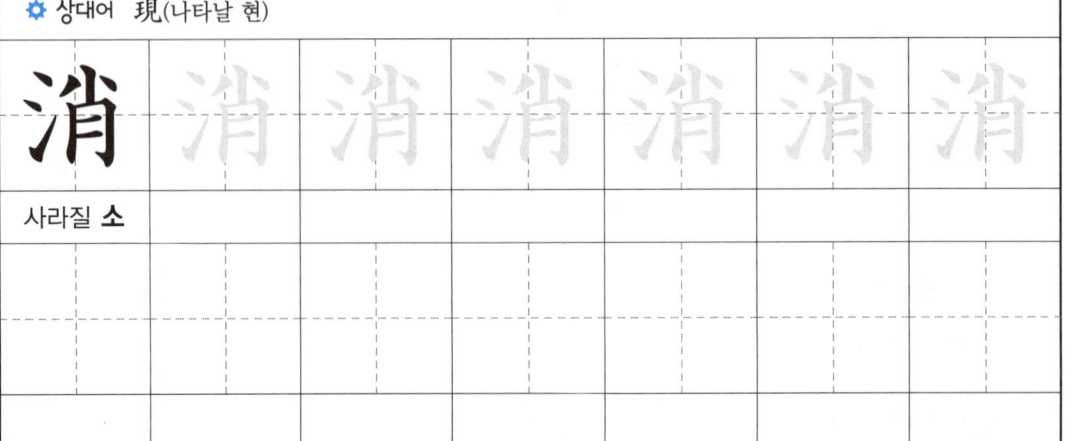

사라질 소

제 5 강 확인평가

1 다음 한자의 음을 쓰세요.

(1) 本 (　　　)　　　(2) 線 (　　　)

(3) 席 (　　　)　　　(4) 書 (　　　)

(5) 部 (　　　)　　　(6) 雪 (　　　)

(7) 成 (　　　)　　　(8) 省 (　　　)

(9) 消 (　　　)　　　(10) 使 (　　　)

2 다음 뜻에 맞는 한자를 例에서 골라 기호를 쓰세요.

例
① 服　② 分　③ 社　④ 死　⑤ 書
⑥ 石　⑦ 線　⑧ 雪　⑨ 省　⑩ 消

(1) 나누다 (　　　)　　(2) 눈 (　　　)

(3) 살피다 (　　　)　　(4) 줄 (　　　)

(5) 죽다 (　　　)　　　(6) 모이다 (　　　)

3 다음 음과 뜻에 맞는 한자를 쓰세요.

(1) 이룰 성 (　　　)　　(2) 사라질 소 (　　　)

(3) 자리 석 (　　　)　　(4) 하여금 사 (　　　)

4 다음 한자어의 음을 쓰세요.

(1) 書記 (　　　　　) (2) 天使 (　　　　　)

(3) 部分 (　　　　　) (4) 電線 (　　　　　)

(5) 空席 (　　　　　) (6) 本社 (　　　　　)

(7) 服用 (　　　　　) (8) 自省 (　　　　　)

(9) 消火 (　　　　　) (10) 本家 (　　　　　)

5 다음 음과 뜻에 맞는 한자어를 한자로 쓰세요.

(1) 생사 : 삶과 죽음 (　　　　　)

(2) 석유 : 지하에서 생성되는 광물성 기름 (　　　　　)

(3) 성분 : 물체를 이루는 여러 물질 (　　　　　)

(4) 직선 : 곧게 이은 선 (　　　　　)

6 다음 문장의 밑줄 친 한자어를 한자로 쓰세요.

(1) 본연의 임무에 충실해라. (　　　　　)

(2) 회사는 영리를 위해 설립된 단체이다. (　　　　　)

(3) 대학교에서 대리 출석을 엄격하게 금지한다고 발표했다. (　　　　　)

한 · 일 · 자 · 능 · 력 · 검 · 정

한자 배우기

6급

제 6강

速 빠를 속	孫 손자 손
樹 나무 수	術 재주 술
習 익힐 습	勝 이길 승	始 비로소 시	式 법 식	神 귀신 신
身 몸 신	信 믿을 신			新 새 신
失 잃을 실	愛 사랑 애			夜 밤 야

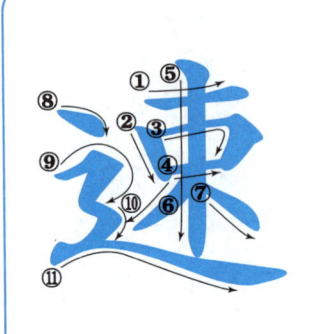

- 유래 묶은(束) 나뭇가지를 끊었을 때 재빨리 돌아가려는(辶) 모습에서 유래된 글자입니다.
- 쓰임 速度(속도) : 빠른 정도   速記(속기) : 빨리 적음
  速讀(속독) : 빨리 읽음   速力(속력) : 빨리 가는 힘
- 유의어 急(급할 급)

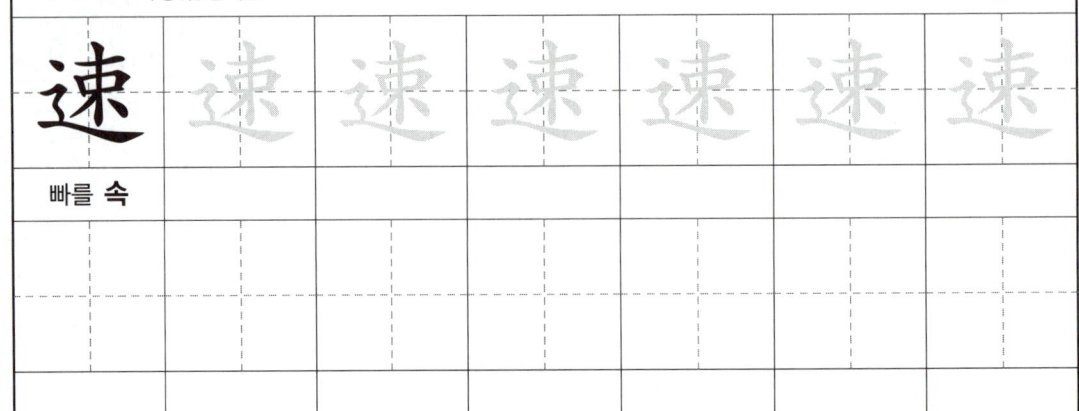

빠를 속

훈 빠를 **음** 속

부수 辵(辶, 착)

총획 11획

- 유래 아이(子)가 실 다발처럼 다음 세대로 이어지는(系) 데서 유래된 글자입니다.
- 쓰임 王孫(왕손) : 왕족의 후손   孫子(손자) : 아들의 아들
  子孫(자손) : 아들과 손자   長孫(장손) : 맏손자
- 상대어 祖(할아비 조)

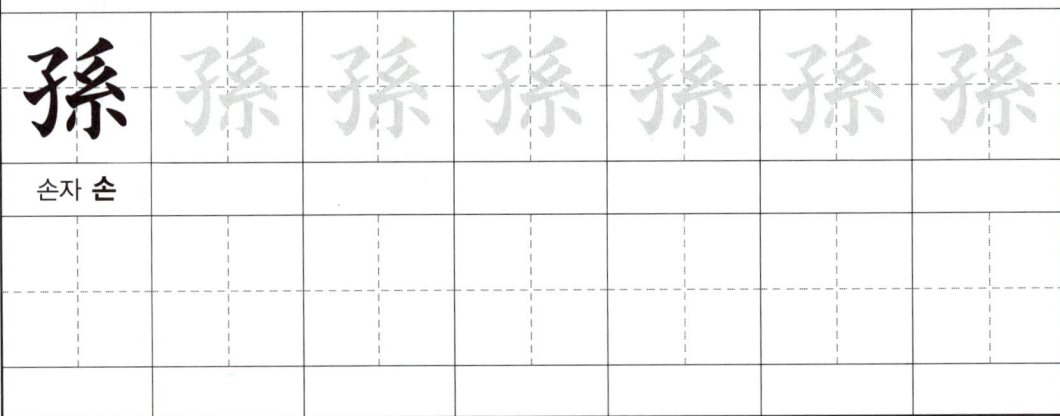

손자 손

훈 손자 **음** 손

부수 子(자)

총획 10획

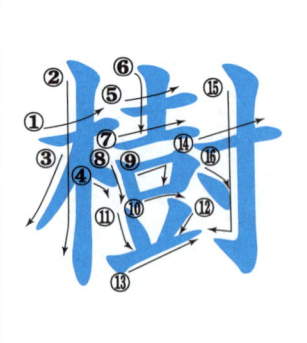

- 유래 쓰러지지 않게 일렬로 심어 잘 자라는 나무를 나타내는 글자입니다.
- 쓰임 樹林(수림) : 나무가 우거진 숲   植樹(식수) : 나무를 심는 것
  樹立(수립) : 어떤 사업을 이룩하여 세움   樹木(수목) : 살아 있는 나무
- 유의어 木(나무 목)   동음이의어 水(물 수) 手(손 수) 數(셈 수)

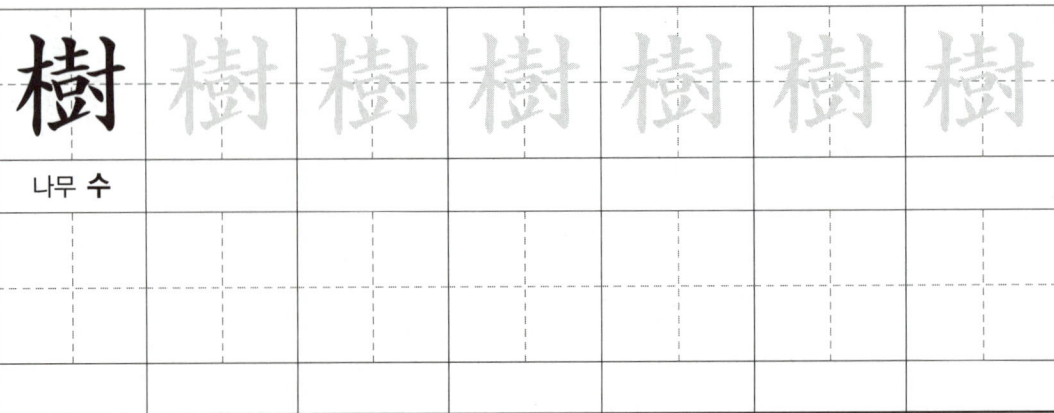

나무 수

훈 나무 **음** 수

부수 木(목)

총획 16획

- 훈 재주　음 술
- 부수　行(행)
- 총획　11획

🟦 유래　차조(朮) 뿌리가 약용으로 쓰이듯 사람이 살아가는(行) 방법을 의미하는 글자입니다.
🟦 쓰임　手術(수술) : 신체의 일부를 잘라서 치료함　話術(화술) : 말을 잘 표현하는 기술
　　　　美術(미술) : 시각적으로 표현하는 예술　　術計(술계) : 남을 속이기 위한 꾀
🟦 유의어　才(재주 재)　技(재주 기)

術　術　術　術　術　術　術

재주 술

- 훈 익힐　음 습
- 부수　羽(우)
- 총획　11획

🟦 유래　태양(日)보다 높이 올라갈 정도로 새가 날갯짓(羽)을 연습하는 데서 유래된 글자입니다.
🟦 쓰임　敎習(교습) : 가르쳐서 익히게 함　　自習(자습) : 혼자 공부하여 익힘
　　　　見習(견습) : 따라서 배워 익힘　　　風習(풍습) : 풍속과 습관
🟦 유의어　學(배울 학)　練(익힐 련)

習　習　習　習　習　習　習

익힐 습

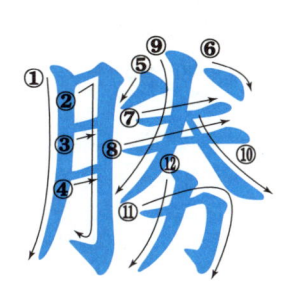

- 훈 이길　음 승
- 부수　力(력)
- 총획　12획

🟦 유래　밤늦도록 횃불(火)을 들고 힘(力)을 다해 노력하는 것을 의미하는 글자입니다.
🟦 쓰임　勝利(승리) : 승부에서 이김　　　勝者(승자) : 겨루어 이긴 사람
　　　　勝敗(승패) : 이기고 지는 것　　名勝地(명승지) : 널리 알려진 장소
🟦 상대어　敗(질 패)

勝　勝　勝　勝　勝　勝　勝

이길 승

한자검정능력 6급

- 유래 어머니(女)의 태(台)에서 머리를 내밀며 태어나는 아기의 모양에서 유래된 글자입니다.
- 쓰임 始作(시작) : 처음으로 함   始祖(시조) : 한 핏줄의 맨 처음 조상
  始動(시동) : 엔진이 작동함   始發(시발) : 맨 처음의 출발
- 동음이의어 市(저자 시)   時(때 시)

始 — 비로소 시

훈 비로소 음 시
부수 女(녀)
총획 8획

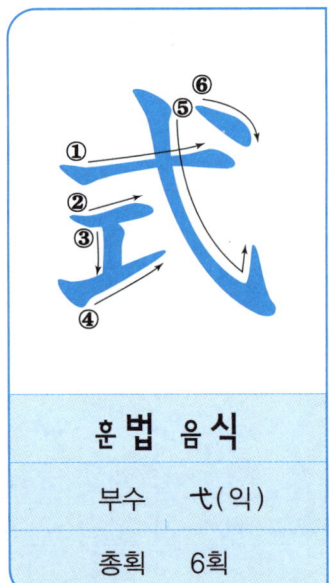

- 유래 도구(弋)를 사용해서 작업(工)을 할 때 정해진 방법을 의미하는 글자입니다.
- 쓰임 式場(식장) : 예식을 치르는 장소   方式(방식) : 일정한 형식
  圖式(도식) : 그림으로 그린 양식   開式(개식) : 의식을 시작함
- 동음이의어 食(먹을 식)   植(심을 식)

式 — 법 식

훈 법 음 식
부수 弋(익)
총획 6획

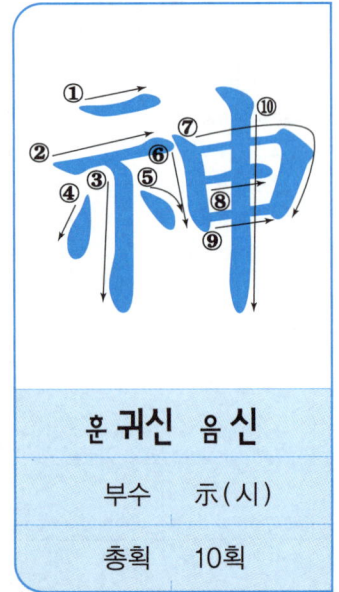

- 유래 번개 모양의 신(申)과 제단(示)이 합해져 귀신을 의미하는 글자입니다.
- 쓰임 神主(신주) : 죽은 이의 위패를 모신 곳   神話(신화) : 신격을 중심으로 한 전설
  神明(신명) : 하늘과 땅의 신령   神通力(신통력) : 무엇이든 할 수 있는 능력
- 유의어 鬼(귀신 귀)

神 — 귀신 신

훈 귀신 음 신
부수 示(시)
총획 10획

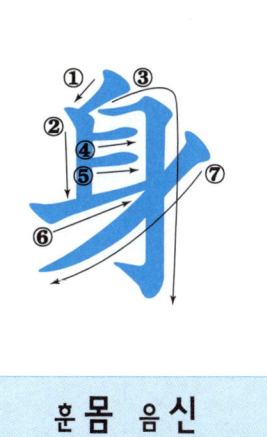

- 유래 아이를 배어 배가 불룩해진 여자가 걷고 있는 모양을 나타낸 글자입니다.
- 쓰임 身體(신체) : 사람의 몸   身長(신장) : 사람의 키
  心身(심신) : 마음과 몸   身分(신분) : 개인의 사회적인 지위
- 유의어 體(몸 체)
- 상대어 心(마음 심)

훈	몸	음	신
부수	身(신)		
총획	7획		

身 몸 신

- 유래 사람(人)의 말(言)은 믿음이 있어야 한다는 의미로 나타낸 글자입니다.
- 쓰임 答信(답신) : 편지나 문의에 대한 회신   信者(신자) : 신앙을 가진 사람
  信用(신용) : 언행이나 약속을 믿음   信號(신호) : 의사 소통을 위한 약속된 기호
- 비슷한 글자 計(셀 계) 訃(부고 부)

훈	믿을	음	신
부수	人(亻, 인)		
총획	9획		

信 믿을 신

- 유래 도끼(斤)로 막 자른(立) 나무(木)의 모습에서 새롭다는 의미로 나타낸 글자입니다.
- 쓰임 新式(신식) : 새로운 형식   新作(신작) : 새로 지어 만듦
  新正(신정) : 새해의 첫머리   新世代(신세대) : 새로운 생각을 가진 세대
- 상대어 古(예 고)

훈	새	음	신
부수	斤(근)		
총획	13획		

新 새 신

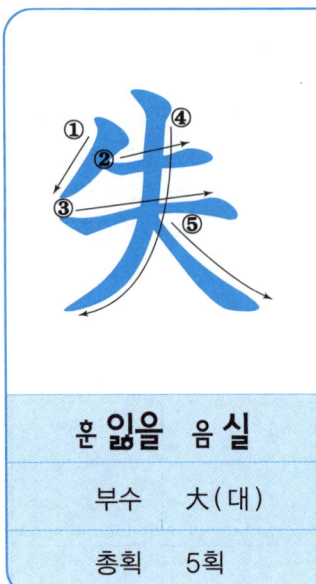

- 유래: 손(手)에 쥐고 있던 물건(乙)을 떨어뜨린 모양을 나타낸 글자입니다.
- 쓰임: 失手(실수) : 부주의하여 잘못함 失言(실언) : 실수로 한 말
  失意(실의) : 상심하여 의지를 잃음 失業者(실업자) : 직업을 잃은 사람
- 상대어: 得(얻을 득)

失 失 失 失 失 失 失
잃을 실

훈 잃을 음 실
부수 大(대)
총획 5획

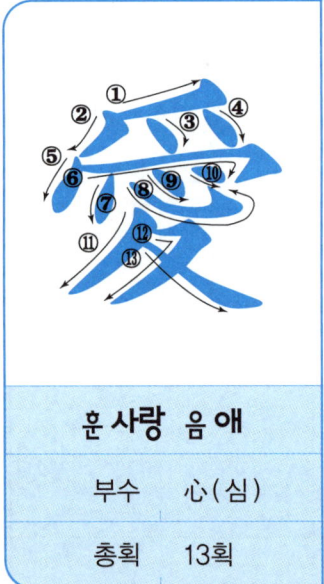

- 유래: 물건을 손(爪)으로 감싸듯(冖) 마음(心)이 향한다는 의미로 나타낸 글자입니다.
- 쓰임: 愛族(애족) : 자기 민족을 사랑함 愛用(애용) : 즐겨 사용함
  愛人(애인) : 사랑하는 사람 愛國心(애국심) : 나라를 사랑하는 마음
- 상대어: 惡(미워할 오)

愛 愛 愛 愛 愛 愛 愛
사랑 애

훈 사랑 음 애
부수 心(심)
총획 13획

- 유래: 집(亠) 아래에 사람(人)과 저녁(夕)이 합쳐진 것으로 밤의 의미로 나타낸 글자입니다.
- 쓰임: 夜光(야광) : 밤에 빛을 내는 것 夜行(야행) : 밤에 몰래 길을 감
  夜學(야학) : 밤에 공부하는 것 白夜(백야) : 희미하게 밝은 밤
- 상대어: 晝(낮 주)

夜 夜 夜 夜 夜 夜 夜
밤 야

훈 밤 음 야
부수 夕(석)
총획 8획

제 6 강 확인평가

1 다음 한자의 음을 쓰세요.

(1) 夜 (   )   (2) 失 (   )

(3) 樹 (   )   (4) 習 (   )

(5) 勝 (   )   (6) 信 (   )

(7) 新 (   )   (8) 孫 (   )

(9) 速 (   )   (10) 愛 (   )

2 다음 뜻에 맞는 한자를 例에서 골라 기호를 쓰세요.

> 例
> ① 孫   ② 樹   ③ 術   ④ 勝   ⑤ 始
> ⑥ 式   ⑦ 身   ⑧ 神   ⑨ 夜   ⑩ 愛

(1) 손자 (   )   (2) 귀신 (   )

(3) 재주 (   )   (4) 비로소 (   )

(5) 몸 (   )   (6) 법 (   )

3 다음 음과 뜻에 맞는 한자를 쓰세요.

(1) 이길 승 (   )   (2) 나무 수 (   )

(3) 믿을 신 (   )   (4) 잃을 실 (   )

4 다음 한자어의 음을 쓰세요.

(1) 開式 (   )   (2) 孫子 (   )

(3) 心身 (   )   (4) 夜行 (   )

(5) 速力 (   )   (6) 風習 (   )

(7) 信用 (   )   (8) 愛國 (   )

(9) 美術 (   )   (10) 始發 (   )

5 다음 음과 뜻에 맞는 한자어를 한자로 쓰세요.

(1) 신화 : 신격을 중심으로 한 전설 (   )

(2) 식수 : 나무를 심음 (   )

(3) 승자 : 경기에서 이긴 사람 (   )

(4) 실의 : 상심하여 의지를 잃음 (   )

6 다음 문장의 밑줄 친 글자를 한자로 쓰세요.

(1) 기진이와 은수는 <u>애인</u> 사이이다. (   )

(2) 가야산에 있는 유명한 <u>명승지</u>로 해인사가 있다. (   )

(3) <u>신세대</u>의 행동을 이해하지 못하는 어른들이 많다. (   )

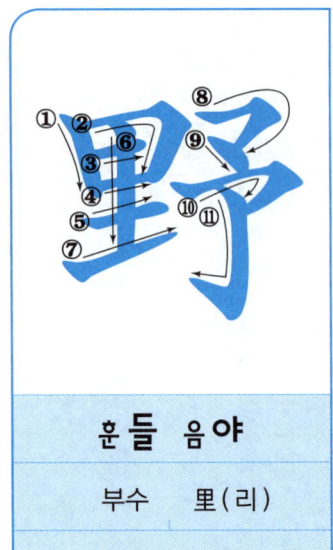

- 유래 밭(田)과 흙(土) 모양이 마을(里)을 나타내고 이것이 쭉 연장되어 있음을 나타냅니다.
- 쓰임 野外(야외) : 들판, 벌판   野生(야생) : 자연 상태에서 저절로 자란 동식물
  野人(야인) : 벼슬을 하지 않는 사람   分野(분야) : 몇으로 나눈 각각의 범위
- 상대어 與(더불 여)

훈 들 음 야
부수 里(리)
총획 11획

野	野	野	野	野	野
들 야					

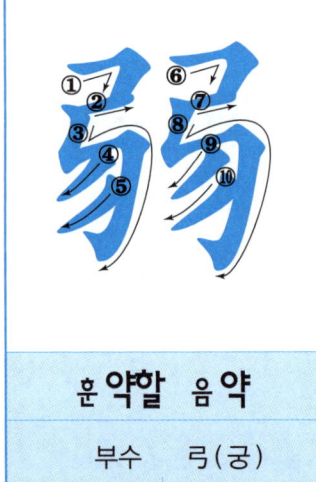

- 유래 어린 새가 약한 날갯짓을 하는 모양을 나타낸 글자입니다.
- 쓰임 弱體(약체) : 약한 몸   心弱(심약) : 마음이 약함
  強弱(강약) : 강하고 약함   老弱者(노약자) : 늙은이와 약한 사람
- 상대어 強(강할 강)

훈 약할 음 약
부수 弓(궁)
총획 10획

弱	弱	弱	弱	弱	弱
약할 약					

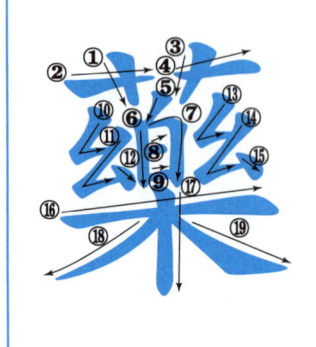

- 유래 풀(艹)의 잎이나 뿌리로 병을 낫게 하여 즐겁게 한다는 의미로 나타낸 글자입니다.
- 쓰임 洋藥(양약) : 서양 의학으로 만든 약   藥草(약초) : 약이 되는 풀
  藥用(약용) : 약으로 씀   醫藥(의약) : 의료에 쓰는 약
- 비슷한 글자 樂(즐길 락)

훈 약 음 약
부수 艸(艹, 초)
총획 19획

藥	藥	藥	藥	藥	藥
약 약					

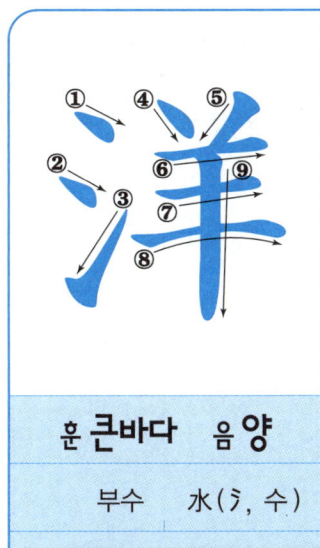

- 유래 양(羊)떼가 움직이듯이 큰 물(氵)이 퍼지는 모양을 나타낸 글자입니다.
- 쓰임 東洋(동양) : 아시아 지역   大洋(대양) : 큰바다
        洋式(양식) : 서양식   海洋(해양) : 넓은 바다
- 유의어 海(바다 해)

洋 洋 洋 洋 洋 洋 洋

큰바다 양

훈 **큰바다** 음 **양**
부수 水(氵, 수)
총획 9획

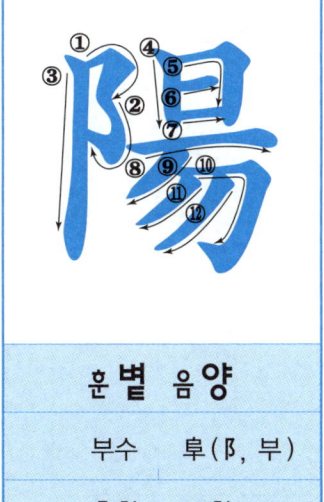

- 유래 지평선에 이르는 여러 갈래의 길(勿) 위에 태양(日)이 비치는 모양을 나타낸 글자입니다.
- 쓰임 夕陽(석양) : 저녁 노을   陽地(양지) : 햇볕이 잘 드는 곳
        太陽(태양) : 해   陽氣(양기) : 만물이 움직이는 힘
- 상대어 陰(그늘 음)

陽 陽 陽 陽 陽 陽 陽

볕 양

훈 **볕** 음 **양**
부수 阜(阝, 부)
총획 12획

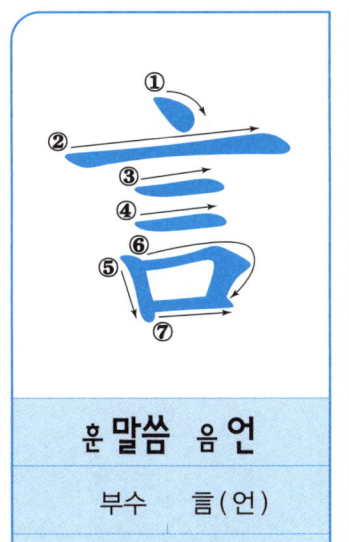

- 유래 위와 아래로 입(口)을 놀려 말한다는 의미로 나타낸 글자입니다.
- 쓰임 言語(언어) : 생각이나 뜻을 표현하는 수단   名言(명언) : 가슴에 새길만한 훌륭한 말
        公言(공언) : 공식적인 발언   言動(언동) : 말을 행동의 의미로 표현한 것
- 유의어 語(말씀 어) 話(말씀 화)

言 言 言 言 言 言 言

말씀 언

훈 **말씀** 음 **언**
부수 言(언)
총획 7획

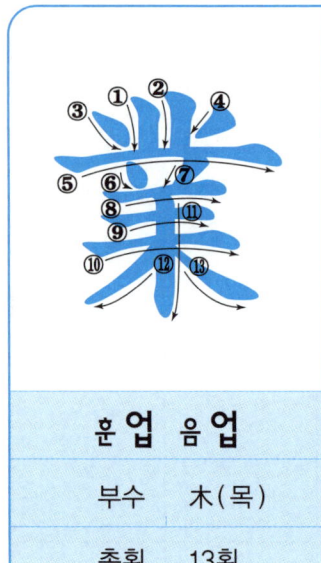

훈 업 음 업	
부수	木(목)
총획	13획

- 유래 무거운 종의 무게를 분산하여 지탱하게 만든 나무(木) 모양을 나타낸 글자입니다.
- 쓰임 學業(학업) : 배우고 익히는 일   事業(사업) : 영리를 목적으로 하는 경제 활동
        農業(농업) : 농사짓는 일   業體(업체) : 사업이나 영업의 주체
- 유의어 事(일 사)

業 業 業 業 業 業 業

업 업

훈 길 음 영	
부수	水(氵, 수)
총획	5획

- 유래 본류에 지류가 합쳐지며 바다로 흘러가는 모습에서 길다의 의미로 나타낸 글자입니다.
- 쓰임 永遠(영원) : 끝없이 계속 이어지는 것   永生(영생) : 영원히 계속 사는 것
        永年(영년) : 기나긴 삶   永別(영별) : 영원한 이별
- 유의어 遠(멀 원) 長(긴 장)

永 永 永 永 永 永 永

길 영

훈 꽃부리 음 영	
부수	艸(艹, 초)
총획	9획

- 유래 풀(艹)이 자라고 가운데(央) 아름다운 꽃이 피어난 모양을 나타낸 글자입니다.
- 쓰임 英才(영재) : 재능이 뛰어난 사람   育英(육영) : 인재를 가르쳐 기름
        英語(영어) : 미국이나 영국 등에서 사용하는 언어   英特(영특) : 지혜롭고 특별함
- 비슷한 글자 央(가운데 앙)

英 英 英 英 英 英 英

꽃부리 영

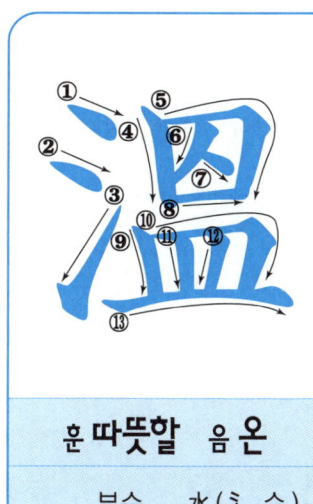

- 유래 물(水)이 가득한 그릇(皿) 속에서 목욕하는 사람(囚)을 나타낸 글자입니다.
- 쓰임 溫和(온화) : 온순하고 인자함   溫度(온도) : 따뜻한 정도를 수치로 나타낸 것
  溫水(온수) : 따뜻한 물   溫室(온실) : 난방 장치가 되어 따뜻한 방
- 상대어 寒(찰 한) 冷(찰 랭)

溫 溫 溫 溫 溫 溫 溫

따뜻할 온

훈 **따뜻할** 음 **온**
부수 水(氵, 수)
총획 13획

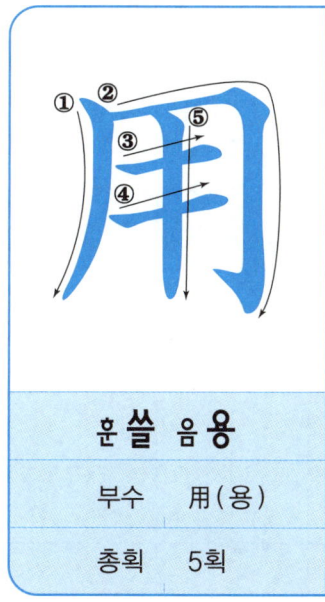

- 유래 대나무 등으로 엮어 만든 그릇이 완성된 모양을 나타낸 글자입니다.
- 쓰임 有用(유용) : 쓸모가 있음   用水(용수) : 물을 사용함
  用例(용례) : 사용하고 있는 예   用意(용의) : 마음을 먹음
- 유의어 使(부릴 사)

用 用 用 用 用 用

쓸 용

훈 **쓸** 음 **용**
부수 用(용)
총획 5획

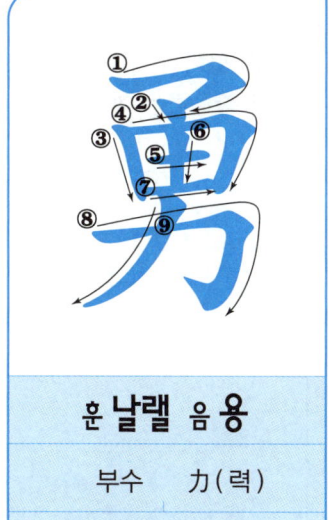

- 유래 샘에서 물이 솟아나듯(甬) 그치지 않는 힘(力)의 의미로 나타낸 글자입니다.
- 쓰임 勇氣(용기) : 용감한 기세
  勇名(용명) : 용감하다는 명성
- 비슷한 글자 男(사내 남)

勇 勇 勇 勇 勇 勇

날랠 용

훈 **날랠** 음 **용**
부수 力(력)
총획 9획

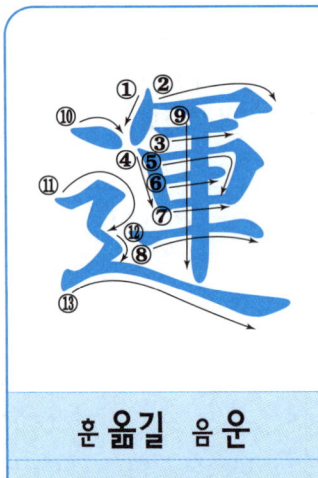

- 유래 군대가 전차(車)를 끌고 가는(辶) 모양을 나타낸 글자입니다.
- 쓰임 氣運(기운) : 어떤 방향으로 향하려는 움직임   運用(운용) : 움직여 씀
  國運(국운) : 나라의 운명   運動(운동) : 돌아다니며 움직임
- 비슷한 글자 連(이을 련)

運 옮길 운

훈 옮길 음 운
부수 辵(辶, 착)
총획 13획

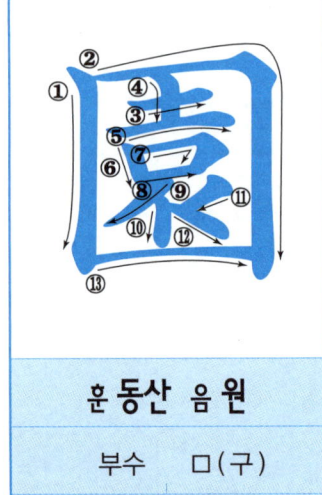

- 유래 울타리(口)로 둘러싸인 과일나무가 늘어진(袁) 동산의 뜻을 나타낸 글자입니다.
- 쓰임 樂園(낙원) : 안락하게 살 수 있는 곳   庭園(정원) : 집안의 뜰
  果樹園(과수원) : 과실을 전문적으로 재배하는 곳
- 비슷한 글자 圓(둥글 원)

園 동산 원

훈 동산 음 원
부수 口(구)
총획 13획

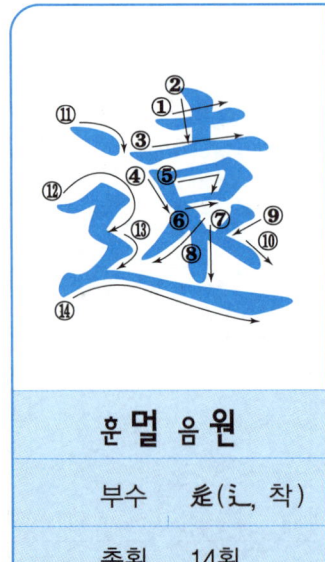

- 유래 옷(衣)을 갖춰 입고 먼 길을 가는(辶) 사람을 나타낸 글자입니다.
- 쓰임 遠大(원대) : 규모가 큼   遠洋(원양) : 육지에서 멀리 떨어진 바다
  永遠(영원) : 끝없이 오래 지속되는 것   遠心力(원심력) : 원운동에 작용하는 힘
- 유의어 永(길 영)

遠 멀 원

훈 멀 음 원
부수 辵(辶, 착)
총획 14획

제 7 강 확인평가

1 다음 한자의 음을 쓰세요.

(1) 業 (   )   (2) 英 (   )

(3) 洋 (   )   (4) 藥 (   )

(5) 野 (   )   (6) 弱 (   )

(7) 勇 (   )   (8) 運 (   )

(9) 園 (   )   (10) 遠 (   )

2 다음 뜻에 맞는 한자를 例에서 골라 기호를 쓰세요.

例
① 用   ② 陽   ③ 言   ④ 業   ⑤ 英
⑥ 永   ⑦ 溫   ⑧ 勇   ⑨ 運   ⑩ 園

(1) 볕 (   )   (2) 따뜻하다 (   )

(3) 옮기다 (   )   (4) 말씀 (   )

(5) 쓰다 (   )   (6) 날래다 (   )

3 다음 음과 뜻에 맞는 한자를 쓰세요.

(1) 멀 원 (   )   (2) 꽃부리 영 (   )

(3) 큰바다 양 (   )   (4) 들 야 (   )

4 다음 한자어의 음을 쓰세요.

(1) 野外 (   )   (2) 用例 (   )

(3) 庭園 (   )   (4) 言動 (   )

(5) 藥草 (   )   (6) 遠大 (   )

(7) 育英 (   )   (8) 東洋 (   )

(9) 學業 (   )   (10) 永生 (   )

5 다음 음과 뜻에 맞는 한자어를 한자로 쓰세요.

(1) 강약 : 강하고 약함 (   )

(2) 명언 : 가슴에 새길만한 훌륭한 말 (   )

(3) 기운 : 어떤 방향으로 향하려는 움직임 (   )

(4) 농업 : 농사짓는 일 (   )

6 다음 문장의 밑줄 친 한자어를 한자로 쓰세요.

(1) 자신의 잘못을 스스로 인정하는 행동은 용기 있는 행동이다. (   )

(2) 태양은 구름을 헤치고 서서히 떠올랐다. (   )

(3) 영재 교육이 우리 교육에서 절실히 요구된다. (   )

훈 말미암을 **음** 유

부수 田(전)

총획 5획

- 유래: 열매가 나뭇가지에 달려 있는 모양을 나타낸 글자입니다.
- 쓰임: 事由(사유): 일의 까닭 自由(자유): 구속에서 벗어남
  由來(유래): 일이나 사물의 연유 理由(이유): 까닭
- 비슷한 글자: 田(밭 전) 甲(갑옷 갑) 申(펼 신)

由 由 由 由 由 由

말미암을 유

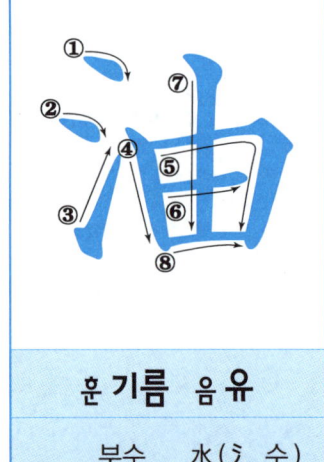

훈 기름 **음** 유

부수 水(氵, 수)

총획 8획

- 유래: 물이 흐르는 모양과 가지에 달려 있는 열매 모양이 합쳐진 모양을 나타낸 글자입니다.
- 쓰임: 石油(석유): 지하에서 생산되는 광물성 기름 油畫(유화): 유성 물감으로 그린 그림
  注油(주유): 자동차 등에 기름을 넣음 重油(중유): 디젤 등의 기름
- 유의어: 脂(기름 지)

油 油 油 油 油 油

기름 유

훈 은 **음** 은

부수 金(금)

총획 14획

- 유래: 금(金)의 값어치에 미치지(艮) 못하는 흰색 금속을 의미한 글자입니다.
- 쓰임: 銀行(은행): 돈을 예금하는 곳 金銀(금은): 금과 은
  水銀(수은): 은백색의 액체 금속 洋銀(양은): 은백색을 띠는 합금의 일종
- 비슷한 글자: 根(뿌리 근)

銀 銀 銀 銀 銀 銀

은 은

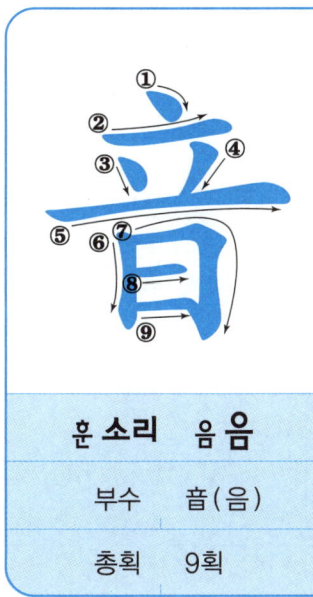

훈	소리	음 음
부수	音(음)	
총획	9획	

- 유래 해(日)가 뜨면 사람과 동물이 떠드는 소리가 난다는 의미의 글자입니다.
- 쓰임 音速(음속) : 소리의 속도   發音(발음) : 소리를 냄
  和音(화음) : 둘 이상의 음이 어울려 나는 소리   消音(소음) : 소리를 없앰
- 유의어 聲(소리 성)   · 비슷한 글자 意(뜻 의)

音 音 音 音 音 音

소리 음

훈	마실	음 음
부수	食(식)	
총획	13획	

- 유래 입을 크게 벌리고 그릇(食)에 담긴 것을 마시는 사람(欠)에서 유래된 글자입니다.
- 쓰임 飮食(음식) : 먹고 마시는 것   飮樂(음락) : 술을 마시며 즐김
  米飮(미음) : 쌀 등을 넣어 끓인 죽
- 비슷한 글자 飯(밥 반)

마실 음

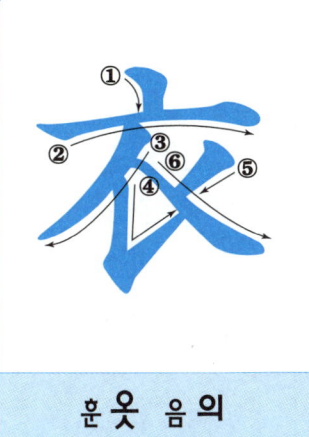

훈	옷	음 의
부수	衣(의)	
총획	6획	

- 유래 옷의 모양을 본뜬 것에서 유래된 글자입니다.
- 쓰임 衣服(의복) : 옷   下衣(하의) : 아래쪽에 입는 옷
  白衣(백의) : 흰색 옷   衣食住(의식주) : 옷, 음식, 집을 함께 이르는 말
- 유의어 服(옷 복)

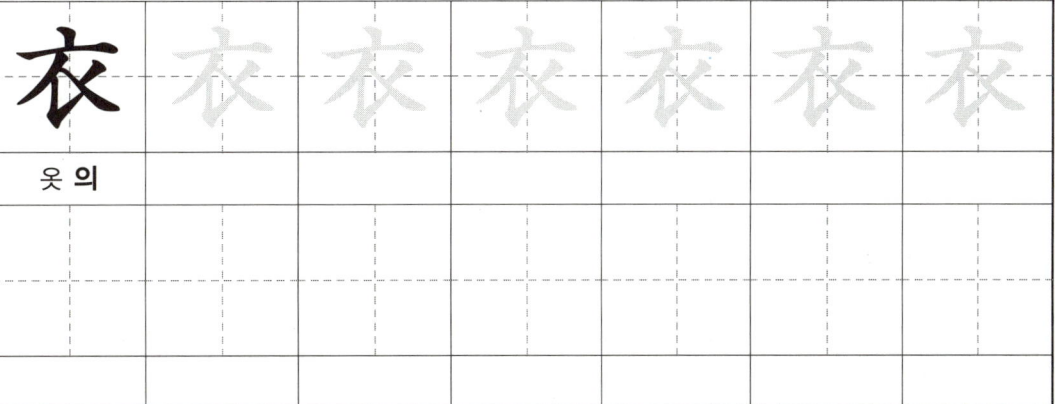

옷 의

- 유래 소리(音)에 담겨져 있는 마음(心)을 의미한 것에서 유래된 글자입니다.
- 쓰임 同意(동의) : 같은 생각   意外(의외) : 뜻 밖
  本意(본의) : 본래의 생각   意圖(의도) : 마음 속에 품은 계획
- 유의어 志(뜻 지) 情(뜻 정)

意 意 意 意 意 意

뜻 의

훈 뜻 음 의
부수 心(심)
총획 13획

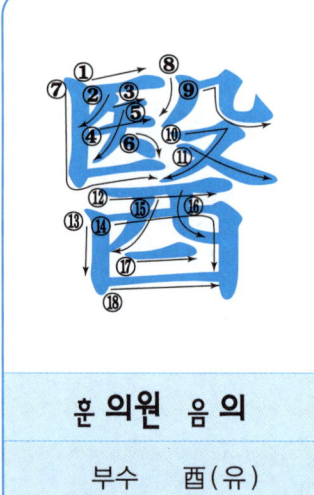

- 유래 날카로운 창(殳)과 같은 침과 약술(酉)로 병을 고친다는 것에서 유래된 글자입니다.
- 쓰임 名醫(명의) : 빼어난 의사   醫術(의술) : 병을 고치는 기술
  女醫(여의) : 여자 의사   醫學(의학) : 병과 치료를 배우는 학문
- 유의어 藥(약 약)

醫 醫 醫 醫 醫 醫

의원 의

훈 의원 음 의
부수 酉(유)
총획 18획

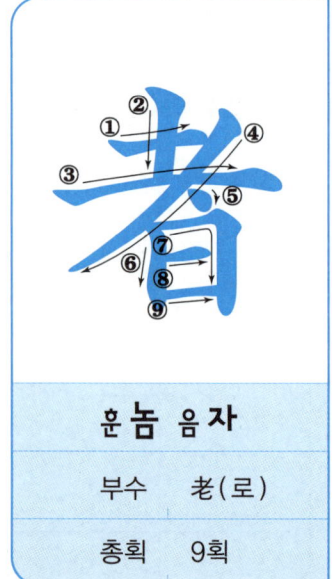

- 유래 나이드신 어른(老)께 자신을 낮춰 부르는(白) 의미로 사용된 글자입니다.
- 쓰임 記者(기자) : 기사를 집필 편집하는 사람   近者(근자) : 요근래
  強者(강자) : 강한 사람   學者(학자) : 학식이 높은 사람
- 비슷한 글자 著(나타날 저)

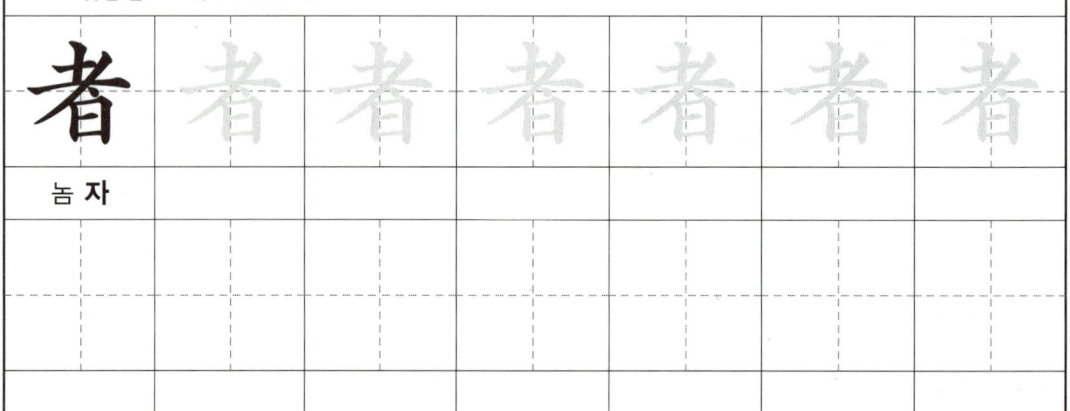

놈 자

훈 놈 음 자
부수 老(로)
총획 9획

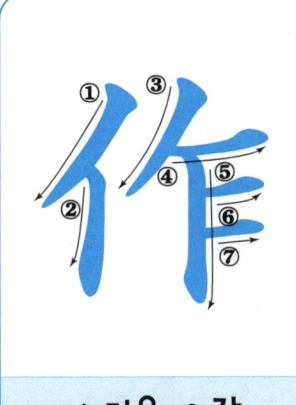

- 유래 사람(人)이 나뭇가지 등으로 집을 만드는(乍) 것에서 유래된 글자입니다.
- 쓰임 作業(작업) : 일정한 계획하에 하는 일   作成(작성) : 문장이나 서류 등을 만듦
  新作(신작) : 새로 나온 작품   大作(대작) : 위대한 작품
- 유의어 造(지을 조)

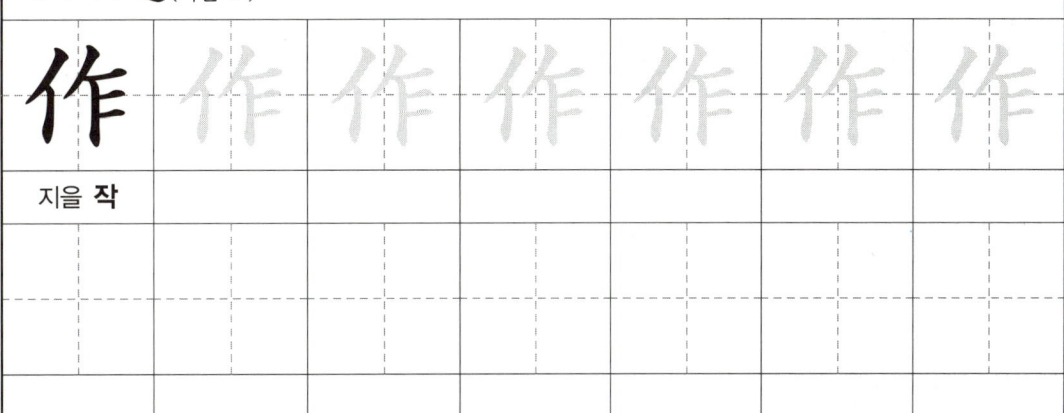

훈 지을 음 작

부수 人(亻, 인)

총획 7획

- 유래 오늘(日) 하루가 잠깐(乍) 사이에 지나가 어제가 된다는 의미의 글자입니다.
- 쓰임 昨年(작년) : 지난 해   昨日(작일) : 어제
  昨今(작금) : 어제와 오늘
- 상대어 今(이제 금)

훈 어제 음 작

부수 日(일)

총획 9획

- 유래 소리와 음(音)을 한 묶음(十)씩 끊어서 기록한 것에서 유래된 글자입니다.
- 쓰임 文章(문장) : 생각이나 느낌을 글로 표현한 것   旗章(기장) : 깃발의 총칭
  圖章(도장) : 개인이나 단체의 이름을 새긴 물건
- 유의어 文(글월 문)

훈 글 음 장

부수 立(립)

총획 11획

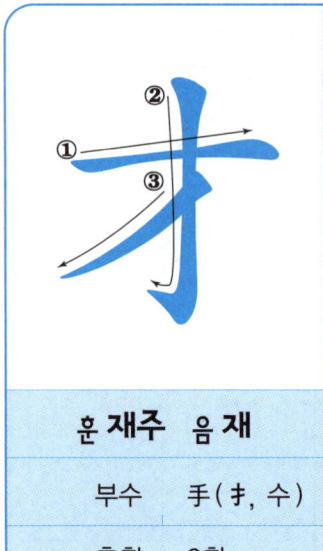

- 훈 재주 음 재
- 부수 手(扌, 수)
- 총획 3획

- 유래 싹이 흙 위에 조금 나온 모양에서 소질이나 재주의 의미가 유래된 글자입니다.
- 쓰임 天才(천재) : 뛰어난 두뇌를 가진 사람   才力(재력) : 재주와 역량
  - 人才(인재) : 재주가 뛰어난 사람
- 유의어 術(재주 술)

才 / 才 / 才 / 才 / 才 / 才

재주 재

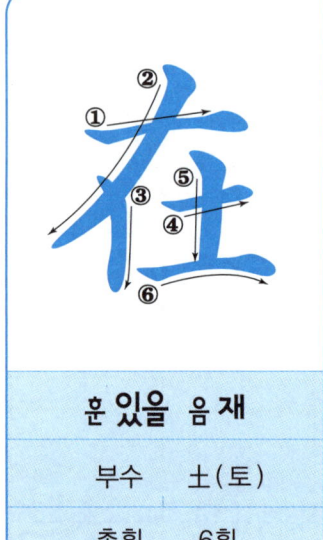

- 훈 있을 음 재
- 부수 土(토)
- 총획 6획

- 유래 새싹(才)이 고개를 내밀어 땅(土) 위에 있다는 의미의 글자입니다.
- 쓰임 在室(재실) : 방 안에 있음   在京(재경) : 서울에 있음
  - 在野(재야) : 정치권을 떠나 자연에 있음   不在者(부재자) : 자리에 없는 사람
- 상대어 空(빌 공) 無(없을 무)

在 / 在 / 在 / 在 / 在 / 在

있을 재

- 훈 싸움 음 전
- 부수 戈(과)
- 총획 16획

- 유래 멀리 있는 적을 공격하는 무기(單)와 창(戈)을 들고 있는 모습에서 유래된 글자입니다.
- 쓰임 戰線(전선) : 전투가 이루어지는 장소   夜戰(야전) : 밤에 싸움
  - 戰功(전공) : 싸움에서의 공로   戰術(전술) : 전쟁의 기술
- 상대어 和(화목할 화)
- 동음이의어 全(온전 전) 前(앞 전) 電(전기 전)

戰 / 戰 / 戰 / 戰 / 戰 / 戰

싸움 전

제 8 강 확인평가

1 다음 한자의 음을 쓰세요.

(1) 意 (　　　　)   (2) 醫 (　　　　)

(3) 章 (　　　　)   (4) 才 (　　　　)

(5) 在 (　　　　)   (6) 戰 (　　　　)

(7) 作 (　　　　)   (8) 昨 (　　　　)

(9) 由 (　　　　)   (10) 銀 (　　　　)

2 다음 뜻에 맞는 한자를 例에서 골라 기호를 쓰세요.

> 例
> ① 油　② 音　③ 飮　④ 醫　⑤ 衣
> ⑥ 者　⑦ 昨　⑧ 章　⑨ 在　⑩ 戰

(1) 옷 (　　　　)   (2) 기름 (　　　　)

(3) 있다 (　　　　)   (4) 마시다 (　　　　)

(5) 소리 (　　　　)   (6) 놈 (　　　　)

3 다음 음과 뜻에 맞는 한자를 쓰세요.

(1) 글 장 (　　　　)   (2) 말미암을 유 (　　　　)

(3) 뜻 의 (　　　　)   (4) 의원 의 (　　　　)

4 다음 한자어의 음을 쓰세요.

(1) 醫術 (   )   (2) 昨今 (   )

(3) 理由 (   )   (4) 在京 (   )

(5) 文章 (   )   (6) 石油 (   )

(7) 米飮 (   )   (8) 近者 (   )

(9) 意理 (   )   (10) 音速 (   )

5 다음 음과 뜻에 맞는 한자어를 한자로 쓰세요.

(1) 기자 : 기사를 집필, 편집하는 사람 (   )

(2) 의식주 : 옷, 음식, 집을 함께 이르는 말 (   )

(3) 천재 : 뛰어난 두뇌를 가진 사람 (   )

(4) 전선 : 전투가 이루어지는 장소 (   )

6 다음 문장의 밑줄 친 한자어를 한자로 쓰세요.

(1) 요즈음 은행에서는 동전을 잘 바꾸어 주지 않는다. (   )

(2) 우리 민족을 흔히 백의 민족이라고 부른다. (   )

(3) 손자 병법은 전쟁에서 싸우는 법을 가르쳐 주는 전술서이다. (   )

한.자.능.력.검.정

한자 배우기

6급

제 9강

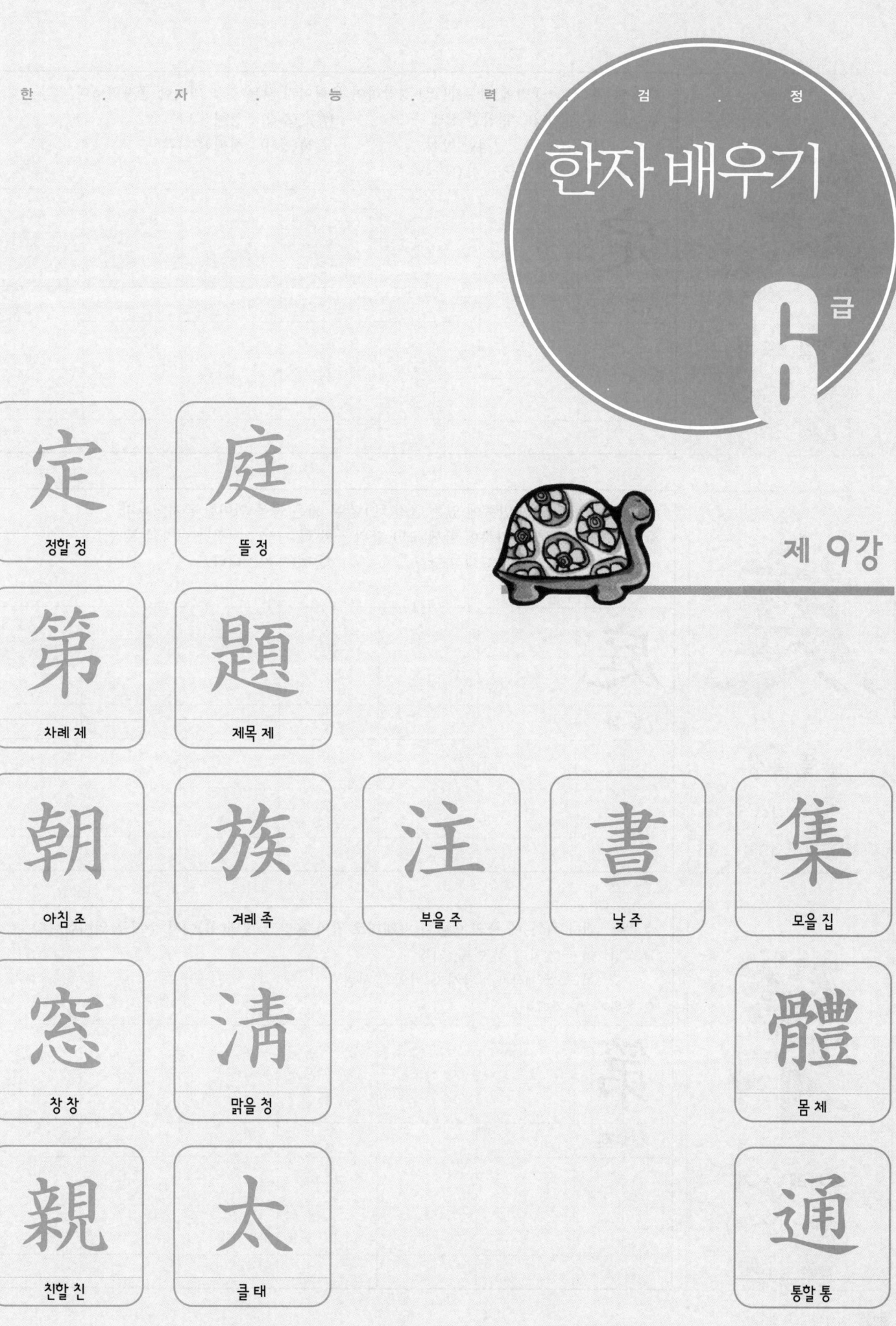

定 정할 정	庭 뜰 정
第 차례 제	題 제목 제
朝 아침 조	族 겨레 족
窓 창 창	淸 맑을 청
親 친할 친	太 클 태

注 부을 주
晝 낮 주
集 모을 집
體 몸 체
通 통할 통

- 유래 한 집(宀) 안에 바르게(正) 정착하여 움직이지 않는 것을 의미한 글자입니다.
- 쓰임 安定(안정) : 편안한 상태   所定(소정) : 정해진 바
         定石(정석) : 일정한 방식   定時(정시) : 정해진 시각
- 동음이의어 正(바를 정) 庭(뜰 정)

定	定	定	定	定	定
정할 정					

훈 정할 **음** 정
부수 宀(면)
총획 8획

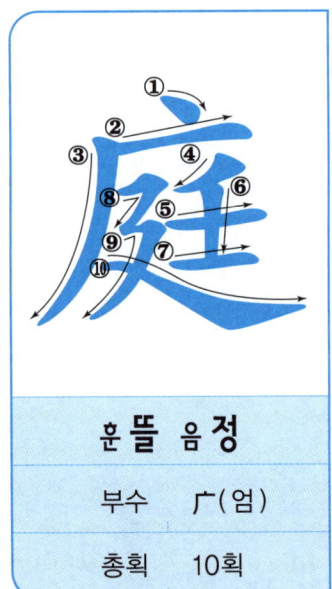

- 유래 큰 집(广)의 안쪽에 있는 관청(廷) 같은 넓은 뜰을 의미한 글자입니다.
- 쓰임 家庭(가정) : 가족이 함께 모인 단위   親庭(친정) : 시집간 여자의 본집
         校庭(교정) : 학교의 마당   庭球(정구) : 테니스
- 비슷한 글자 延(끌 연)

庭	庭	庭	庭	庭	庭
뜰 정					

훈 뜰 **음** 정
부수 广(엄)
총획 10획

- 유래 대나무(竹)에 풀의 넝쿨이 차례대로 말아 올라간 형태(弟)에서 순서를 의미합니다.
- 쓰임 第一(제일) : 첫 번째, 가장
         第三者(제삼자) : 당사자 이외의 사람
- 유의어 序(차례 서)

第	第	第	第	第	第
차례 제					

훈 차례 **음** 제
부수 竹(죽)
총획 11획

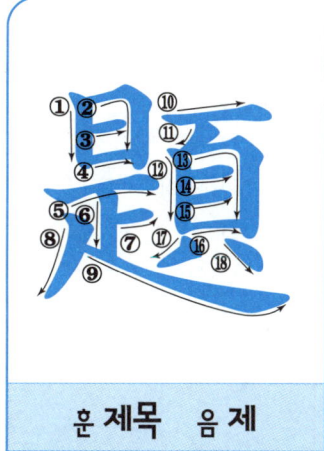

훈	제목	음	제
부수	頁(혈)		
총획	18획		

- 유래 옳은(是) 이마(頁)를 의미하여 책의 제목을 나타낸 글자입니다.
- 쓰임 主題(주제) : 표현하려고 하는 주된 뜻   問題(문제) : 해답을 구하는 물음
  題號(제호) : 책 등의 제목   題名(제명) : 표제의 이름
- 비슷한 글자 類(무리 류)

題 題 題 題 題 題
제목 제

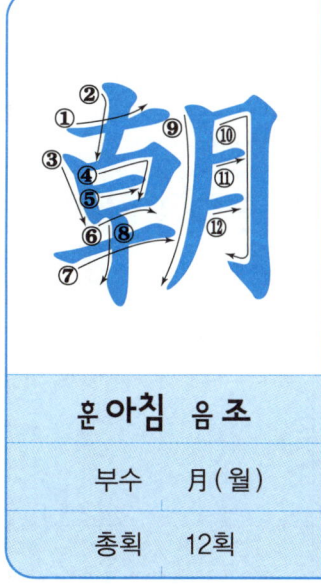

훈	아침	음	조
부수	月(월)		
총획	12획		

- 유래 풀과 풀 사이에 해(日)가 나타나고 아직 달(月) 그림자가 있으므로 아침을 의미합니다.
- 쓰임 朝夕(조석) : 아침과 저녁   朝食(조식) : 아침 식사
  朝野(조야) : 조정과 백성   朝命(조명) : 임금의 명령
- 상대어 夕(저녁 석)

朝 朝 朝 朝 朝 朝
아침 조

훈	겨레	음	족
부수	方(방)		
총획	11획		

- 유래 깃발(方) 아래 화살(矢)을 모아놓은 모습에서 같은 것을 모은 것을 의미합니다.
- 쓰임 家族(가족) : 한 가정을 이루는 사람들   民族(민족) : 한 핏줄을 근간으로 한 집단
  同族(동족) : 같은 민족   族長(족장) : 일족의 우두머리
- 비슷한 글자 旅(나그네 려) 施(베풀 시)

族 族 族 族 族 族
겨레 족

한자검정능력 6급

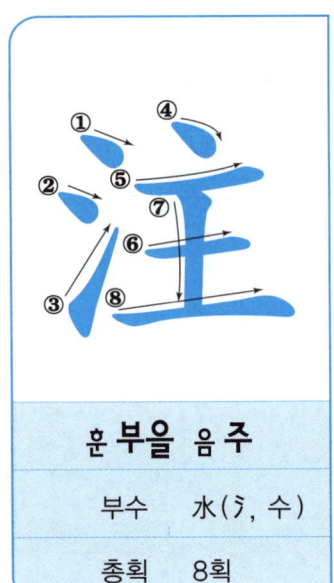

- 유래 물(水)을 한 곳에 머무르게(主) 하기 위해 붓는다는 의미의 글자입니다.
- 쓰임 注意(주의) : 마음에 새겨 조심함　　注入(주입) : 쏟아 부음
　　　　注目(주목) : 한 곳을 집중하여 봄　　發注(발주) : 주문을 의뢰함
- 동음이의어 主(주인 주)　住(살 주)　晝(낮 주)

注	注	注	注	注	注
부을 주					

훈 부을　음 주
부수　水(氵, 수)
총획　8획

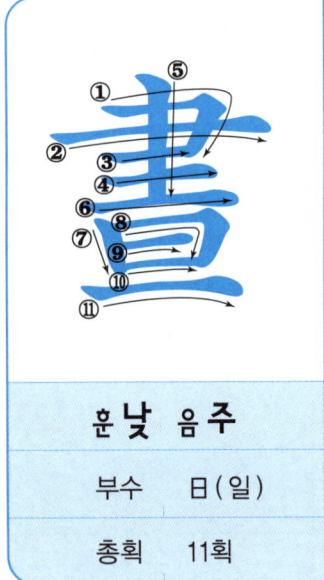

- 유래 해(日)가 뜨고(一) 학교에 가서 글(書) 공부를 하는 때를 의미하는 글자입니다.
- 쓰임 晝夜(주야) : 밤과 낮　　晝間(주간) : 낮 동안
　　　　白晝(백주) : 대 낮
- 유의어 午(낮 오)　　　　　　상대어 夜(밤 야)　夕(저녁 석)

晝	晝	晝	晝	晝	晝
낮 주					

훈 낮　음 주
부수　日(일)
총획　11획

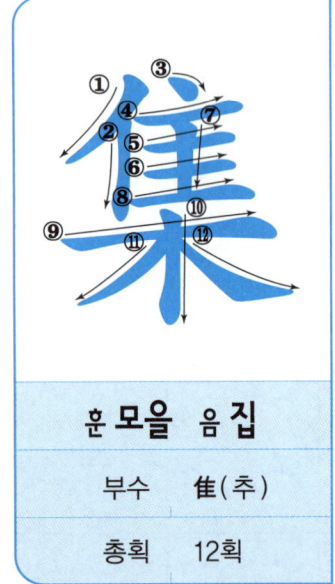

- 유래 나무(木) 위에 새들이 많이 모여드는 모습에서 유래된 글자입니다.
- 쓰임 集合(집합) : 모이게 함　　集中(집중) : 한 곳에 정확히 모음
　　　　集計(집계) : 모아서 합계함　　全集(전집) : 같은 종류의 출판물을 한데 모은 것
- 유의어 社(모일 사)　會(모일 회)　　상대어 散(흩을 산)

集	集	集	集	集	集
모을 집					

훈 모을　음 집
부수　隹(추)
총획　12획

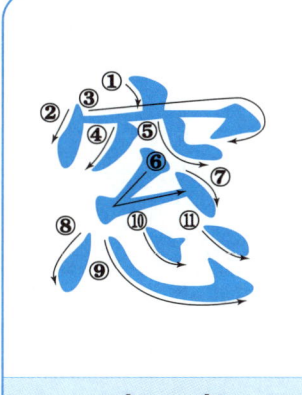

훈 창	음 창
부수	穴(혈)
총획	11획

- 유래 벽에 있는 구멍(穴)을 마음(心)의 눈으로 비유하여 유래된 글자입니다.
- 쓰임 窓門(창문): 벽을 뚫어 만든 작은 문 同窓(동창): 같은 학교에서 배움
  窓口(창구): 조그만하게 낸 창 車窓(차창): 차의 창문
- 비슷한 글자 密(빽빽할 밀)

窓 窓 窓 窓 窓 窓 窓
창 창

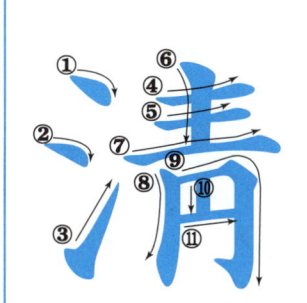

훈 맑을	음 청
부수	水(氵, 수)
총획	11획

- 유래 맑은 물(水)에 푸른(靑) 하늘이 합쳐져 유래된 글자입니다.
- 쓰임 淸明(청명): 날씨가 깨끗하고 맑음 淸白(청백): 맑고 깨끗함
  淸正(청정): 맑고 바름 淸算(청산): 채무 관계를 깨끗이 정리함
- 상대어 濁(흐릴 탁)

맑을 청

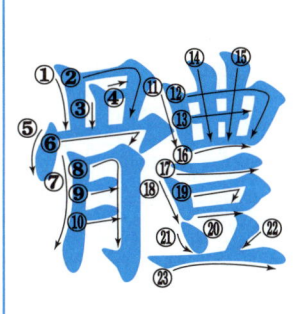

훈 몸	음 체
부수	骨(골)
총획	23획

- 유래 뼈와 살과 오장육부가 많이(豊) 붙어서 된 것을 의미한 글자입니다.
- 쓰임 全體(전체): 전부 다 人體(인체): 사람의 몸
  體溫(체온): 생물체의 몸의 온도 體重(체중): 몸무게
- 유의어 身(몸 신)

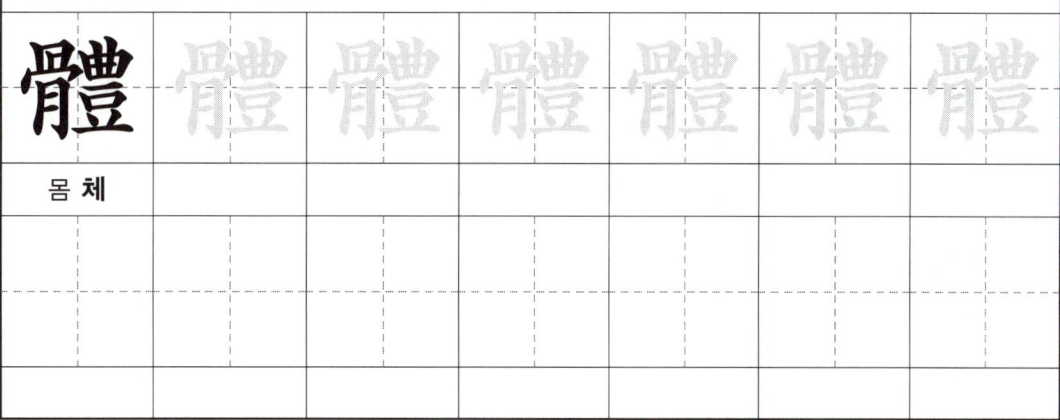

몸 체

훈	친할	음	친
부수		見(견)	
총획		16획	

- 유래 서 있는(立) 나무(木)들 같이 많은 자식들을 부모가 보살핀다는(見) 데서 유래된 글자입니다.
- 쓰임 母親(모친) : 어머니   親族(친족) : 가까운 일가
  先親(선친) : 돌아가신 아버지   親交(친교) : 친하게 지냄
- 비슷한 글자 新(새 신) 視(볼 시)

親	親	親	親	親	親
친할 친					

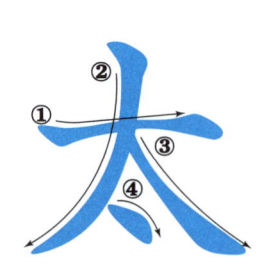

훈	클	음	태
부수		大(대)	
총획		4획	

- 유래 크다(大)에 거듭의 의미로 점을 찍어 매우 크다는 의미를 나타낸 글자입니다.
- 쓰임 太平(태평) : 세상이 평안함   太平洋(태평양) : 아시아와 아메리카 대륙 사이의 바다
  明太(명태) : 바다 물고기의 일종   太祖(태조) : 한 왕조의 첫 임금
- 유의어 大(큰 대) 巨(클 거)

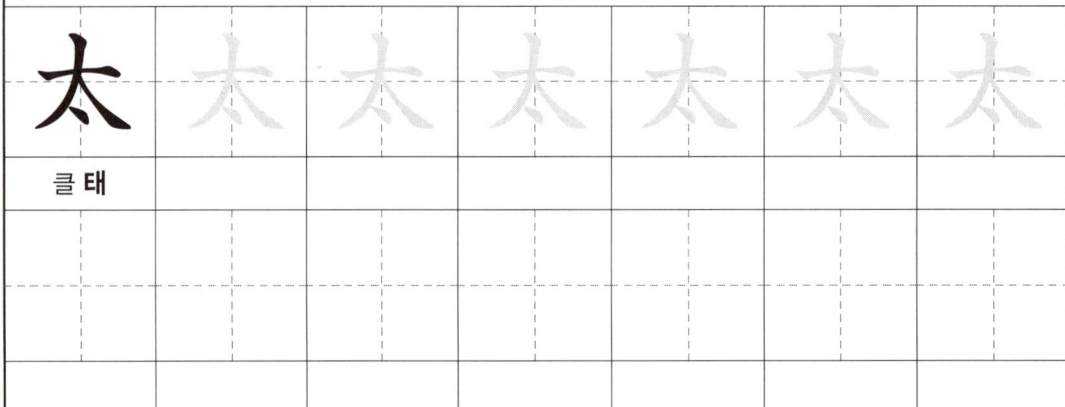

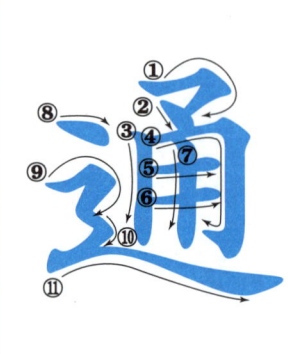

훈	통할	음	통
부수		辶(辶, 착)	
총획		11획	

- 유래 판자를 못으로 꿰뚫은 것처럼 길이 이어져 있는 것을 나타낸 글자입니다.
- 쓰임 通話(통화) : 전화로 말을 주고받음   通路(통로) : 통행하는 길
  通信(통신) : 신호를 주고받음   通用(통용) : 일반에 널리 사용됨
- 유의어 達(통달할 달)

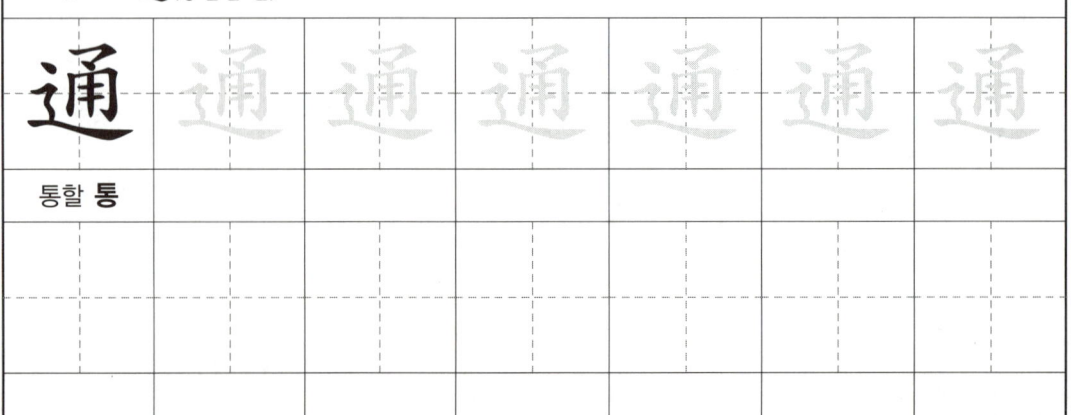

제 9 강　　　　　　　　　　　　　　　확인평가

1 다음 한자의 음을 쓰세요.

(1) 庭 (　　　　) 　(2) 第 (　　　　)

(3) 朝 (　　　　) 　(4) 親 (　　　　)

(5) 太 (　　　　) 　(6) 通 (　　　　)

(7) 淸 (　　　　) 　(8) 集 (　　　　)

(9) 晝 (　　　　) 　(10) 體 (　　　　)

2 다음 뜻에 맞는 한자를 例에서 골라 기호를 쓰세요.

例
① 庭　　② 定　　③ 第　　④ 題　　⑤ 族
⑥ 注　　⑦ 窓　　⑧ 體　　⑨ 親　　⑩ 通

(1) 창 (　　　　) 　(2) 겨레 (　　　　)

(3) 친하다 (　　　　) 　(4) 붓다 (　　　　)

(5) 제목 (　　　　) 　(6) 정하다 (　　　　)

3 다음 음과 뜻에 맞는 한자를 쓰세요.

(1) 모을 집 (　　　　) 　(2) 통할 통 (　　　　)

(3) 뜰 정 (　　　　) 　(4) 몸 체 (　　　　)

4 다음 한자어의 음을 쓰세요.

(1) 安定 (　　　　　)　　(2) 集計 (　　　　　)

(3) 車窓 (　　　　　)　　(4) 先親 (　　　　　)

(5) 朝食 (　　　　　)　　(6) 體重 (　　　　　)

(7) 太祖 (　　　　　)　　(8) 題名 (　　　　　)

(9) 第三者 (　　　　　)　　(10) 注目 (　　　　　)

5 다음 음과 뜻에 맞는 한자어를 한자로 쓰세요.

(1) 통화 : 전화로 말을 주고받음 (　　　　　)

(2) 민족 : 한 핏줄을 근간으로 한 집단 (　　　　　)

(3) 친정 : 시집간 여자의 본집 (　　　　　)

(4) 청산 : 채무 관계를 깨끗이 정리함. (　　　　　)

6 다음 문장의 밑줄 친 한자어를 한자로 쓰세요.

(1) <u>교정</u> 가득히 따스한 햇살이 비춰 주고 있었다. (　　　　　)

(2) 영수와 경희는 한 학교에서 배운 <u>동창생</u>이다. (　　　　　)

(3) 계약할 때에는 계약서를 <u>주의</u> 깊게 살펴보아야 한다. (　　　　　)

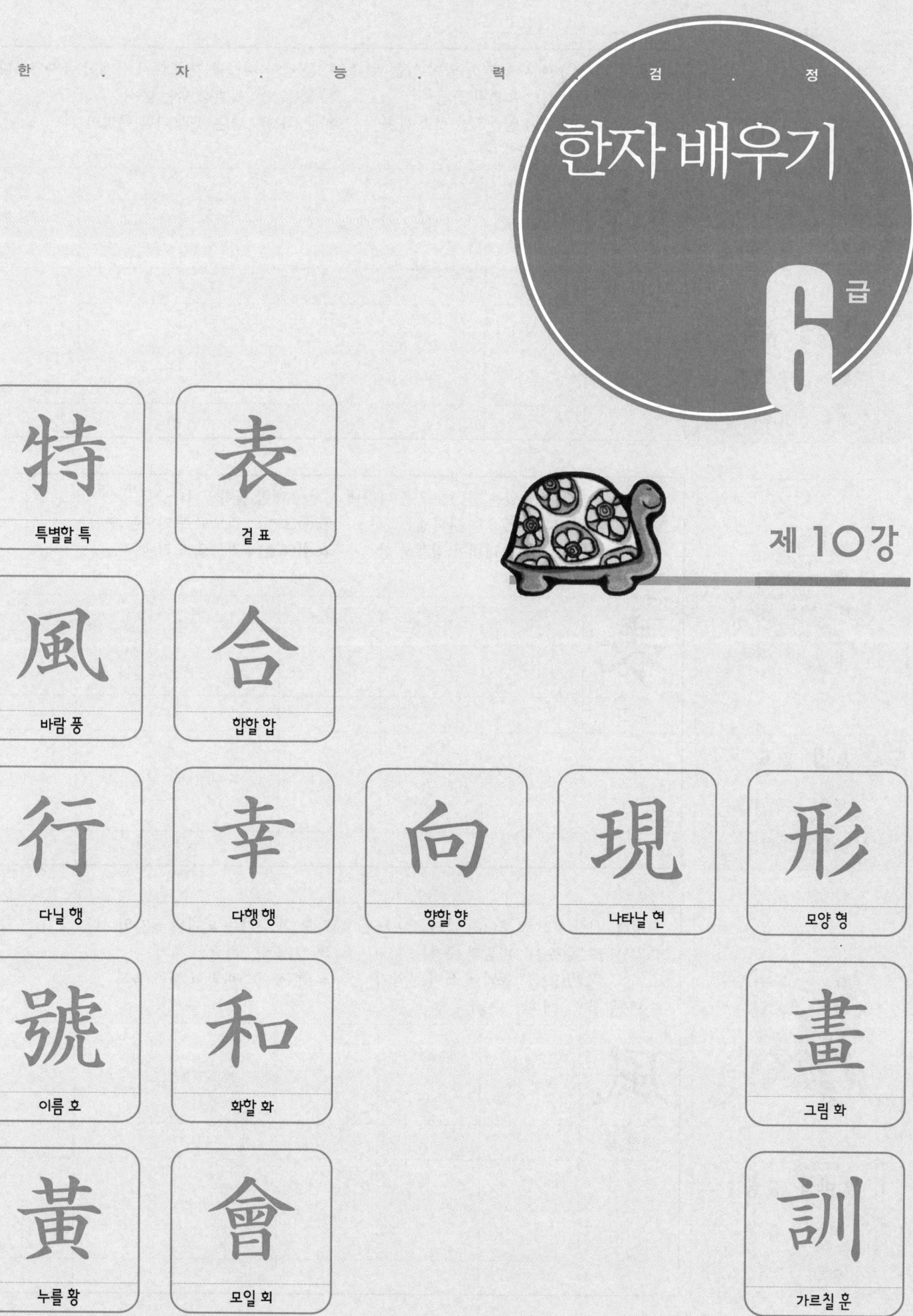

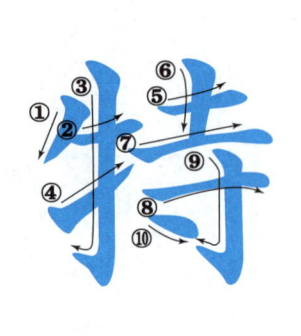

훈 특별할	음 특
부수	牛(우)
총획	10획

- 유래 관청(寺)에서 특별한 일이 있을 때 소(牛)를 잡아 제사를 지낸 데서 유래한 글자입니다.
- 쓰임 **特級**(특급) : 특별한 등급   **特食**(특식) : 특별히 먹는 음식
  特別(특별) : 일반적인 것과 다름   **特色**(특색) : 다른 것과 다른 특별한 점
- 비슷한 글자 待(기다릴 대)

特 特 特 特 特 特
특별할 특

훈 겉	음 표
부수	衣(의)
총획	8획

- 유래 옷(衣) 위에 입는 털(毛) 옷을 나타낸 데서 유래한 글자입니다.
- 쓰임 **表現**(표현) : 겉으로 나타냄   **表面**(표면) : 겉으로 드러나는 면
  表明(표명) : 드러내어 명백히 함   **表出**(표출) : 겉으로 드러냄
- 비슷한 글자 衣(옷 의)

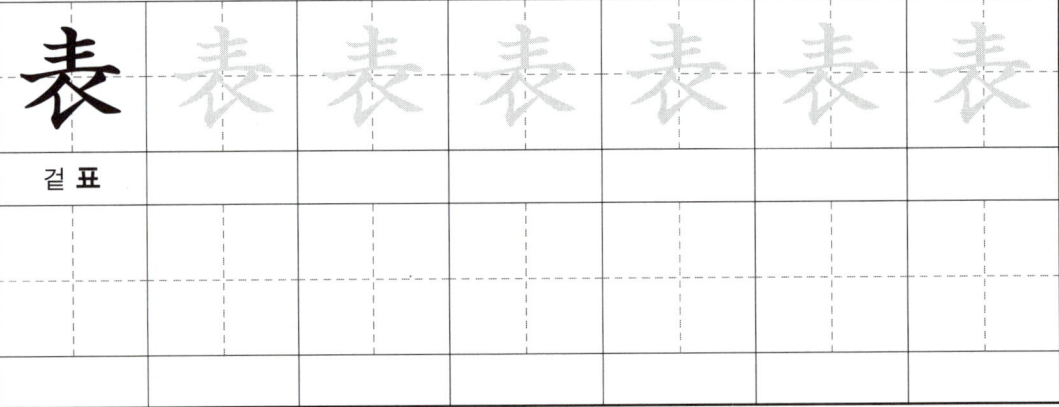

겉 표

훈 바람	음 풍
부수	風(풍)
총획	9획

- 유래 사람 품으로 보이지 않게 스며드는 벌레(虫)와 같다는 의미의 글자입니다.
- 쓰임 **風雲**(풍운) : 바람과 구름   **風力**(풍력) : 바람의 세기
  風物(풍물) : 농악에 쓰이는 악기   **風速**(풍속) : 바람이 부는 속도
- 비슷한 글자 同(한가지 동)

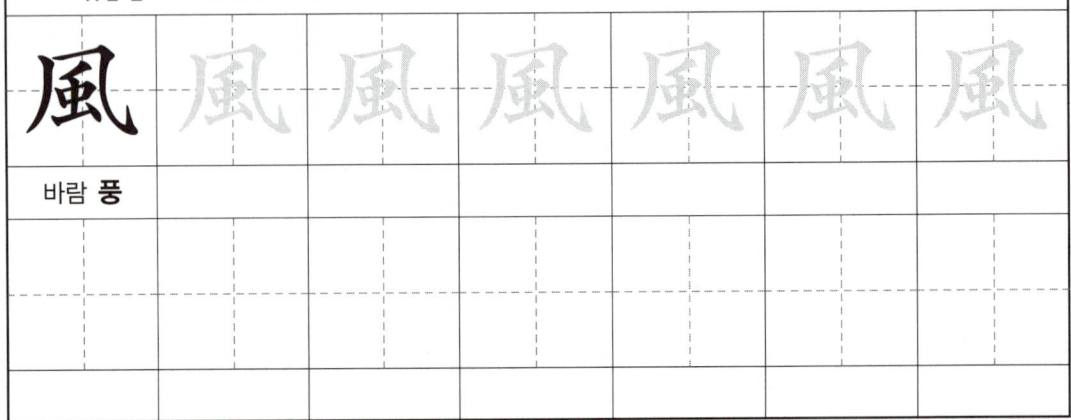

바람 풍

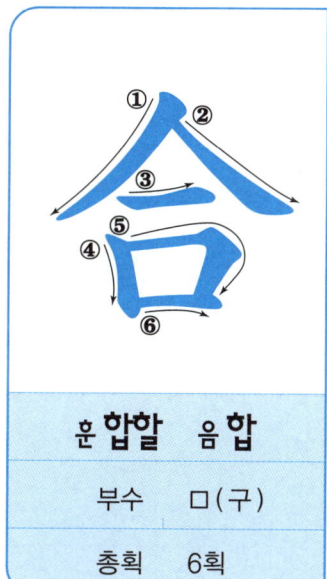

훈 합할 **음** 합
부수 口(구)
총획 6획

- 유래 사람(人)들이 모여서(一) 입(口)을 맞대고 말을 맞춘다는 의미의 글자입니다.
- 쓰임 合理(합리) : 이치나 도리에 맞음   合同(합동) : 둘 이상이 모여 함께 함
  合計(합계) : 함께 모아 계산함   合成(합성) : 둘 이상을 하나로 모음
- 상대어 分(나눌 분) 別(나눌 별)

合 合 合 合 合 合
합할 **합**

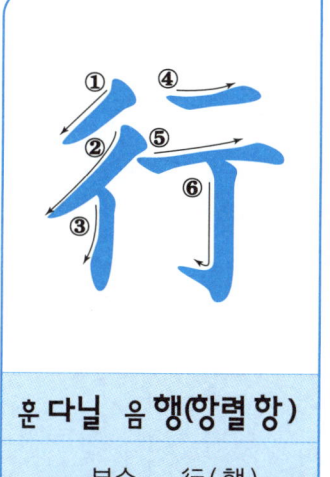

훈 다닐 **음** 행(항렬 항)
부수 行(행)
총획 6획

- 유래 네 거리에서 사람들이 많이 다닌다는 의미의 글자입니다.
- 쓰임 急行(급행) : 빨리 움직임   行事(행사) : 일을 시행함
  行動(행동) : 몸을 움직여 동작함   行先地(행선지) : 가는 목적지
- 비슷한 글자 往(갈 왕)

行 行 行 行 行 行
다닐 **행**

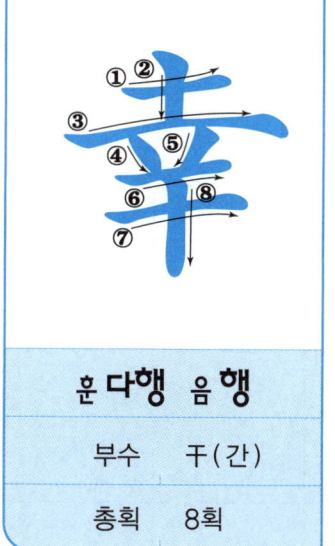

훈 다행 **음** 행
부수 干(간)
총획 8획

- 유래 일찍 죽지(夭) 않고 죽음을 거슬러(逆)서 다행이라는 의미에서 유래된 글자입니다.
- 쓰임 幸運(행운) : 행복한 운명   多幸(다행) : 운이 좋음
  不幸(불행) : 행운이 따르지 않음   天幸(천행) : 하늘이 준 행운
- 비슷한 글자 辛(매울 신)

幸 幸 幸 幸 幸 幸
다행 **행**

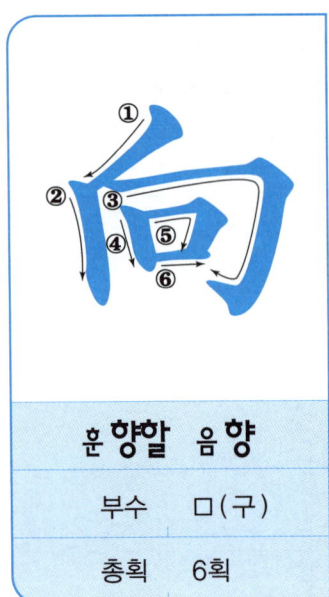

- 유래 창문은 사방이 서로 마주 향하게 만든 것이라는 것에서 유래된 글자입니다.
- 쓰임 方向(방향) : 향하는 곳   意向(의향) : 무엇을 하려는 뜻
       動向(동향) : 움직이는 방향   向後(향후) : 이 다음
- 비슷한 글자 同(한가지 동)

훈 향할 음 향
부수 口(구)
총획 6획

向 향할 향

向 向 向 向 向

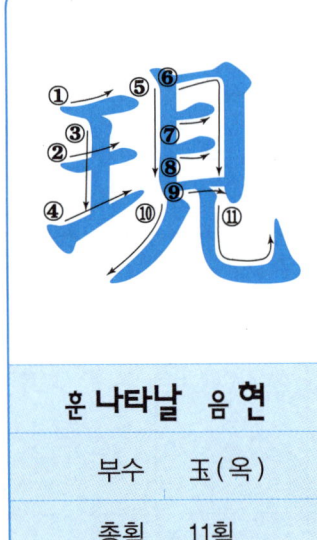

- 유래 옥(玉)을 갈고 문지르면 밝은 광채가 눈에 나타난다는 의미에서 유래된 글자입니다.
- 쓰임 現在(현재) : 지금   現代(현대) : 지금의 시대
       出現(출현) : 나타남   現形(현형) : 형상을 나타냄
- 상대어 消(사라질 소)

훈 나타날 음 현
부수 玉(옥)
총획 11획

現 나타날 현

現 現 現 現 現

- 유래 아름다운 선으로 그린 테두리에서 모양이라는 뜻을 나타냅니다.
- 쓰임 形式(형식) : 표현하는 방식   形言(형언) : 말로 표현함
       形體(형체) : 물체의 생김새   形成(형성) : 모양을 이룸
- 비슷한 글자 刑(형벌 형)

훈 모양 음 형
부수 彡(삼)
총획 7획

形 모양 형

形 形 形 形 形

- 훈 이름 음 호
- 부수 虍(호)
- 총획 13획

- 유래 호랑이(虎)가 울부짖는 것처럼 큰 소리로 상대방의 이름을 부른다는 의미의 글자입니다.
- 쓰임 號數(호수) : 차례의 번호 　　國號(국호) : 나라의 이름
  　　　記號(기호) : 어떤 뜻을 나타내는 부호 　口號(구호) : 주장을 나타내는 짧은 말
- 유의어 名(이름 명)

號 이름 호

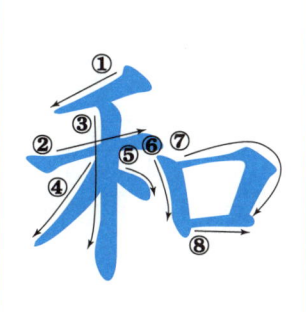

- 훈 화할 음 화
- 부수 口(구)
- 총획 8획

- 유래 벼(禾)가 잘 익어(口) 기뻐하는 분위기를 나타낸 글자입니다.
- 쓰임 平和(평화) : 평온하고 화목함 　　和親(화친) : 서로 친하게 지냄
  　　　和色(화색) : 밝은 얼굴 빛
- 상대어 戰(싸울 전)

和 화할 화

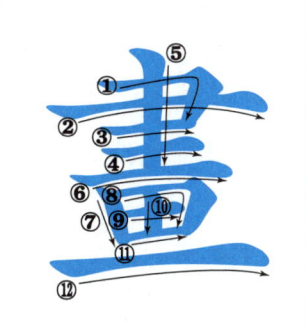

- 훈 그림 음 화(그을 획)
- 부수 田(전)
- 총획 12획

- 유래 붓(聿)으로 종이나 땅 위에 밭(田) 모양을 직접 그리는 것을 나타낸 글자입니다.
- 쓰임 名畫(명화) : 유명한 그림이나 영화 　　畫面(화면) : 그림의 표면
  　　　畫家(화가) : 그림을 전문적으로 그리는 사람 　書畫(서화) : 글씨와 그림
- 유의어 圖(그림 도) 　　　　비슷한 글자 晝(낮 주) 書(글 서)

畫 그림 화

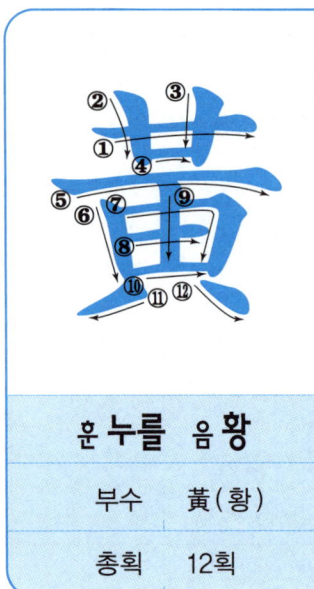

- 유래 밭(田)의 빛깔(光)이 누렇다는 것에서 유래된 글자입니다.
- 쓰임 黃土(황토) : 누런 흙   黃海(황해) : 서해 바다
  黃金(황금) : 순금   黃道(황도) : 태양이 움직이는 궤도
- 상대어 靑(푸를 청)

훈 누를 음 황
부수 黃(황)
총획 12획

黃 黃 黃 黃 黃 黃
누를 황

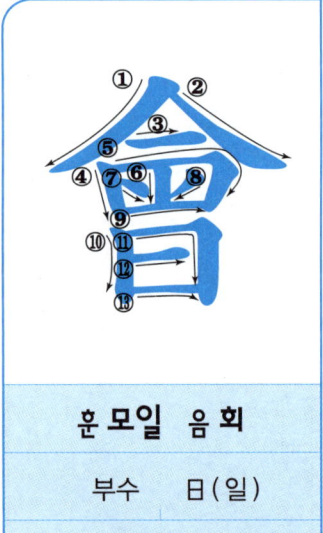

- 유래 사람(人)들이 모여들어 한 곳에 모이는 모습을 의미하는 글자입니다.
- 쓰임 會食(회식) : 여러 사람이 모여 함께 식사함   會話(회화) : 만나서 이야기함
  會計(회계) : 금전이나 물품의 출납 계산   同窓會(동창회) : 동창들의 모임
- 유의어 社(모일 사) 集(모일 집)

훈 모일 음 회
부수 曰(왈)
총획 13획

會 會 會 會 會 會
모일 회

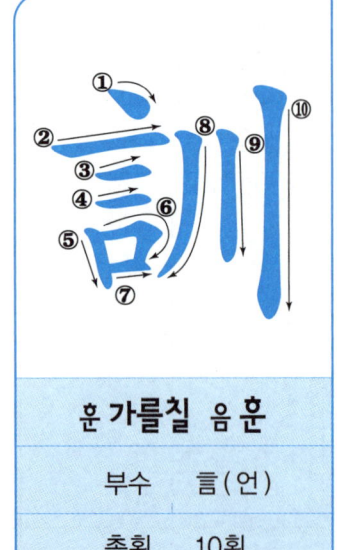

- 유래 물이 흘러(川)가듯 자연과 인생의 도리를 따르도록 가르치는 소리(言)를 의미합니다.
- 쓰임 敎訓(교훈) : 마음의 지침이 될만한 가르침   訓育(훈육) : 훈계하여 기름
  訓話(훈화) : 교훈의 말   訓長(훈장) : 서당의 스승님
- 유의어 敎(가르칠 교)

훈 가르칠 음 훈
부수 言(언)
총획 10획

訓 訓 訓 訓 訓 訓
가르칠 훈

제 10강 확인평가

1 다음 한자의 음을 쓰세요.

(1) 形 (　　　　) (2) 號 (　　　　)

(3) 現 (　　　　) (4) 特 (　　　　)

(5) 風 (　　　　) (6) 畫 (　　　　)

(7) 黃 (　　　　) (8) 和 (　　　　)

(9) 行 (　　　　) (10) 合 (　　　　)

2 다음 뜻에 맞는 한자를 例에서 골라 기호를 쓰세요.

例
① 表　② 風　③ 合　④ 幸　⑤ 向
⑥ 號　⑦ 和　⑧ 畫　⑨ 黃　⑩ 訓

(1) 겉 (　　　　) (2) 향하다 (　　　　)

(3) 이름 (　　　　) (4) 그림 (　　　　)

(5) 다행 (　　　　) (6) 가르치다 (　　　　)

3 다음 음과 뜻에 맞는 한자를 쓰세요.

(1) 나타날 현 (　　　　) (2) 누를 황 (　　　　)

(3) 향할 향 (　　　　) (4) 모양 형 (　　　　)

4 다음 한자어의 음을 쓰세요.

(1) 特色 (   )   (2) 現代 (   )

(3) 畫家 (   )   (4) 合成 (   )

(5) 風物 (   )   (6) 急行 (   )

(7) 不幸 (   )   (8) 會話 (   )

(9) 形體 (   )   (10) 黃海 (   )

5 다음 음과 뜻에 맞는 한자어를 한자로 쓰세요.

(1) 방향 : 향하는 곳 (   )

(2) 평화 : 평온하고 화목함 (   )

(3) 표명 : 드러내어 명백히 함 (   )

(4) 훈육 : 훈계하여 기름 (   )

6 다음 문장의 밑줄 친 한자어를 한자로 쓰세요.

(1) 말로 형언할 수 없을 정도의 감동을 받았다. (   )

(2) 대통령의 훈화가 있겠습니다. (   )

(3) 동명성왕은 국호를 고구려라고 하였다. (   )

6급 한자 총정리

- 6급 배정 300자 다지기
- 필순 익히기
- 육서 익히기
- 부수 익히기
- 상대어, 반의어, 유의어, 모양이 닮은 한자
- 한자 성어
- 주의하여 읽기
- 6급 Ⅱ 기출 예상문제 2회
- 6급 기출 예상문제 4회
- 정답

한 . 자 . 능 . 력 . 검 . 정

300자 다지기

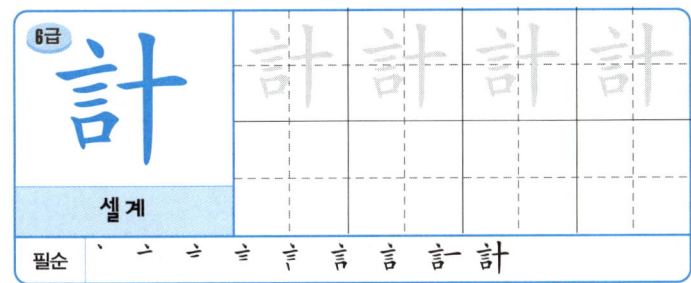
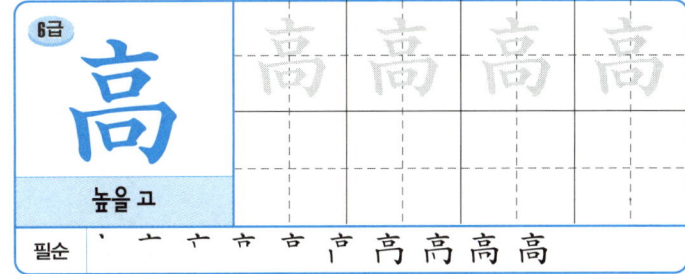
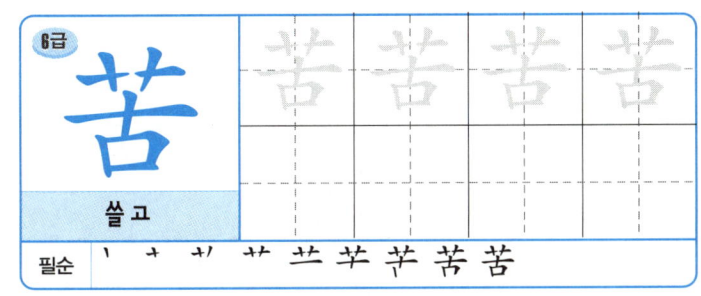
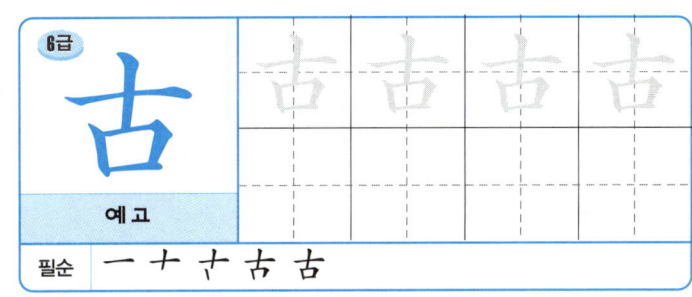
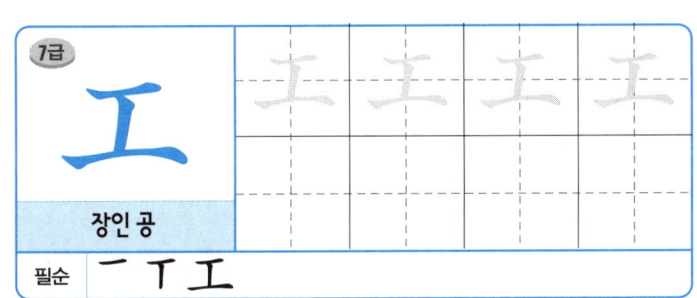
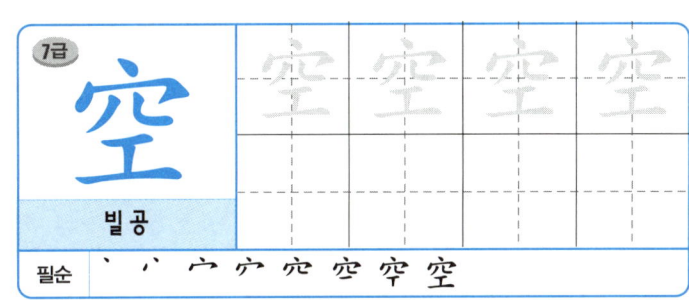
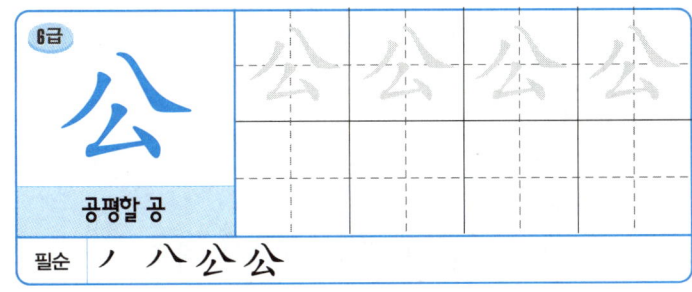
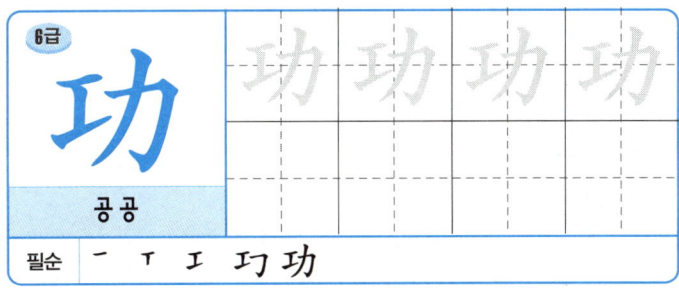
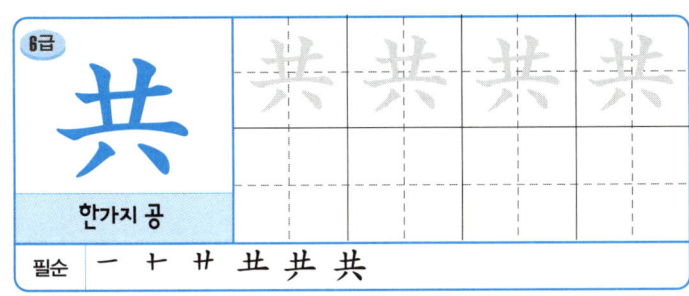
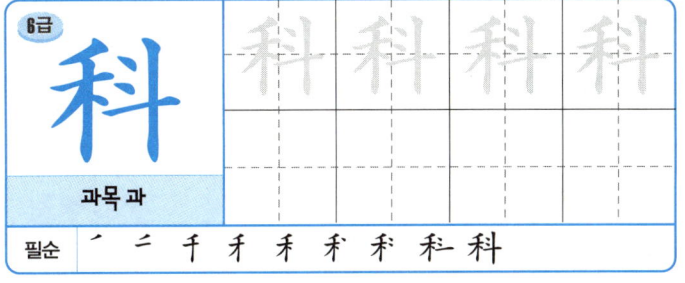
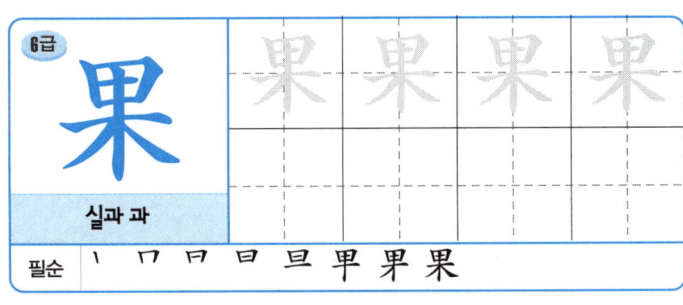
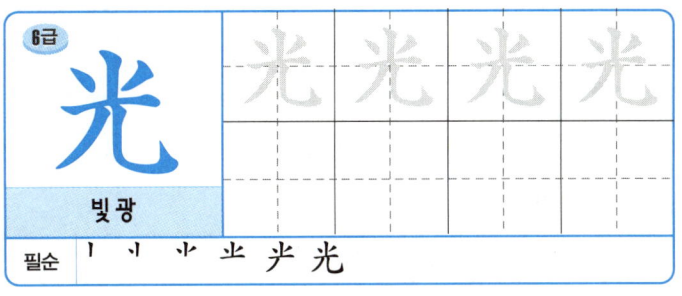

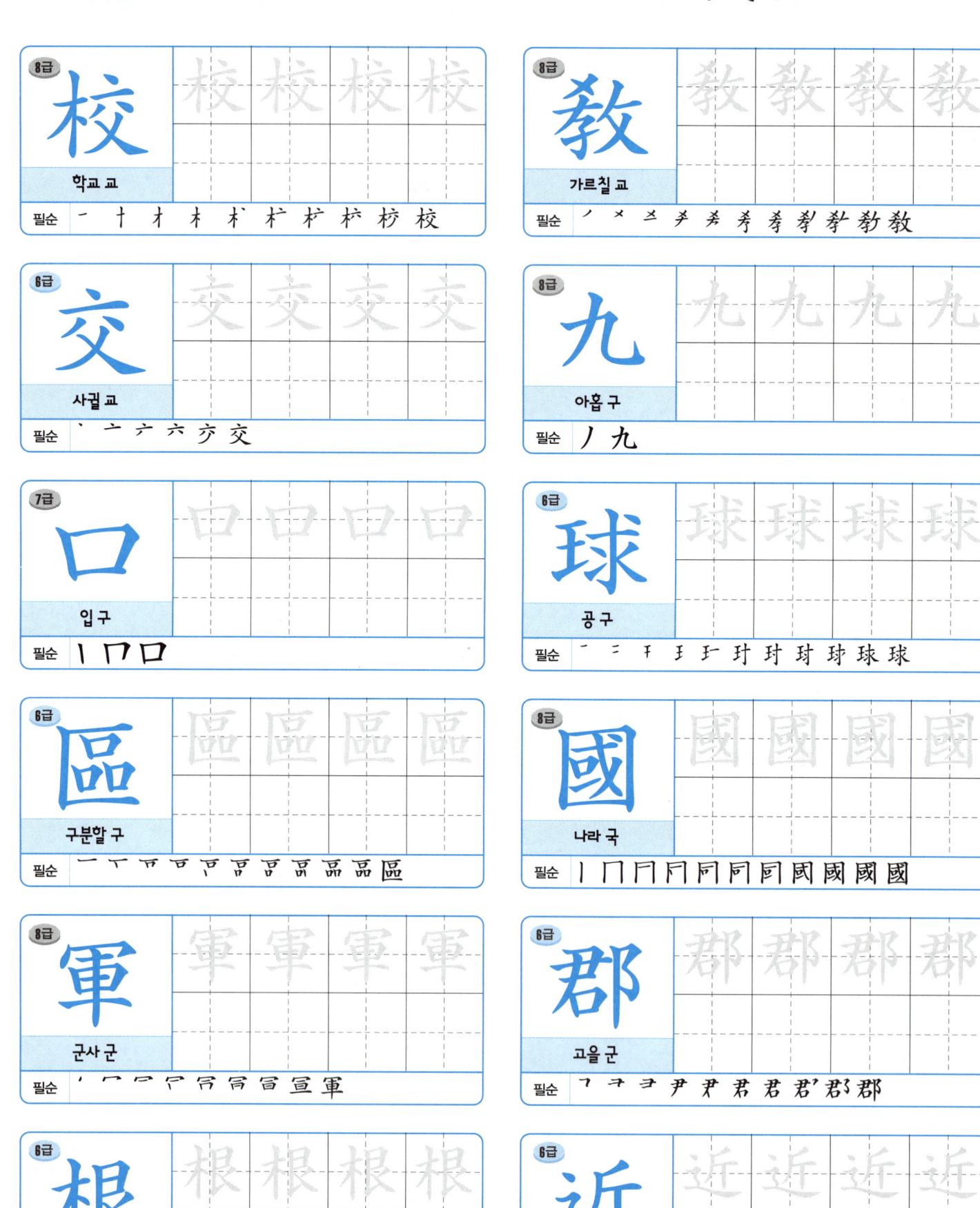

300자 다지기 6급

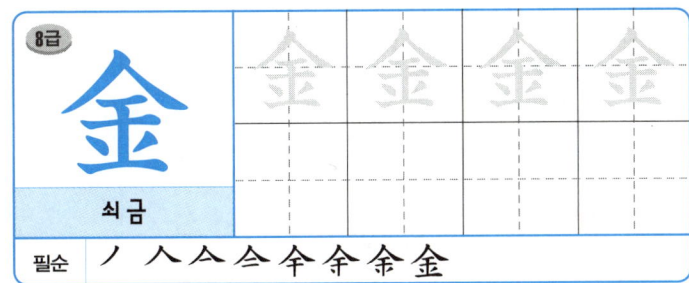
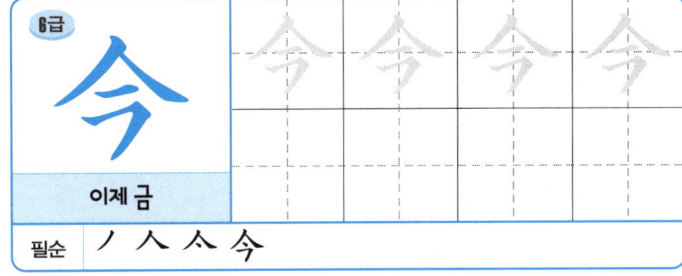
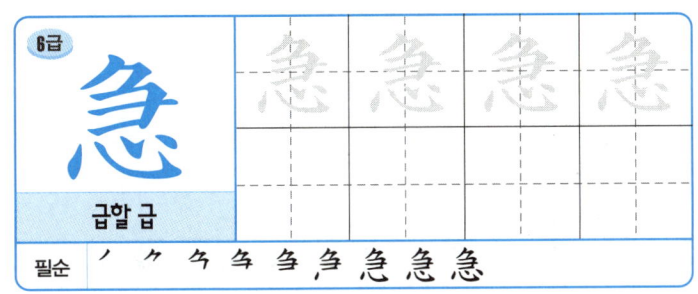
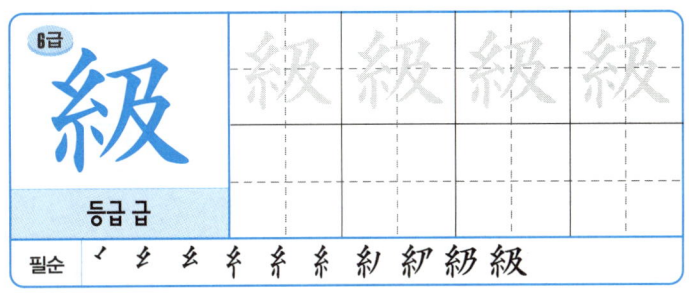
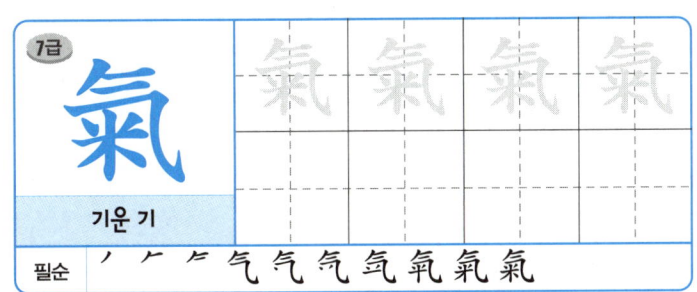
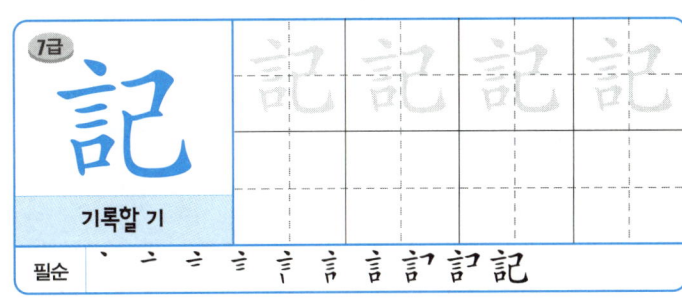
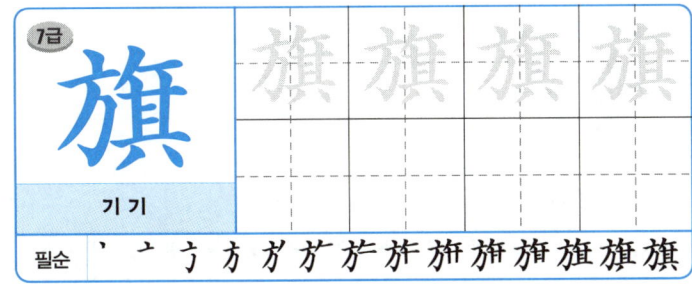
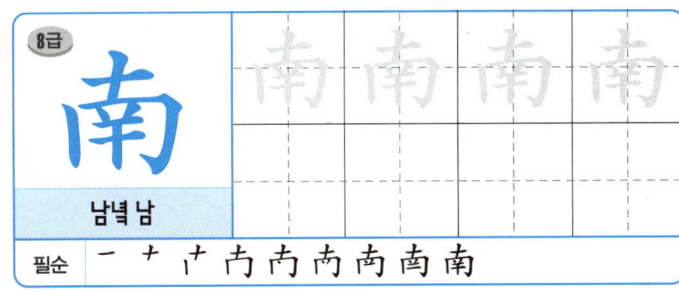
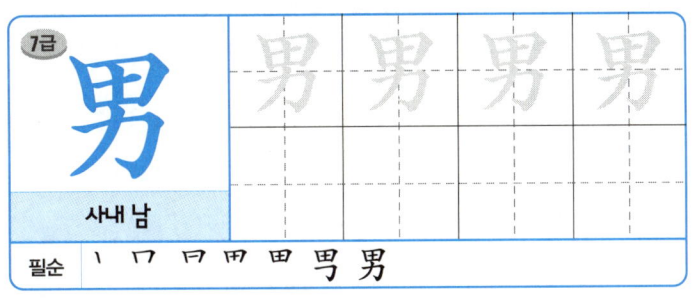
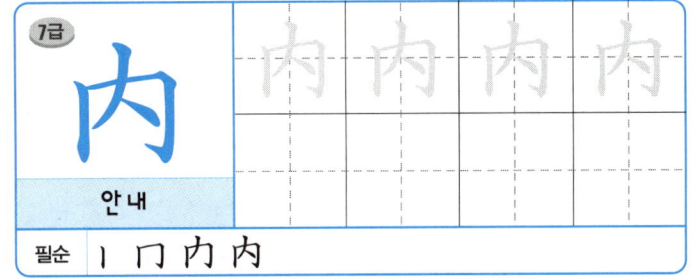
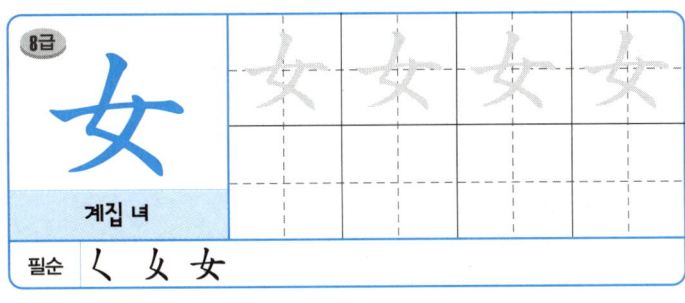
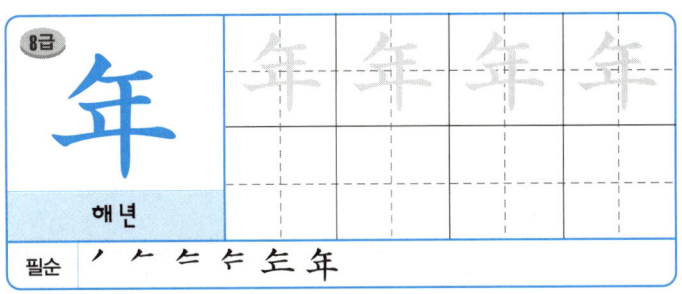

7급
農
농사 농
필순 丨 冂 曰 曲 曲 曲 曲 声 声 農 農 農 農

6급
多
많을 다
필순 ノ ク タ 夕 多 多

6급
短
짧을 단
필순 ノ 𠂉 𠂉 チ 矢 矢 矢 矢 短 短 短 短

7급
答
대답 답
필순 ノ 𠂉 𠂉 竹 竹 竹 笅 笅 答 答 答 答

6급
堂
집 당
필순 丨 丨 丨丨 丬 尚 尚 尚 尚 堂 堂 堂

8급
大
큰 대
필순 一 ナ 大

6급
代
대신 대
필순 ノ 亻 仁 代 代

6급
對
대할 대
필순 丨 丨丨 丨丨丨 业 业 业 业 业 业 丵 丵 丵 對 對

6급
待
기다릴 대
필순 ノ 彡 彳 彳 彳 往 往 待 待

7급
道
길 도
필순 丶 丷 䒑 䒑 产 首 首 首 首 首 道 道 道

6급
圖
그림 도
필순 丨 冂 冂 冂 冂 冂 冂 冂 圖 圖 圖 圖 圖 圖

6급
度
법도 도
필순 丶 亠 广 广 庐 庐 庐 度 度

300자 다지기

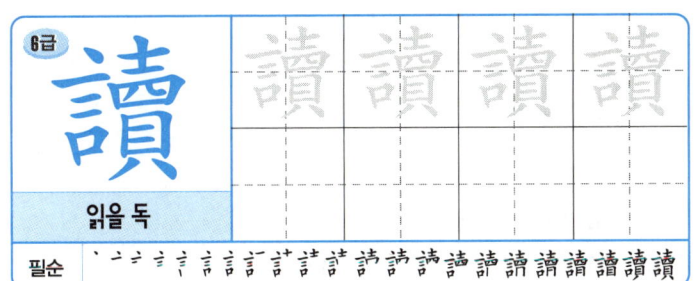
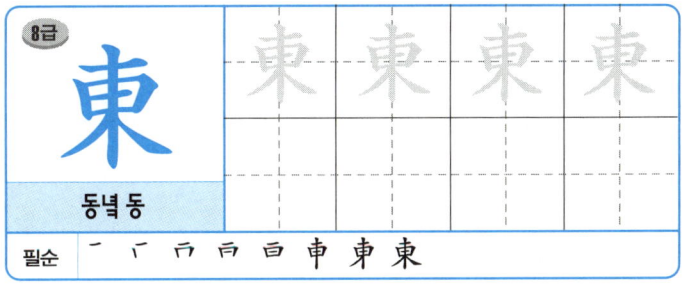
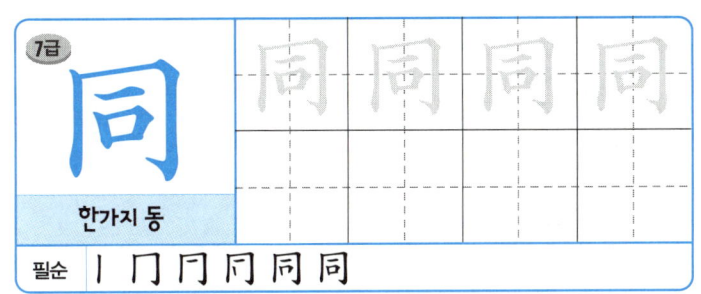
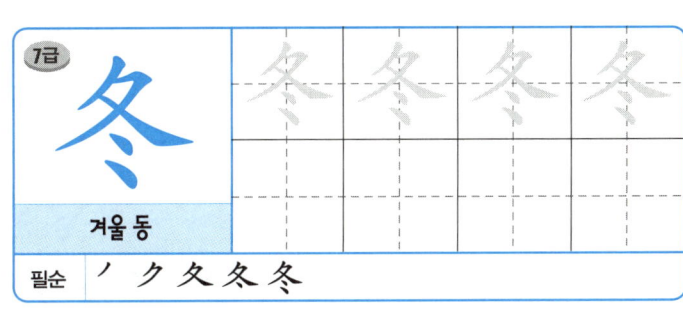
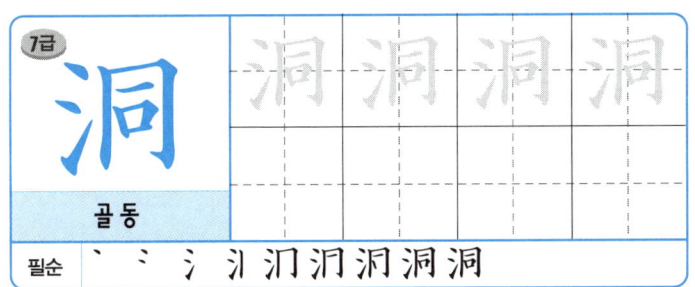
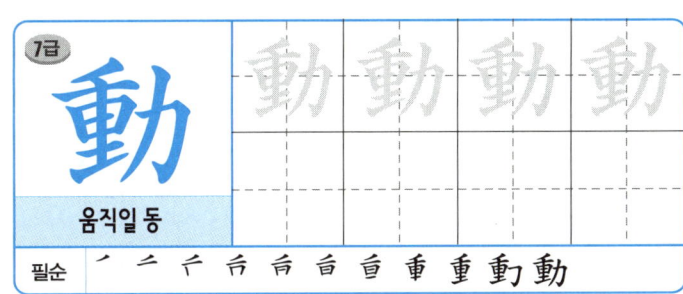
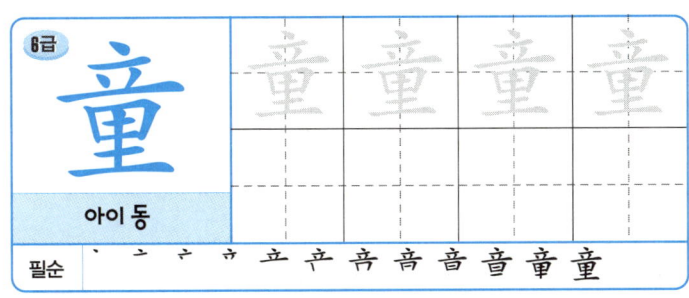
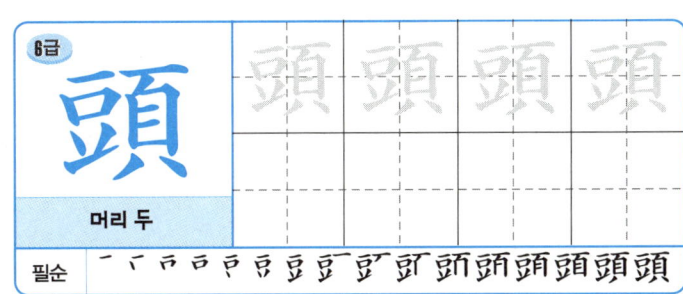
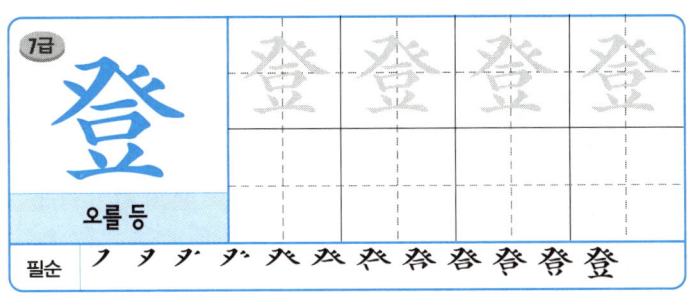
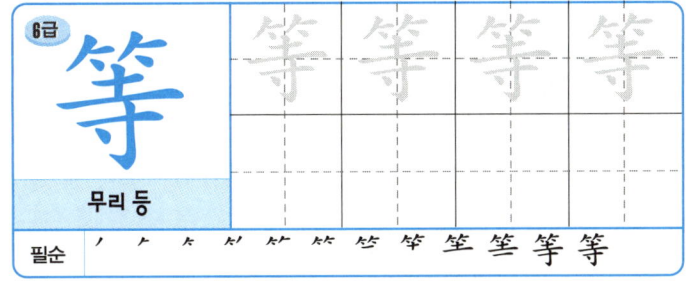
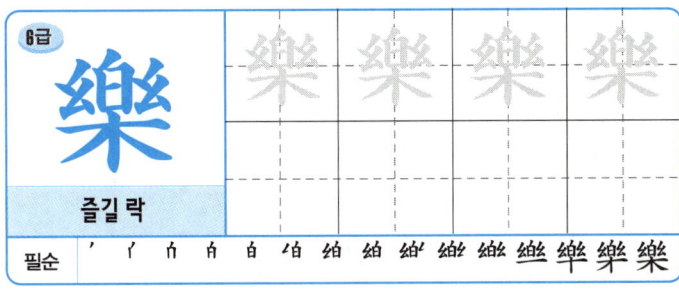
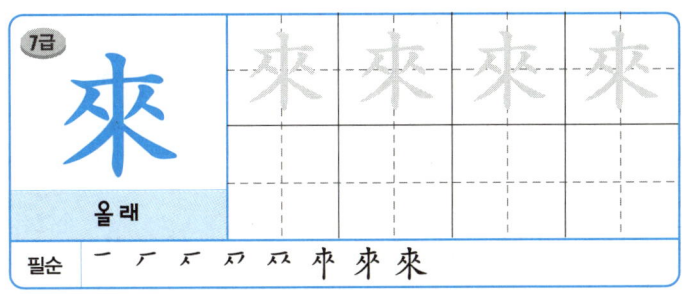

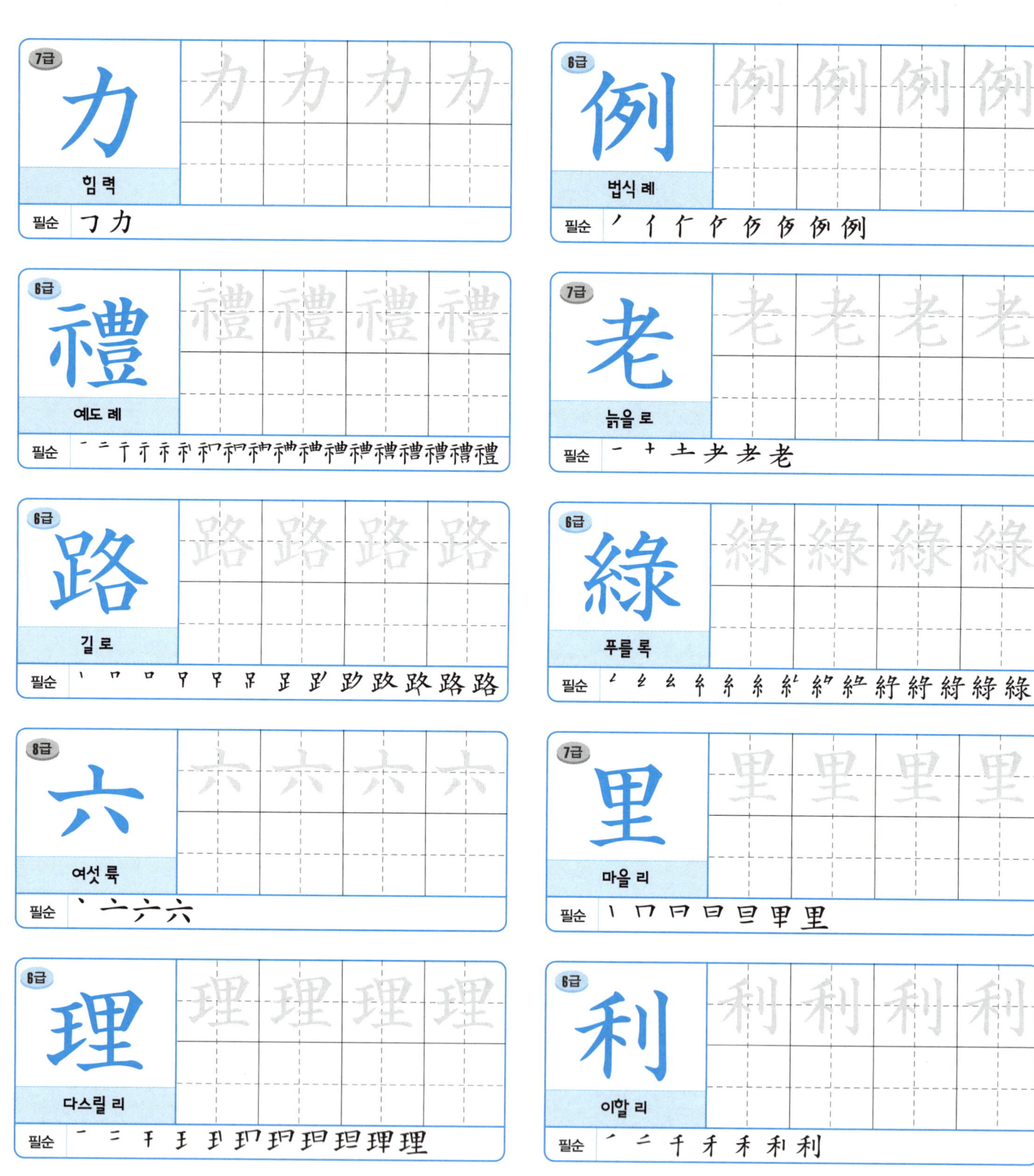

300자 다지기

6급

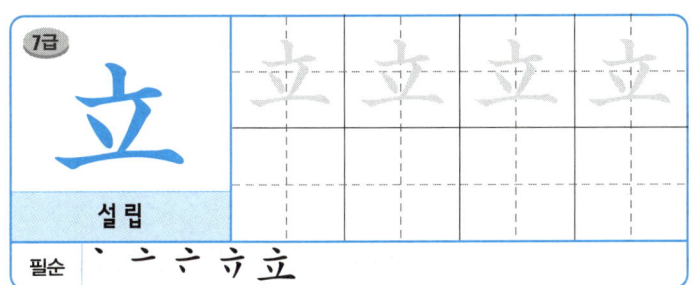
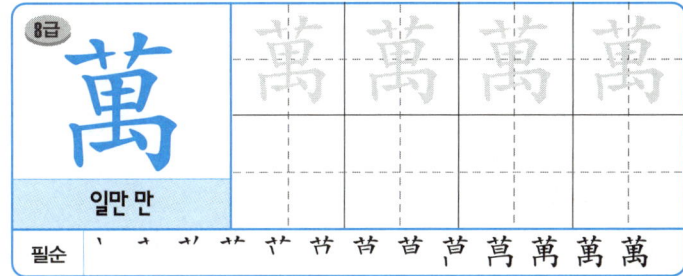
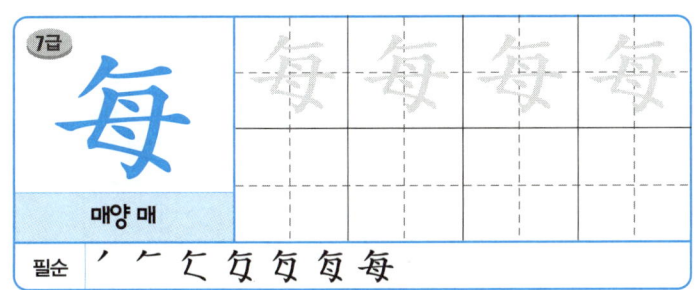
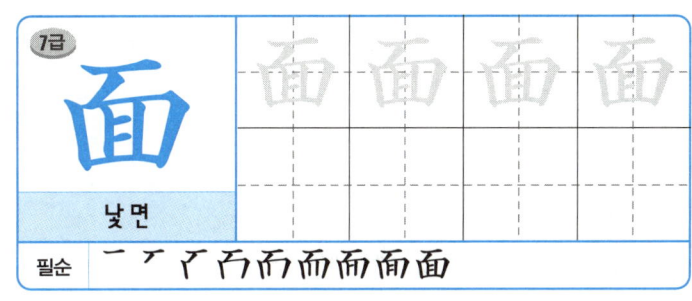
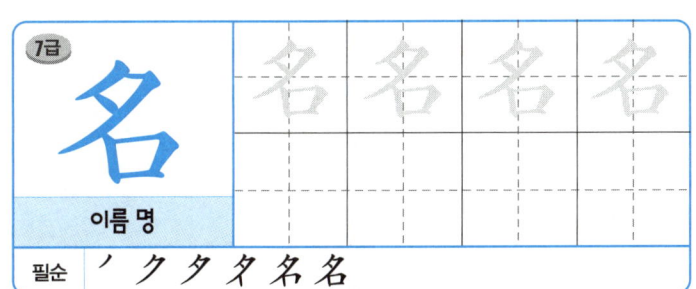
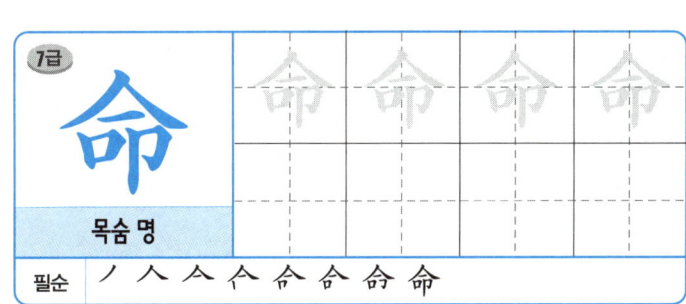
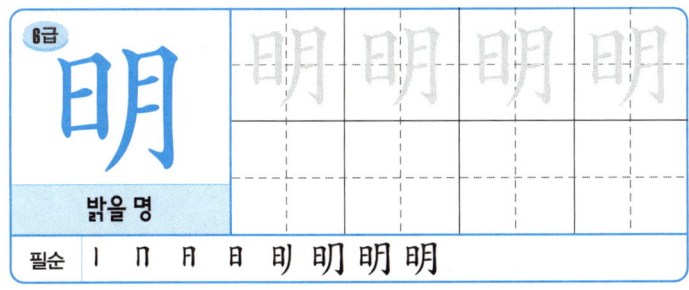
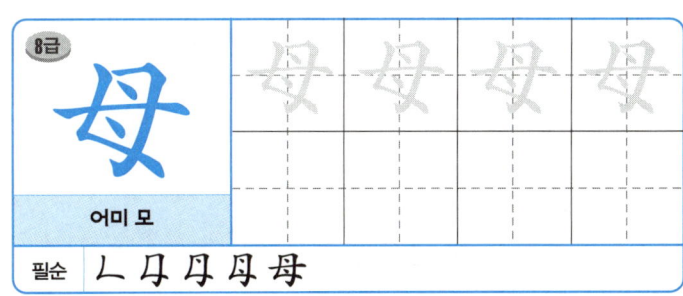
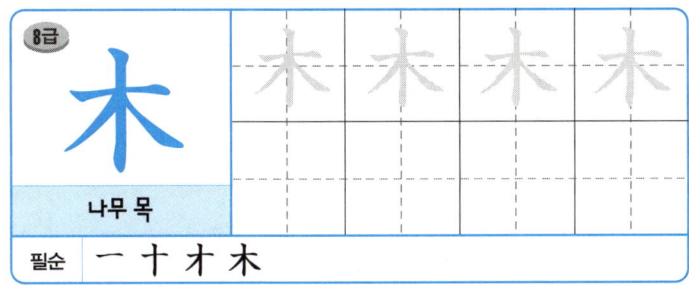
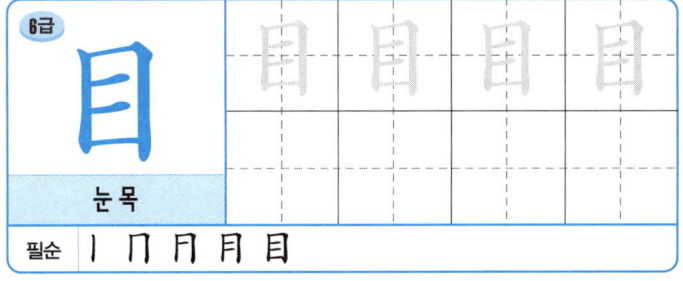
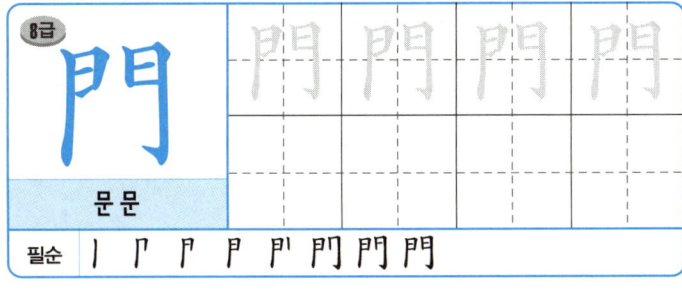
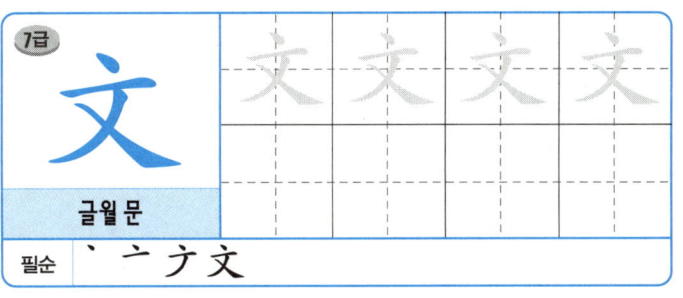

6급

6.급.배.정

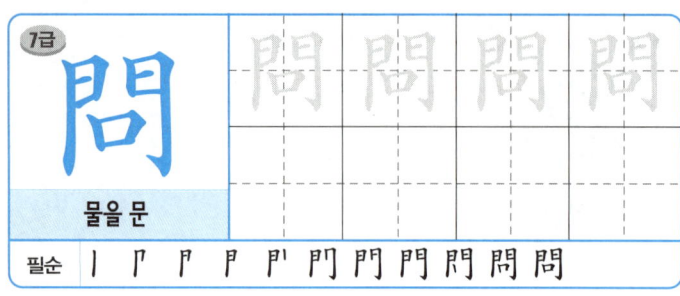
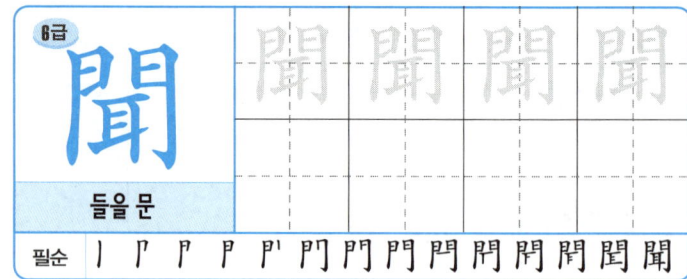
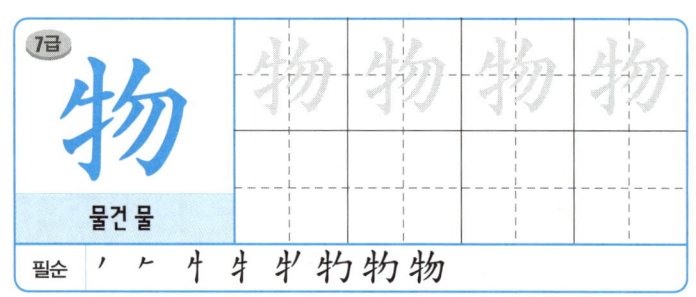

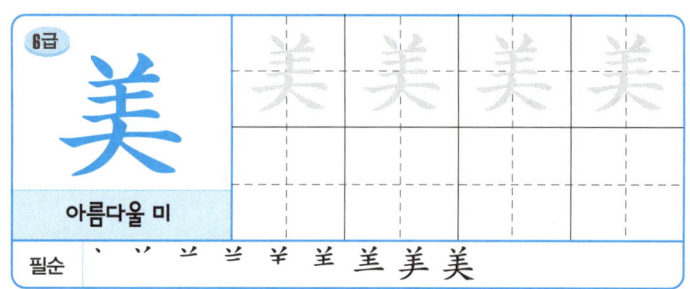
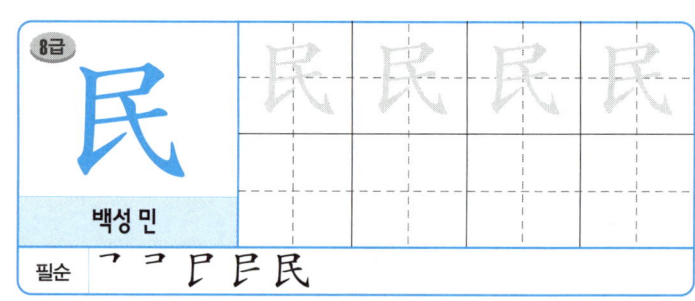
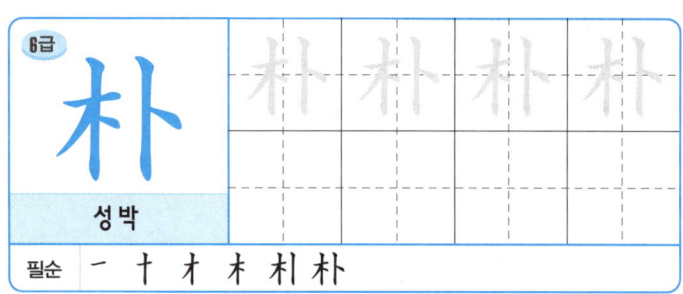
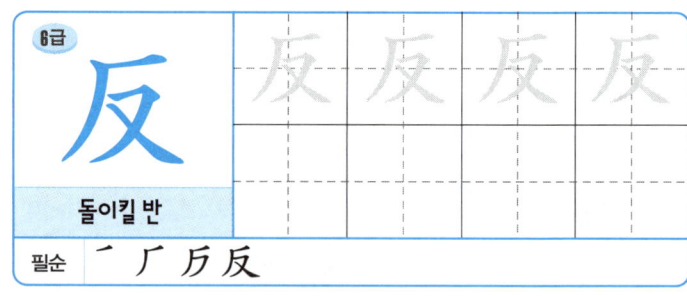
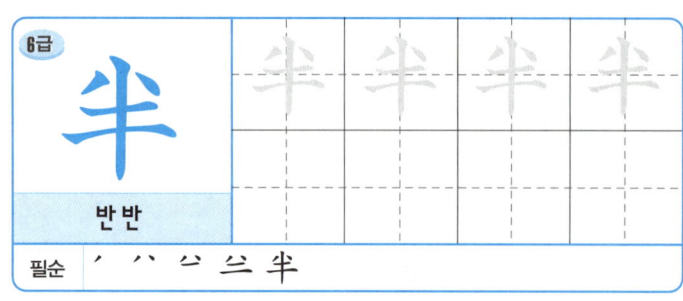
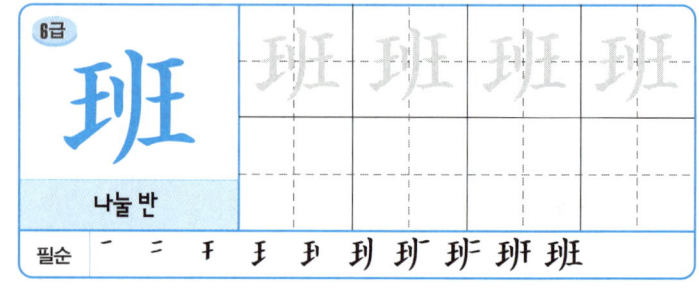
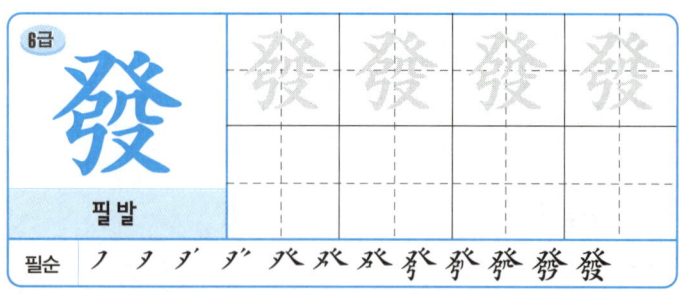
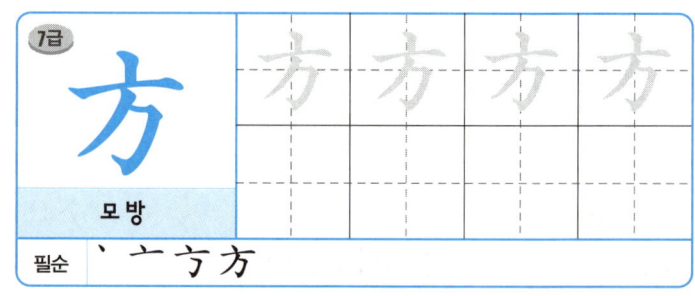

300자 다지기

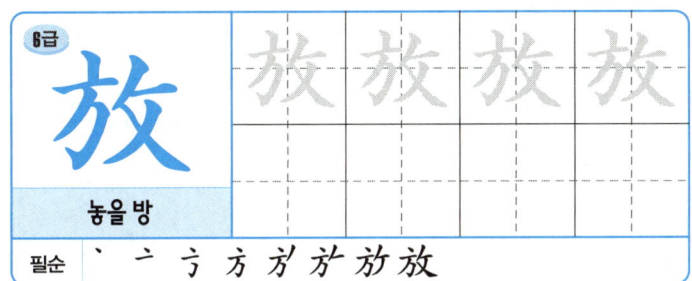
6급 放 놓을 방
필순: 丶 亠 亍 方 方 放 放 放

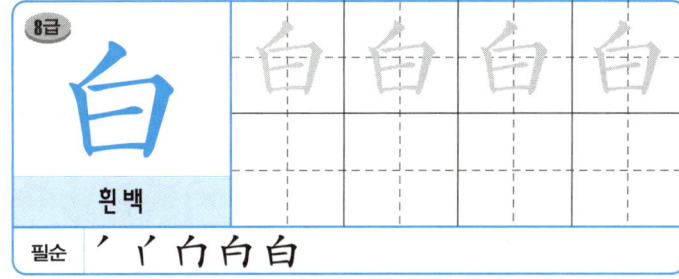
8급 白 흰 백
필순: 丿 亻 白 白 白

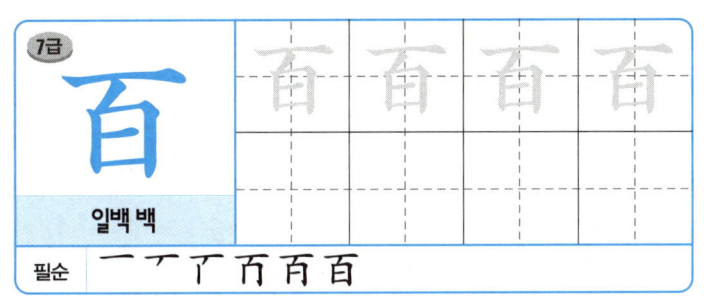
7급 百 일백 백
필순: 一 一 丆 丆 百 百

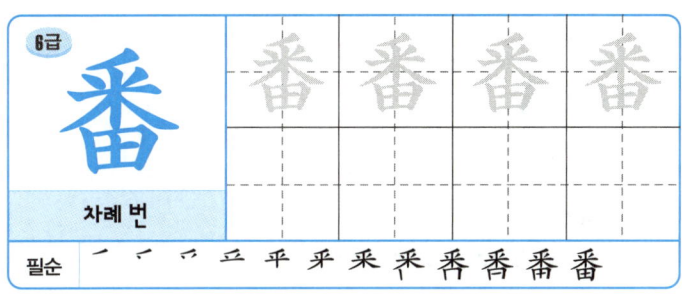
6급 番 차례 번
필순: 丿 丶 亠 立 平 平 采 采 番 番 番 番

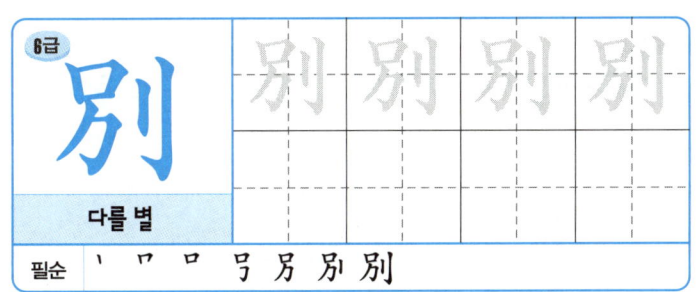
6급 別 다를 별
필순: 丨 口 口 号 另 別 別

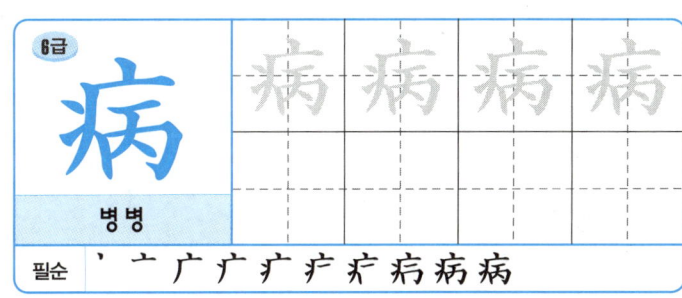
6급 病 병 병
필순: 丶 亠 广 广 疒 疒 疒 病 病 病

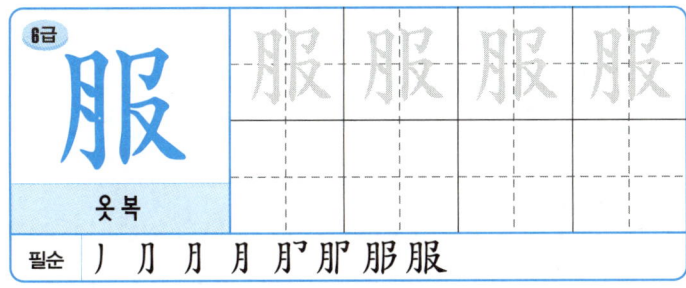
6급 服 옷 복
필순: 丿 刀 月 月 肝 朋 服 服

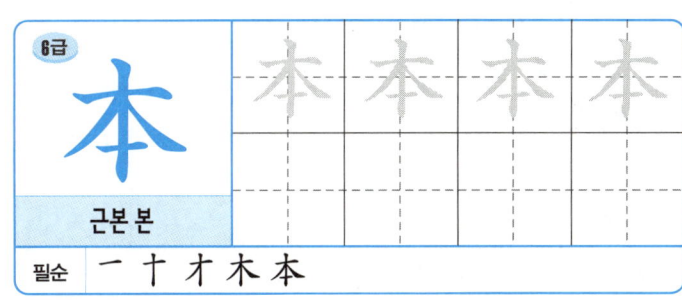
6급 本 근본 본
필순: 一 十 才 木 本

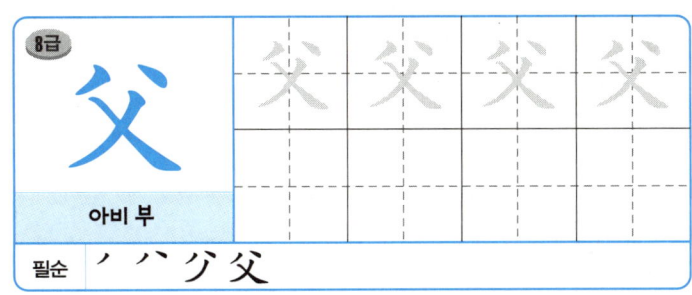
8급 父 아비 부
필순: 丿 八 父

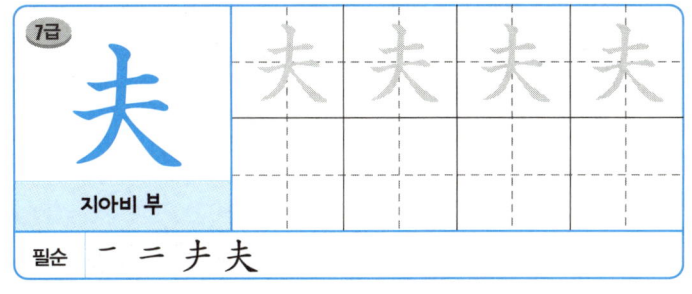
7급 夫 지아비 부
필순: 一 二 丯 夫

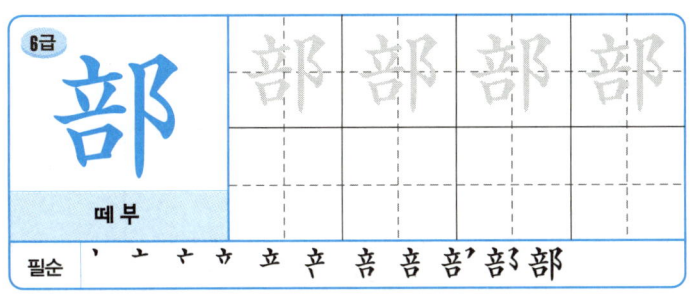
6급 部 떼 부
필순: 丶 亠 亠 立 产 音 音 音 部 部 部

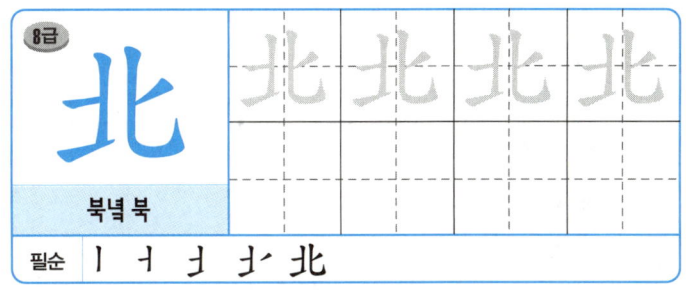
8급 北 북녘 북
필순: 丨 十 ヒ 北 北

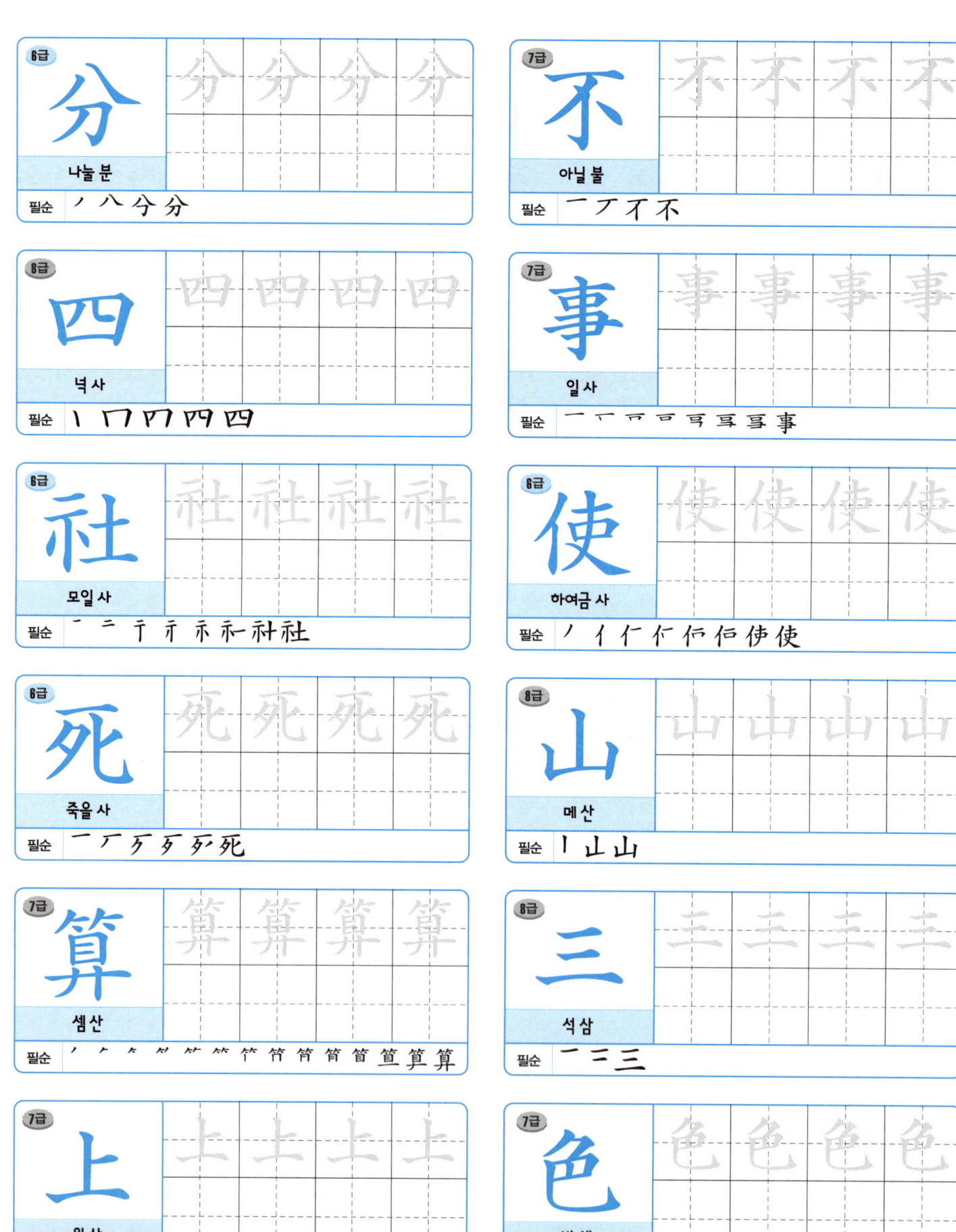

300자 다지기 6급

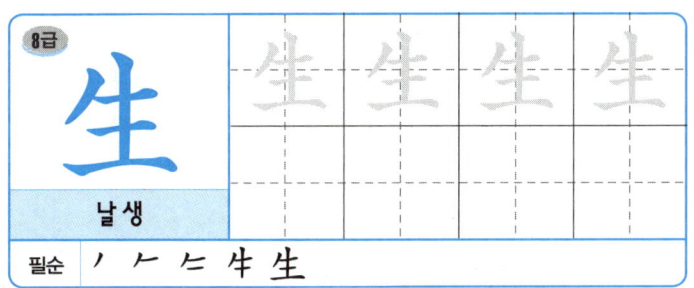
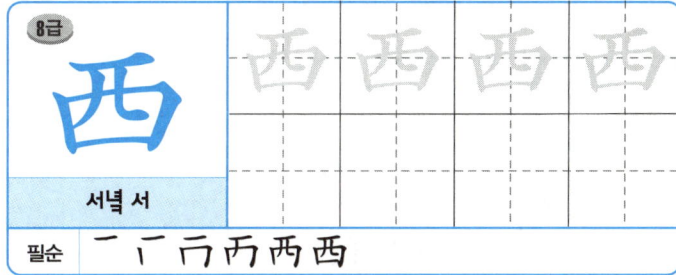
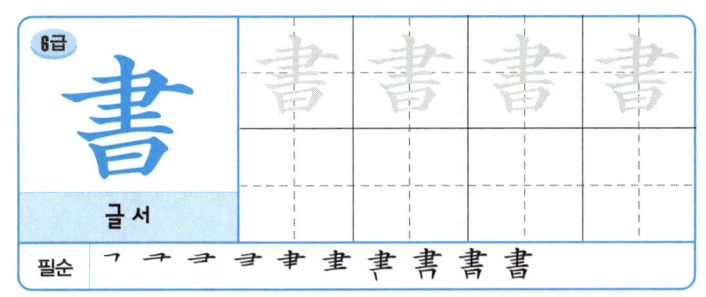
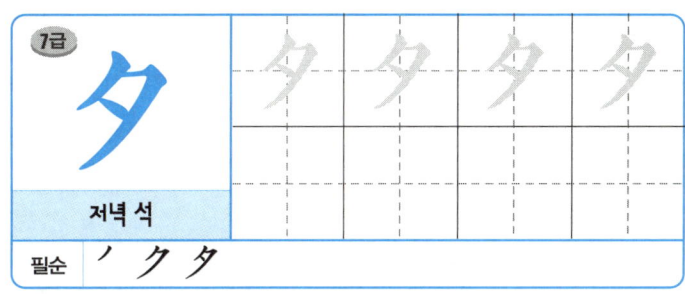
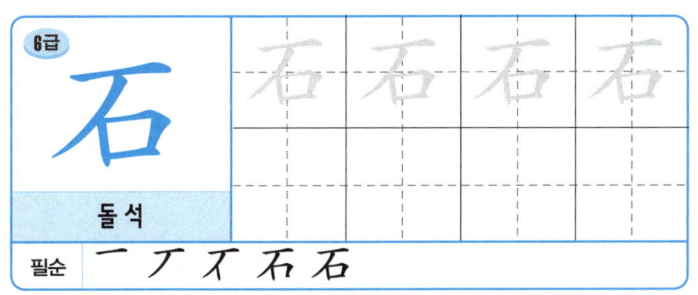
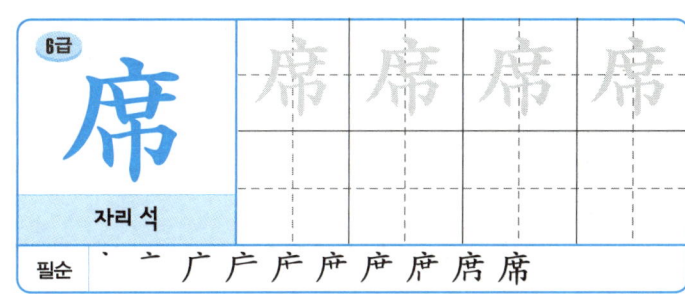
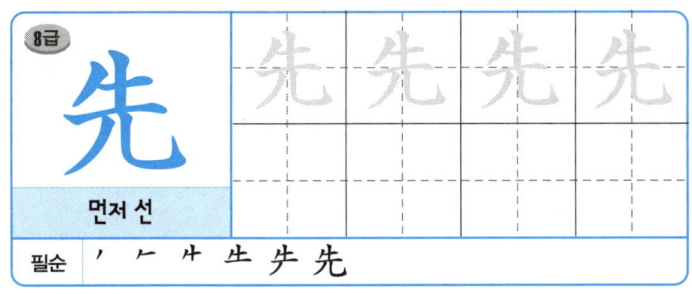
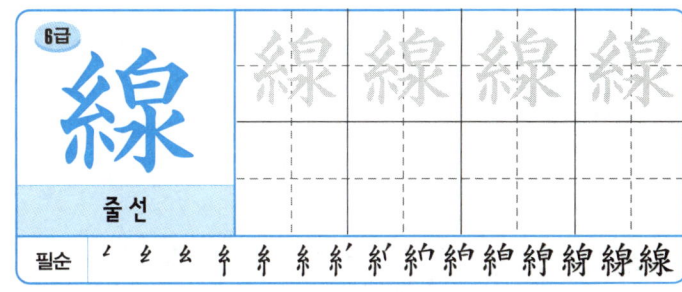
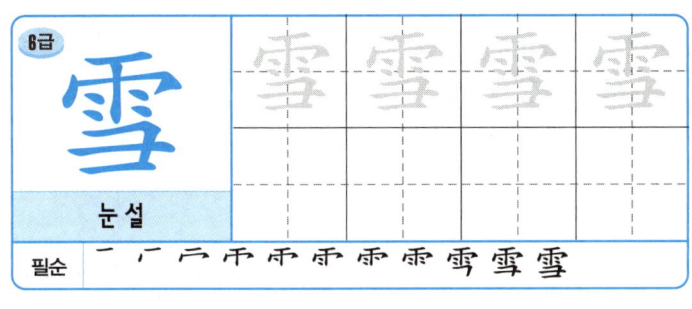
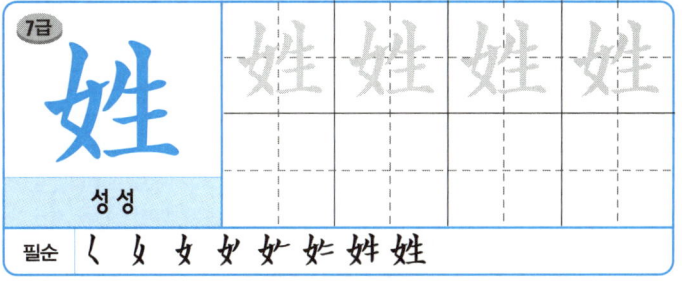
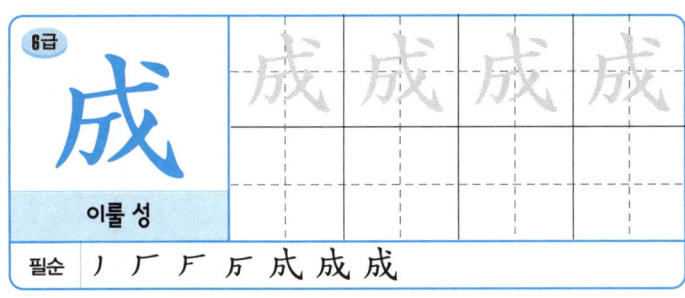
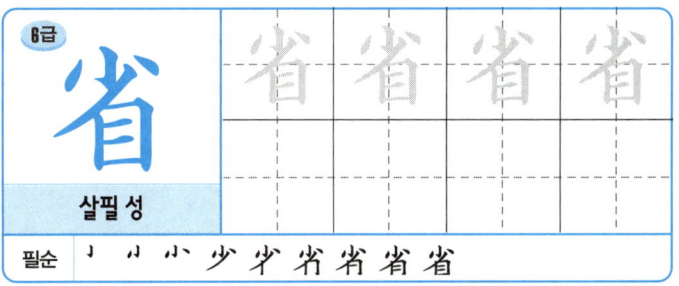

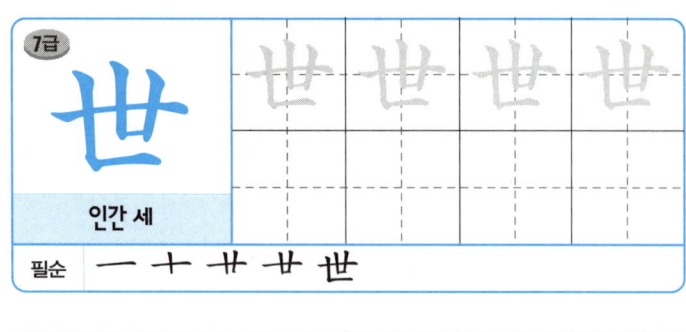
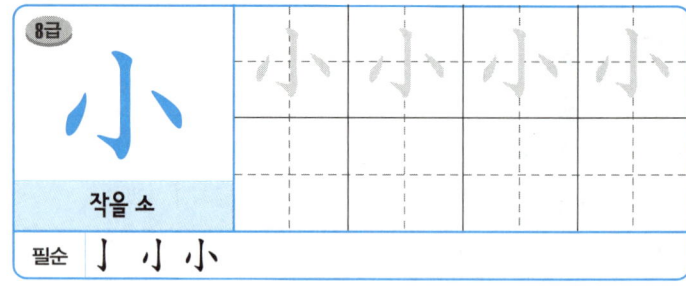
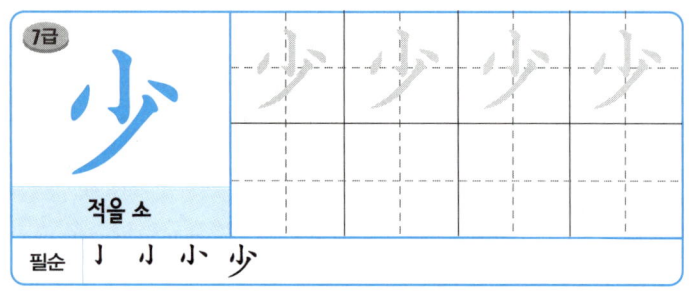
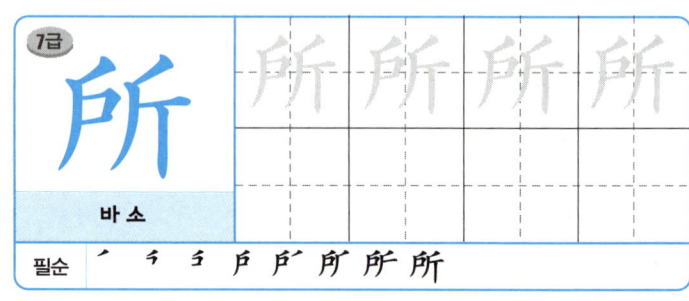
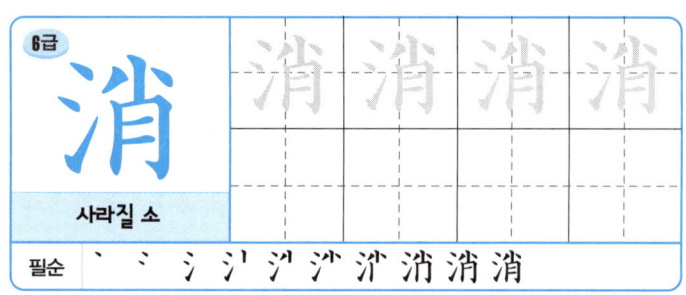
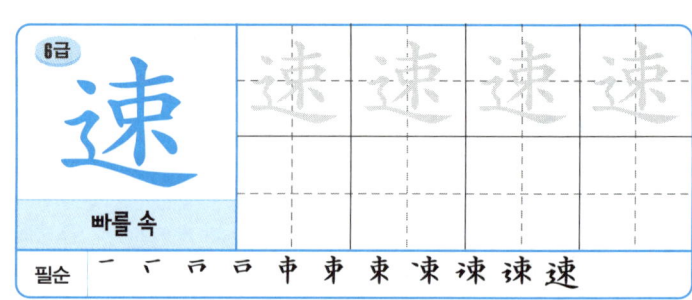
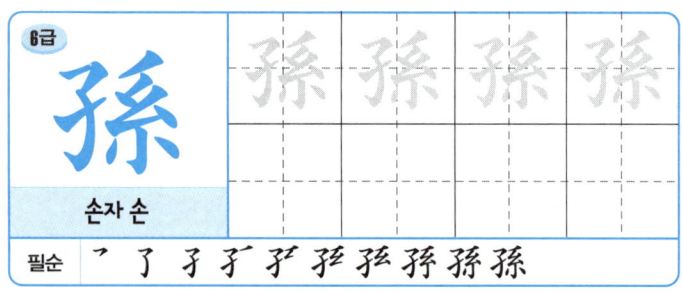
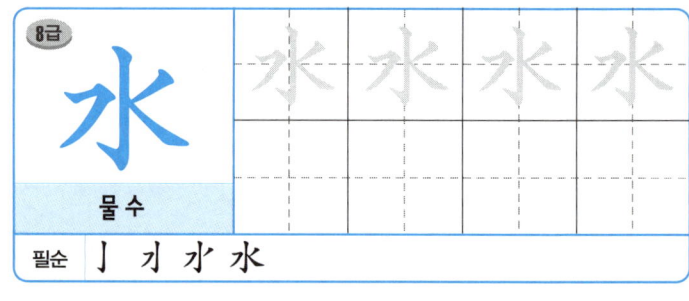
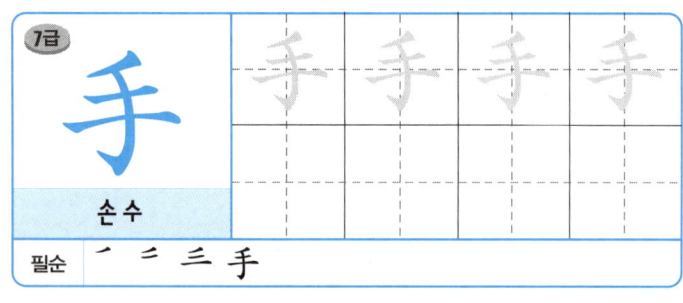
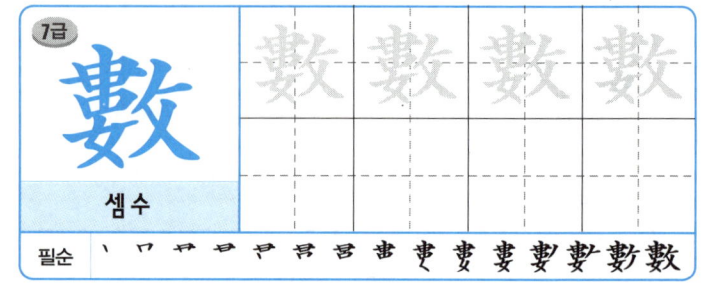
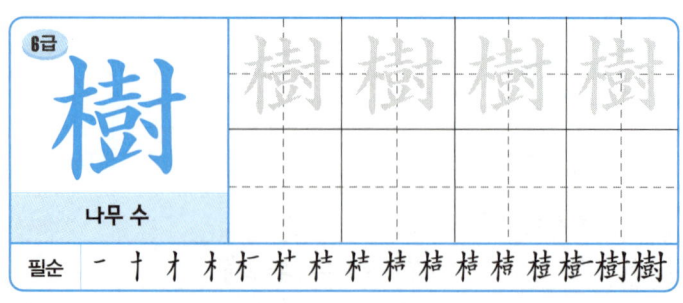
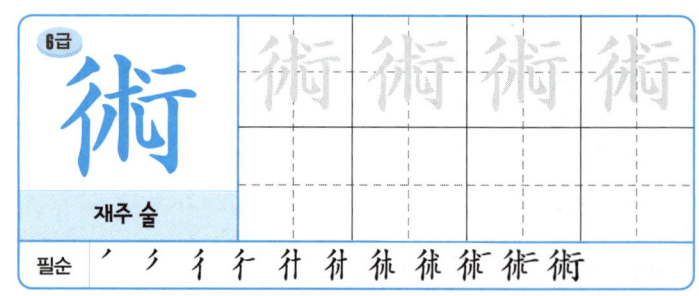

300자 다지기 6급

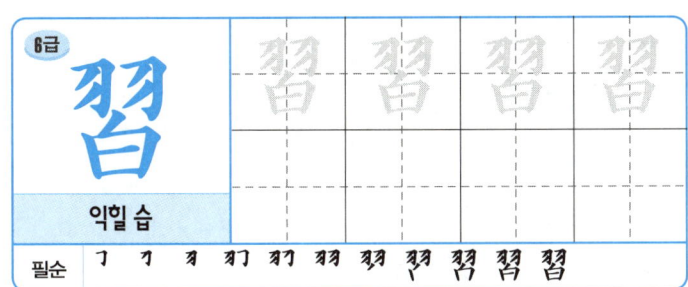
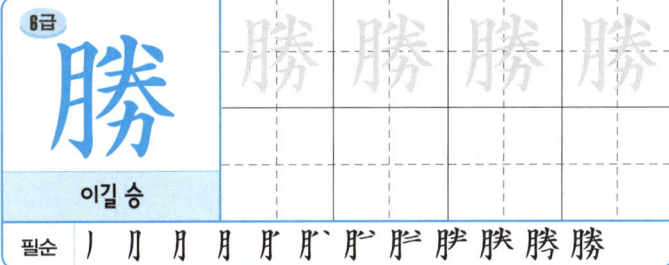
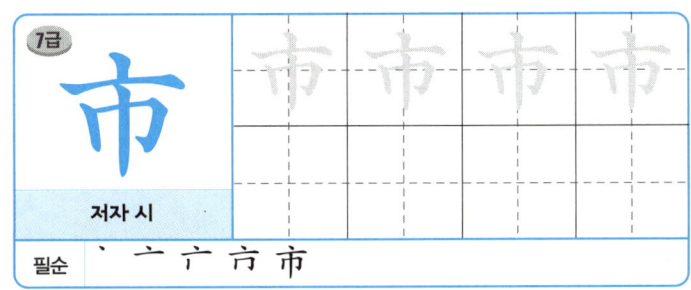
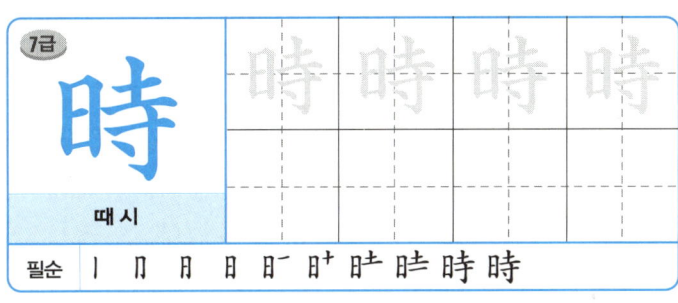
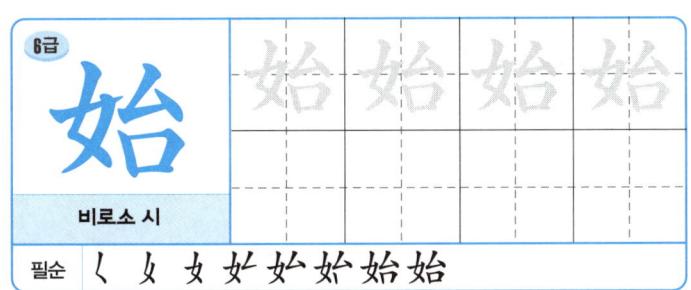
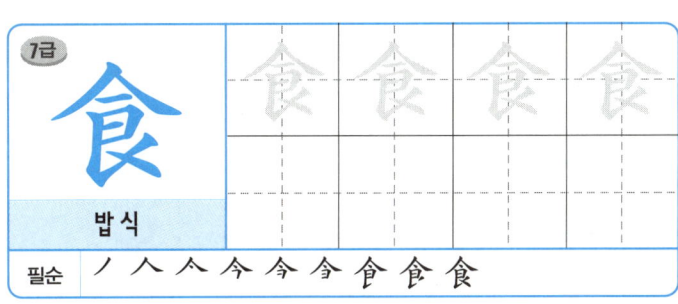
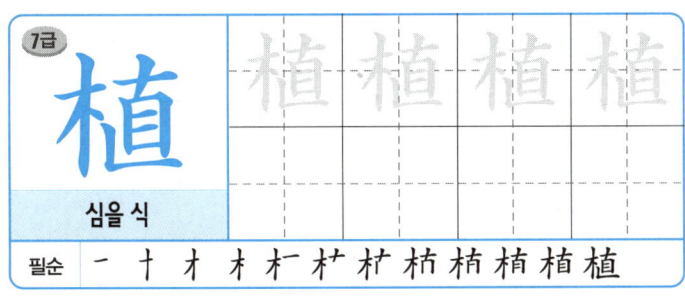
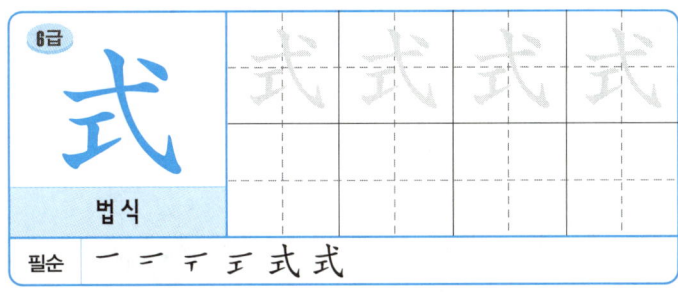
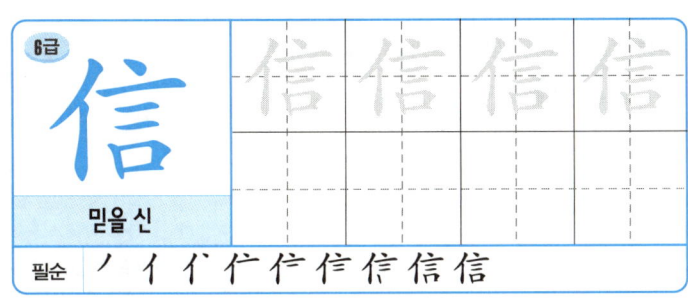
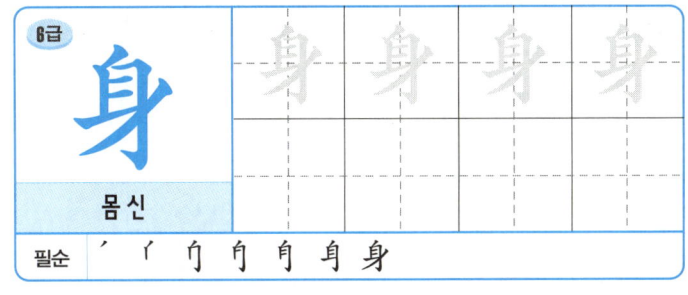
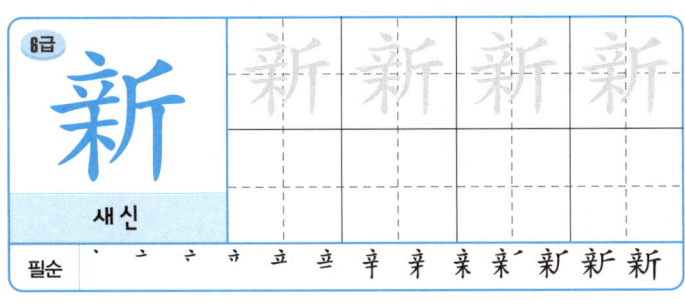
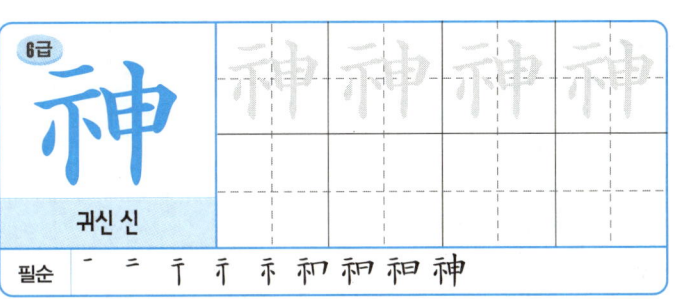

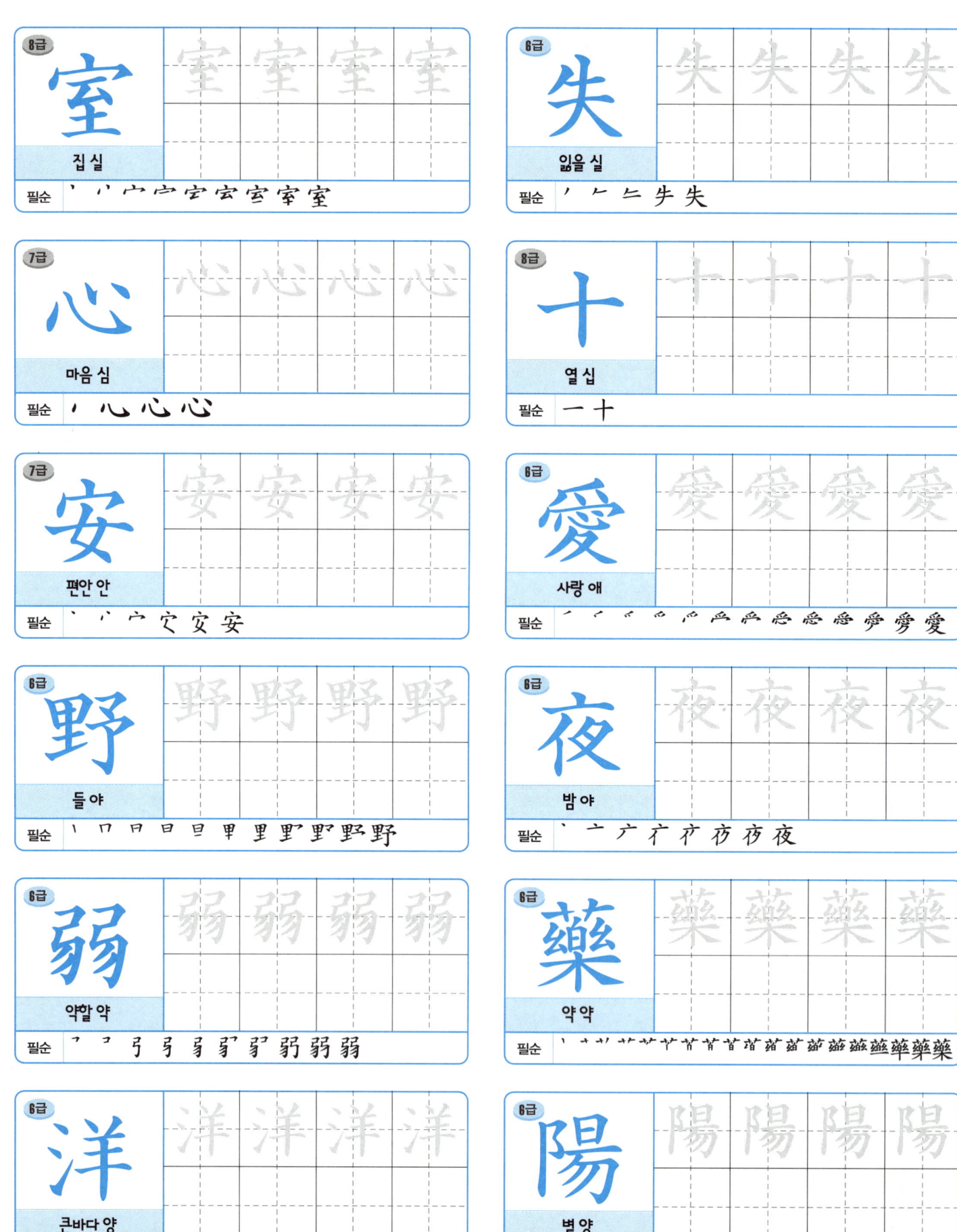

300자 다지기

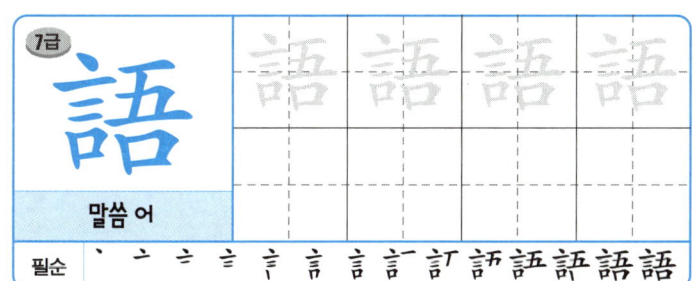
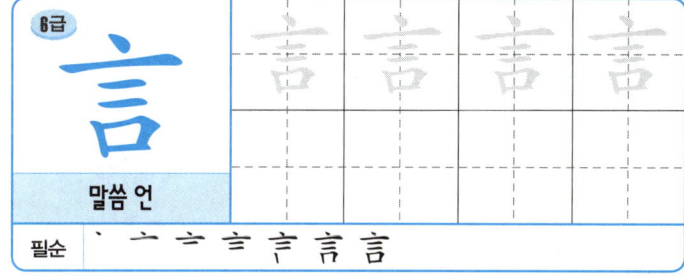
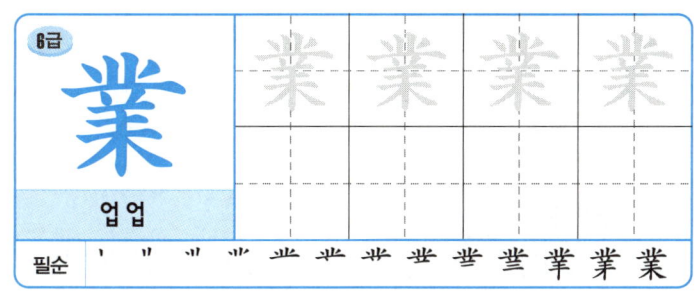
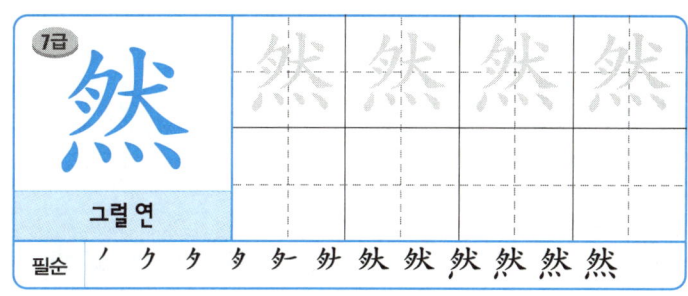
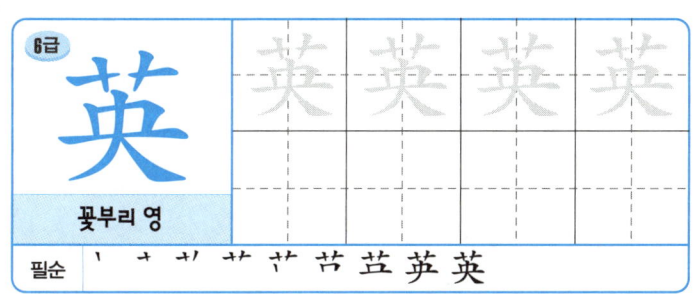
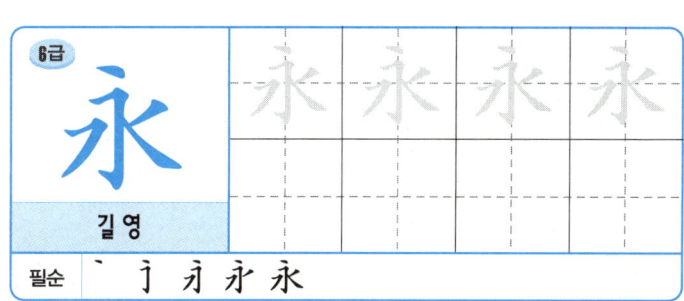
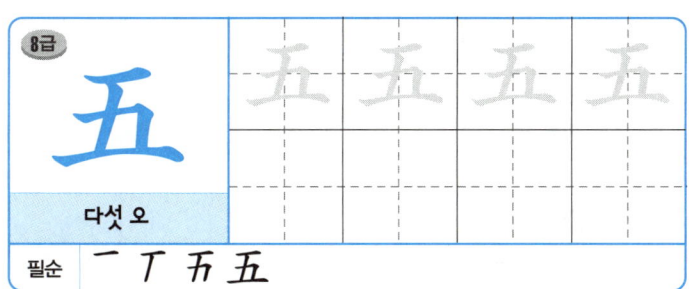
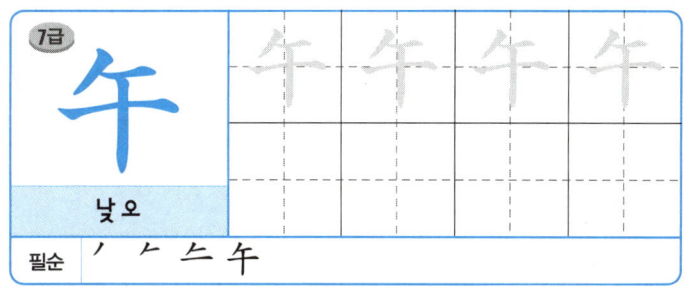
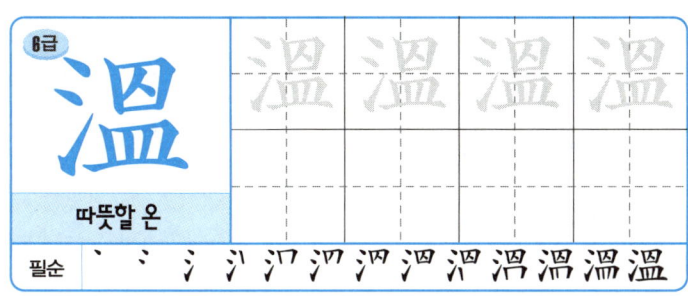
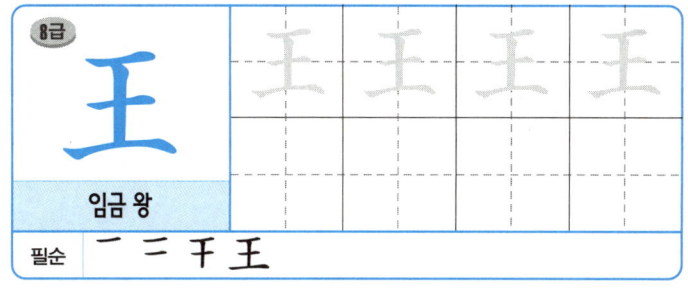
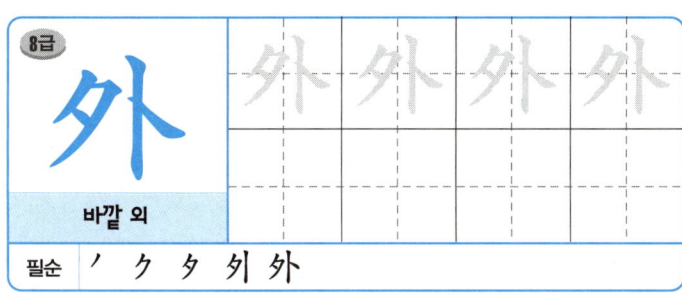
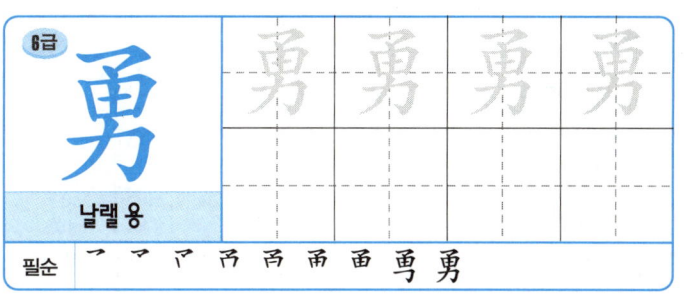

6급 배정

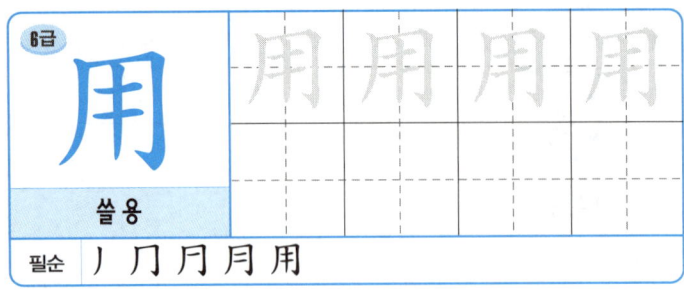

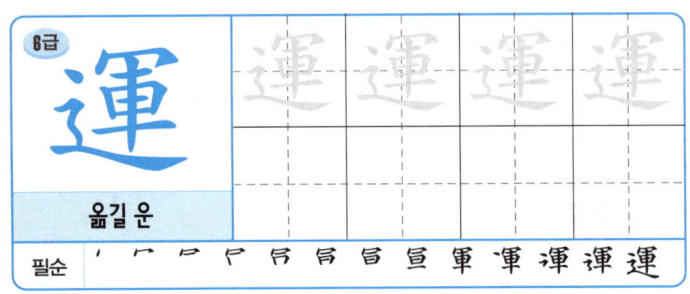
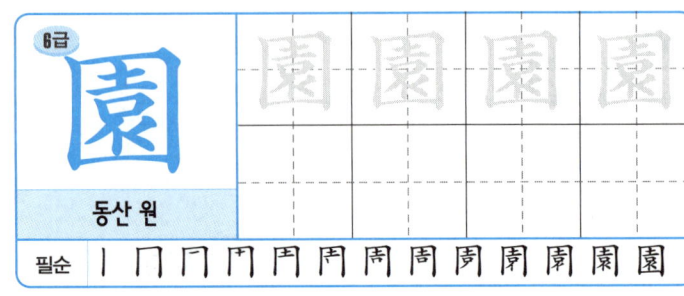
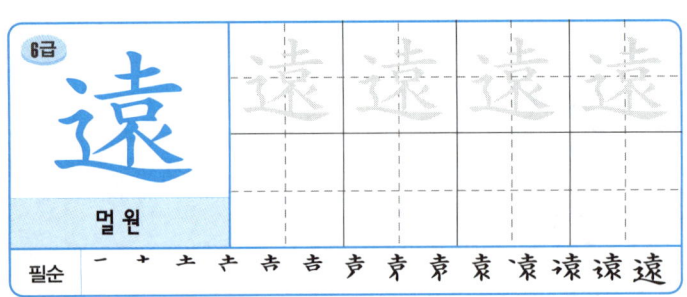
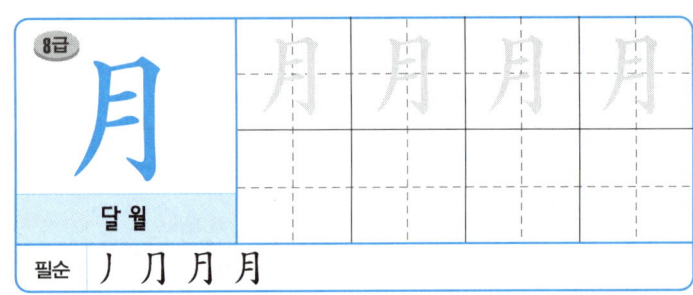
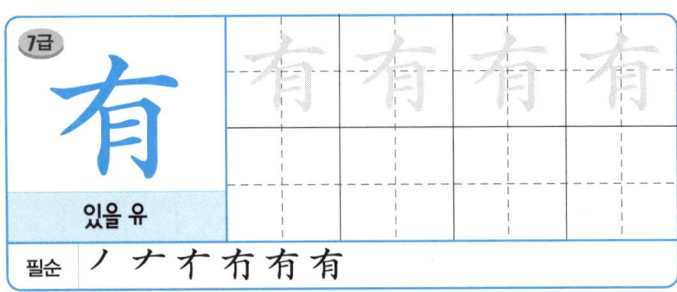
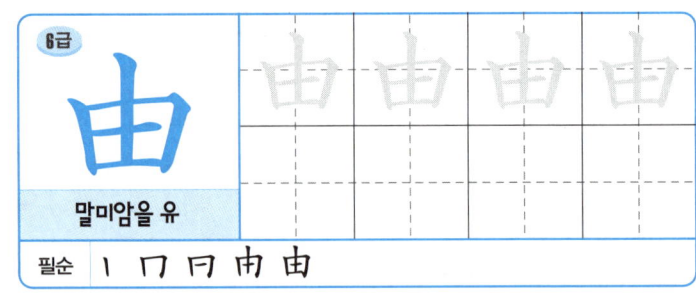
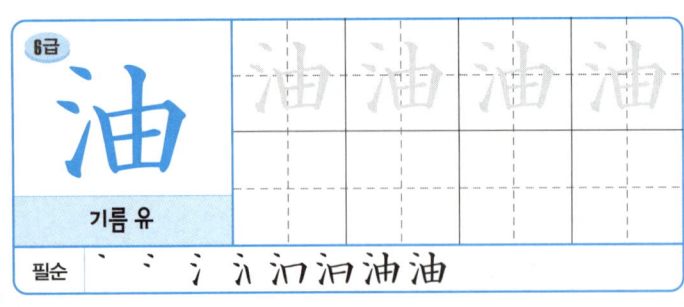
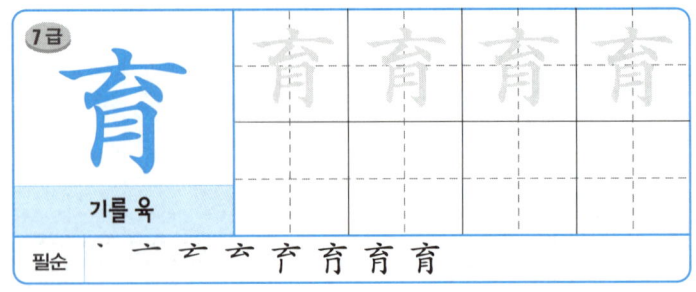
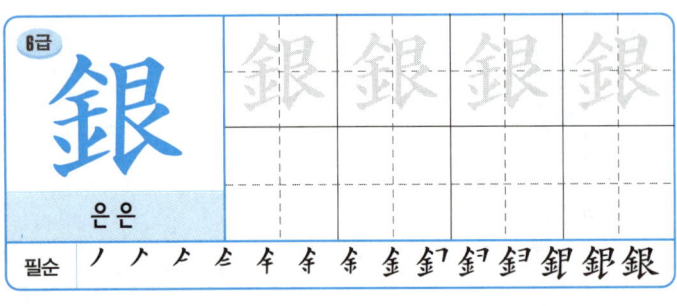
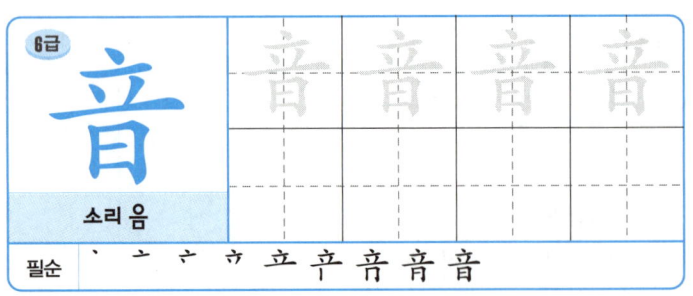

300자 다지기

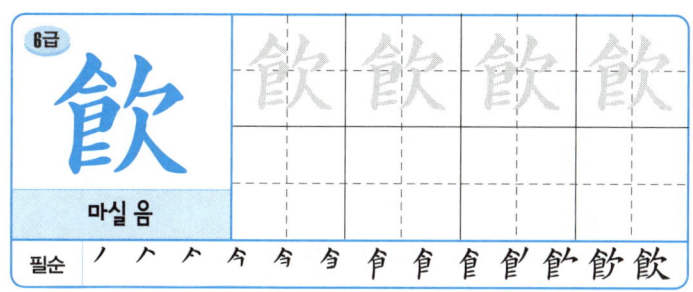
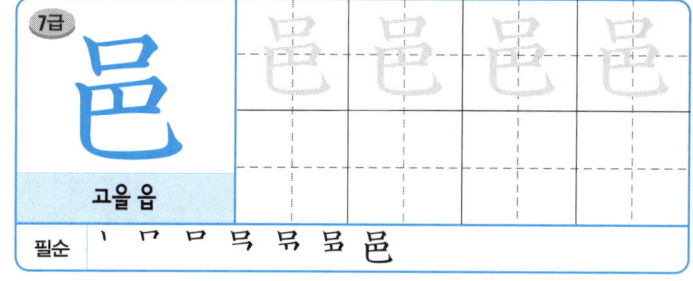
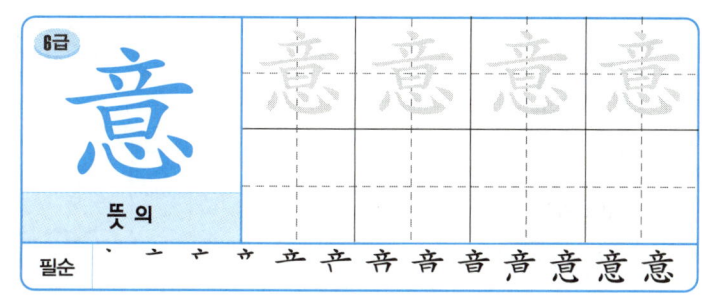
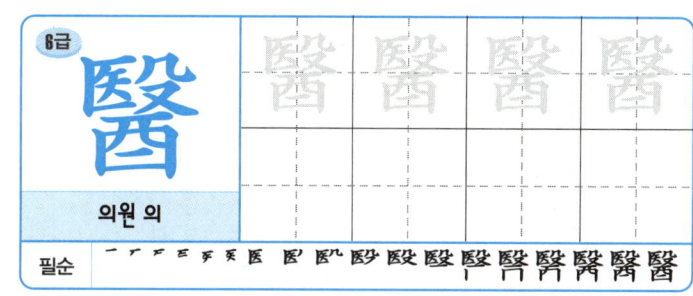
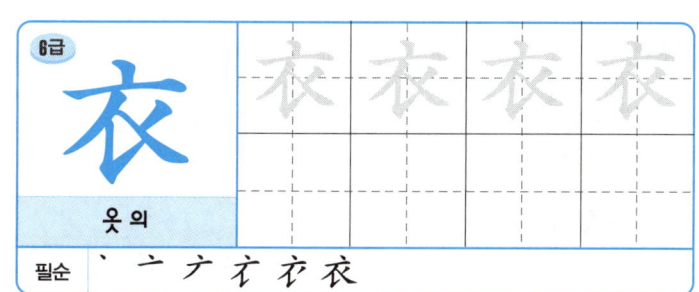
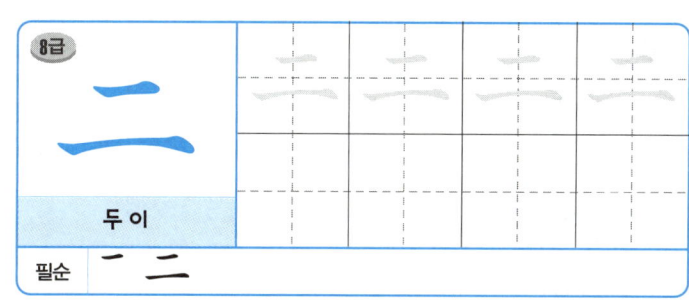
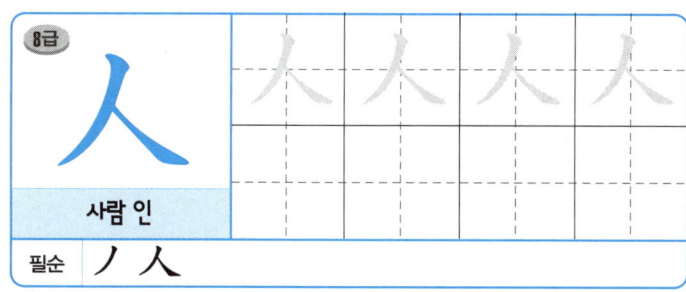
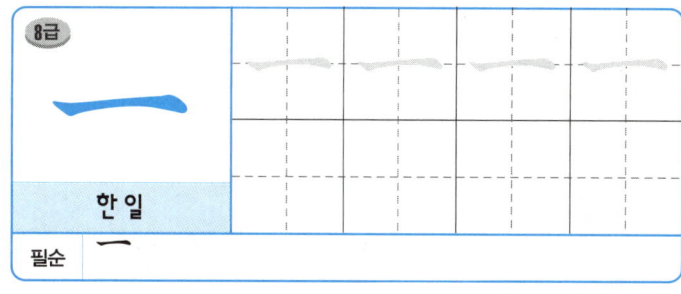
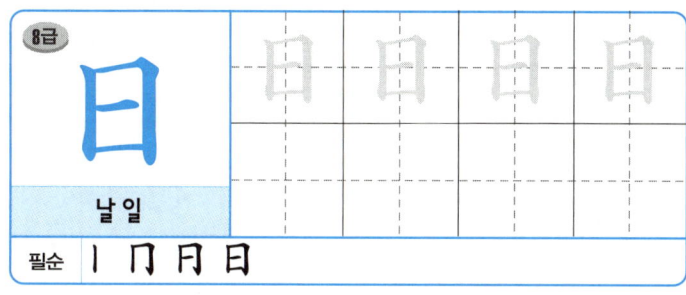
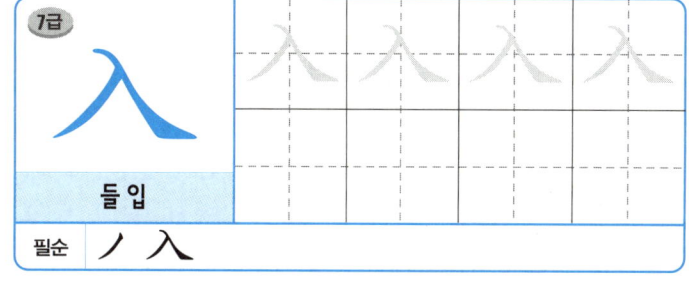
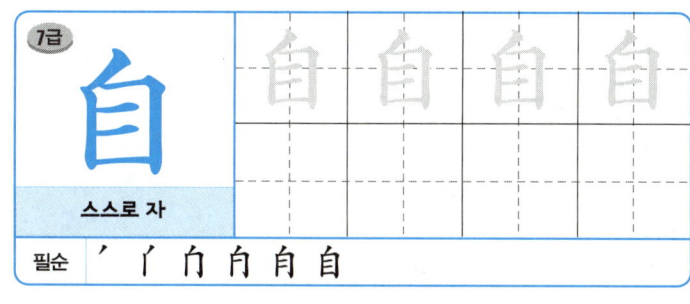
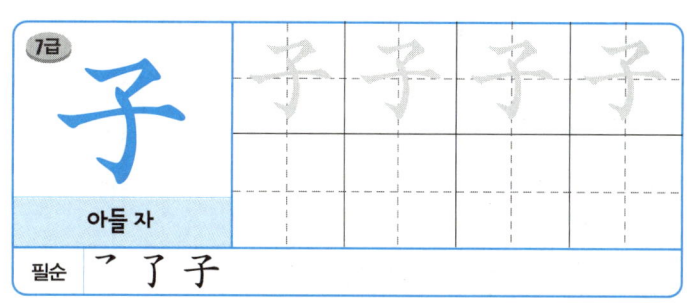

6급

6.급.배.정

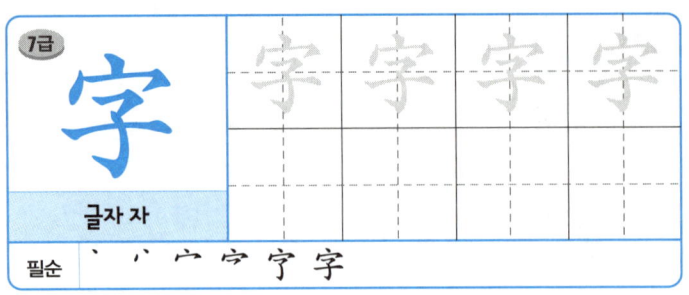
字 (글자 자) — 7급
필순: `丶丷宀宀字字`

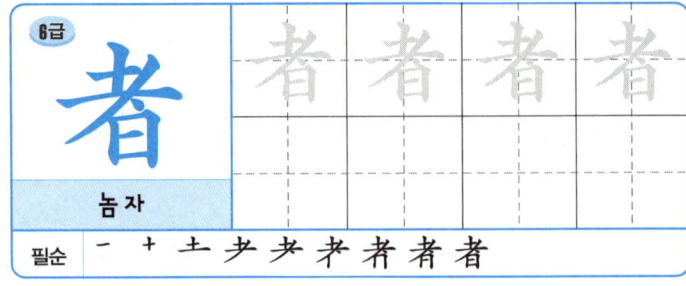
者 (놈 자) — 6급
필순: `一十土耂耂者者者`

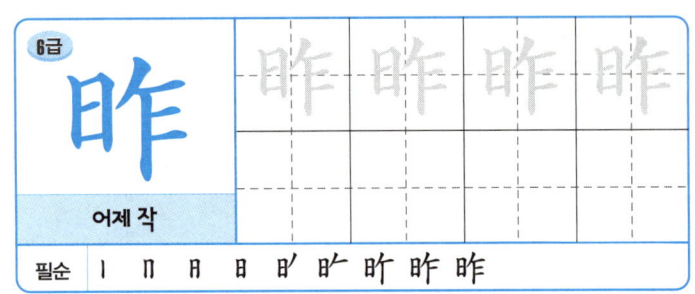
昨 (어제 작) — 6급
필순: `丨冂日日日'昨昨昨昨`

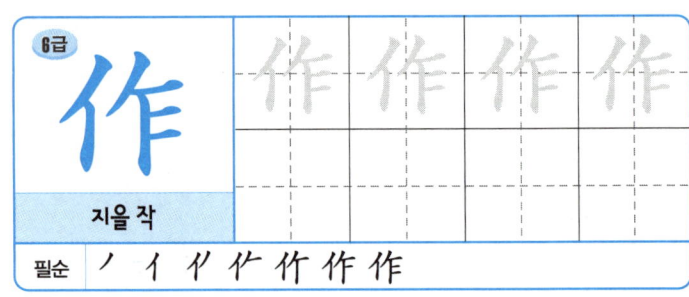
作 (지을 작) — 6급
필순: `丿亻亻亻'作作作`

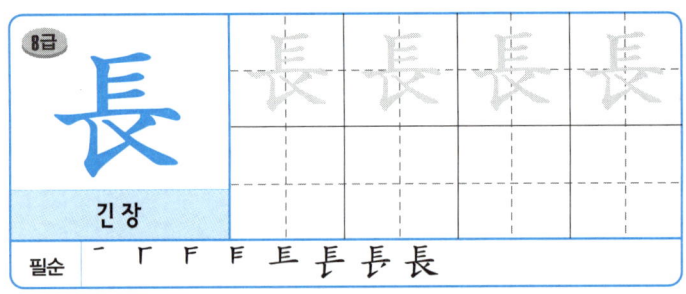
長 (긴 장) — 8급
필순: `一丆FF longE長長`

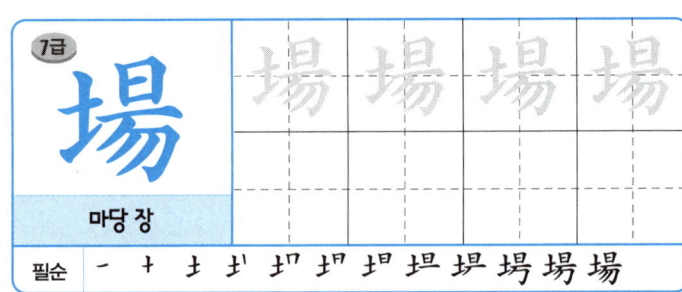
場 (마당 장) — 7급
필순: `一十土圤圤坦坦坦場場場`

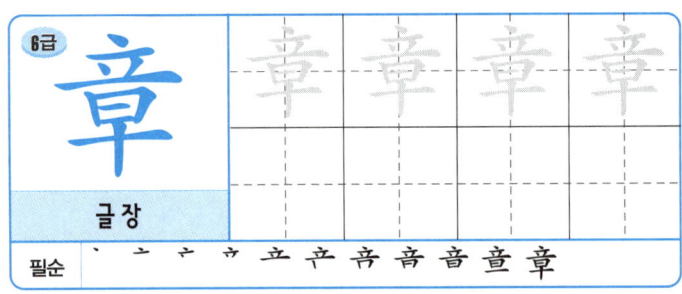
章 (글 장) — 6급
필순: `丶亠亠立产音音音章章`

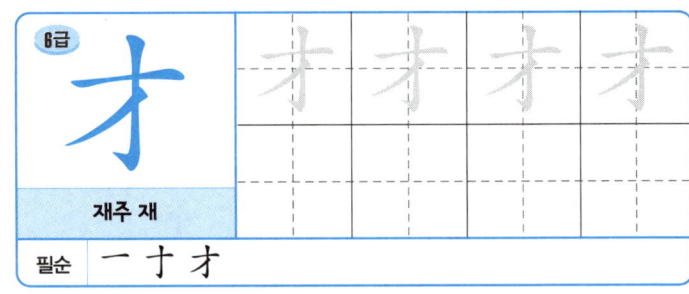
才 (재주 재) — 6급
필순: `一十才`

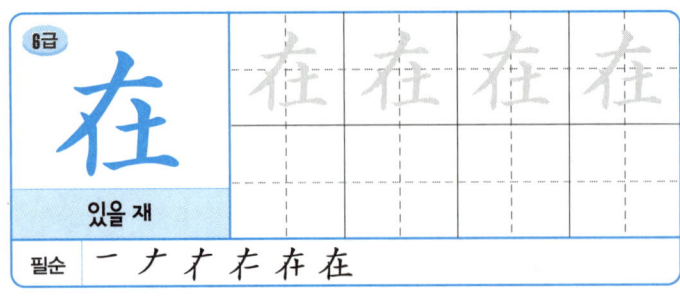
在 (있을 재) — 6급
필순: `一ナオ左在在`

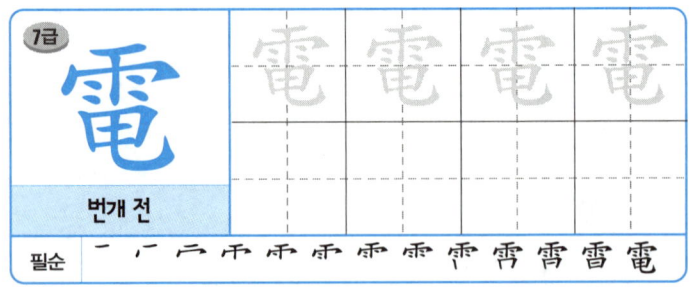
電 (번개 전) — 7급
필순: `一宀宀兩兩雨雨雨雷雷電`

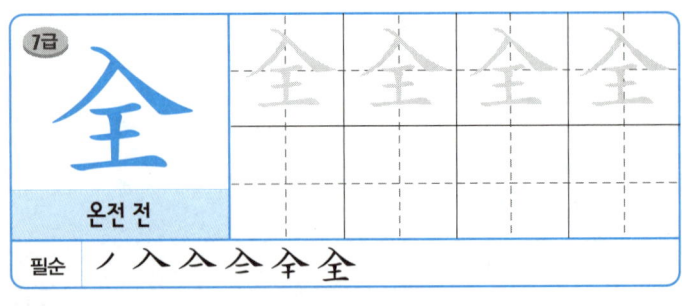
全 (온전 전) — 7급
필순: `丿入入全全全`

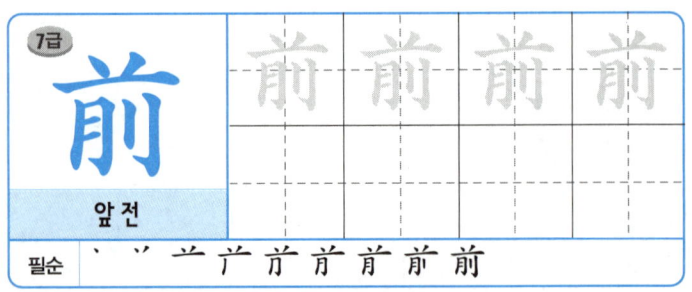
前 (앞 전) — 7급
필순: `丶丷宀广产前前前前`

300자 다지기

6급

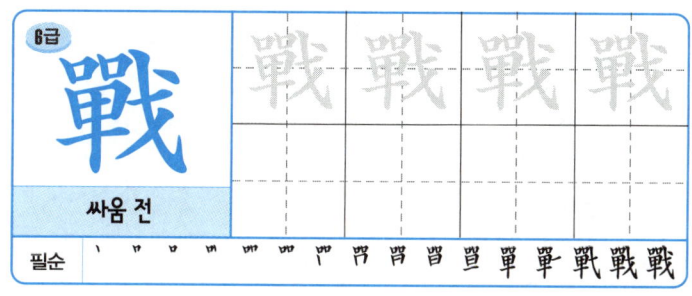
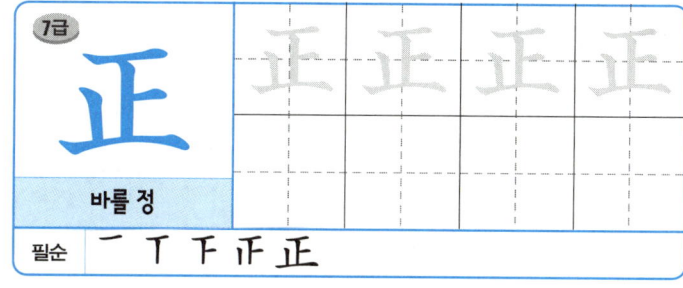
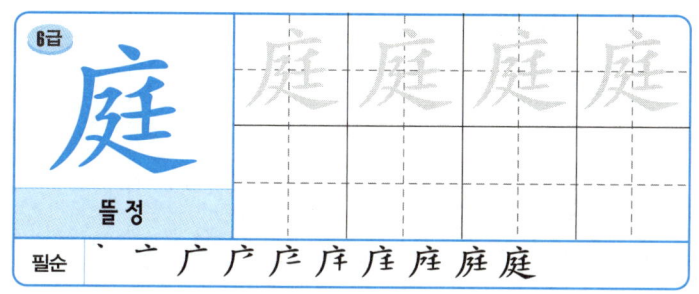
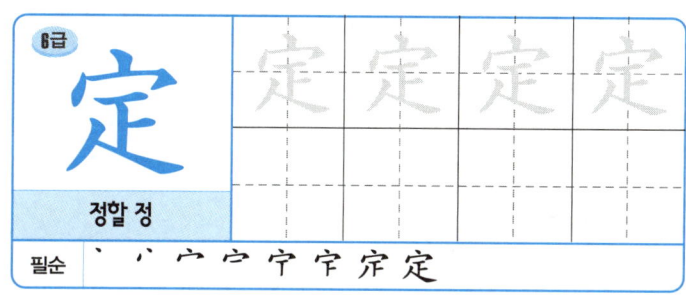
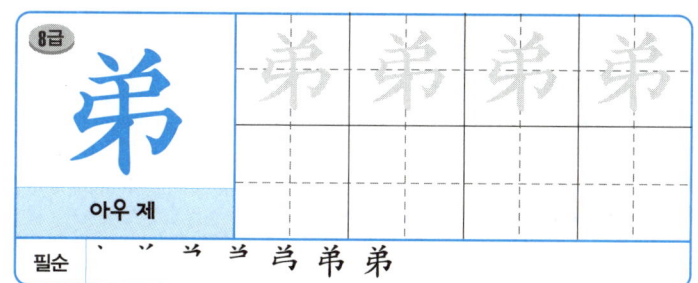
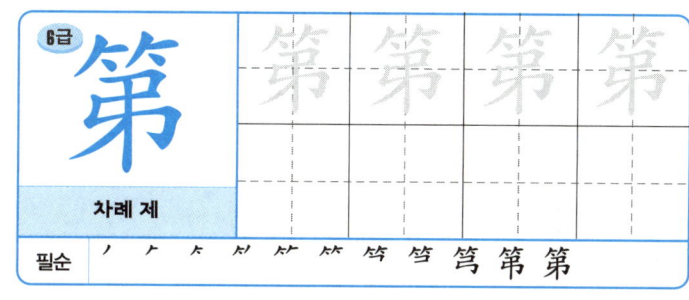
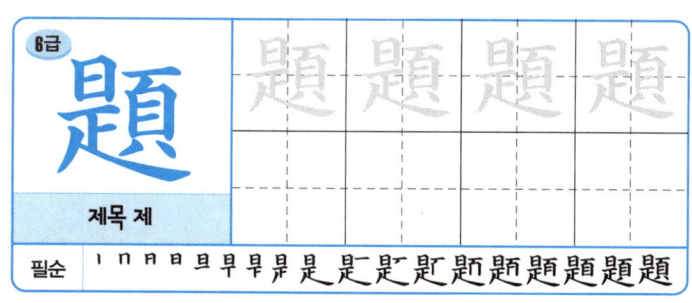
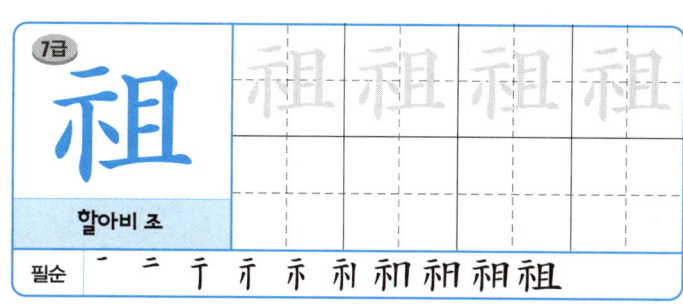
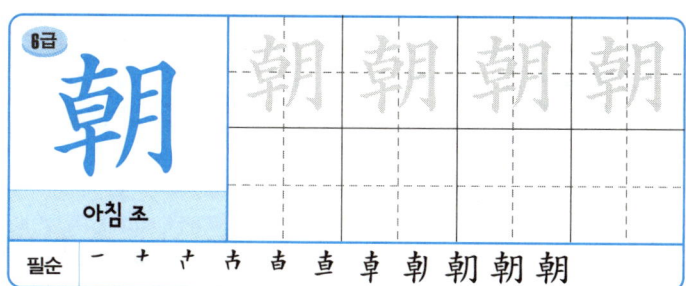
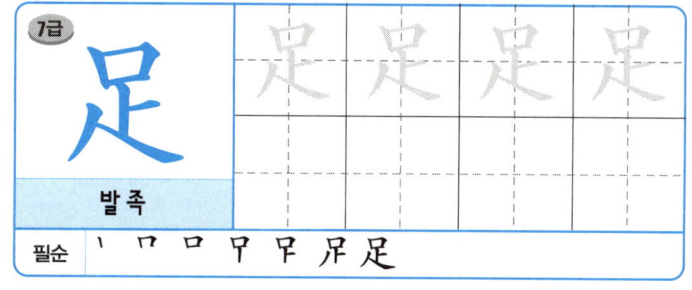
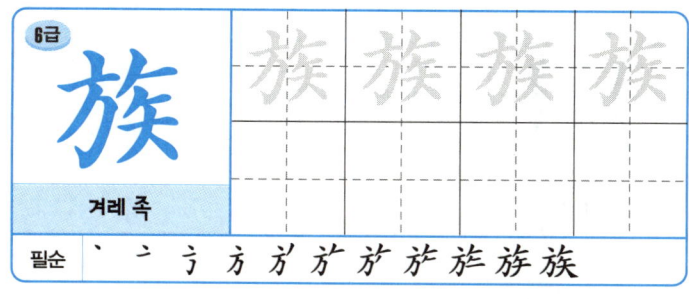
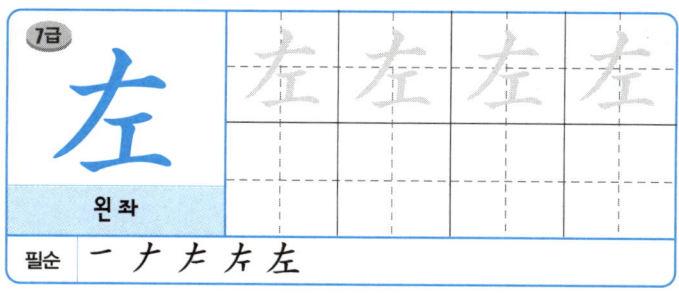

6급

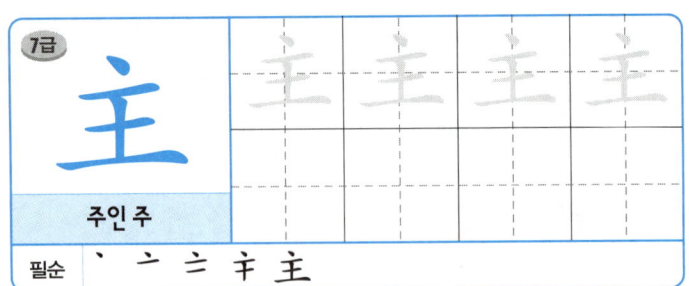
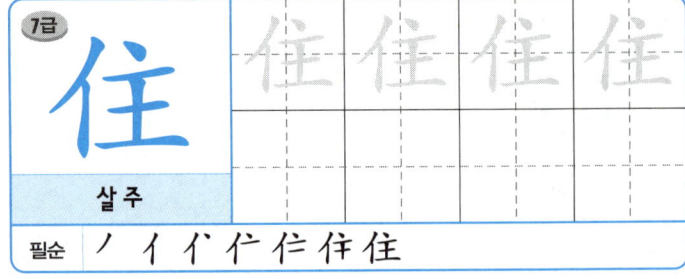
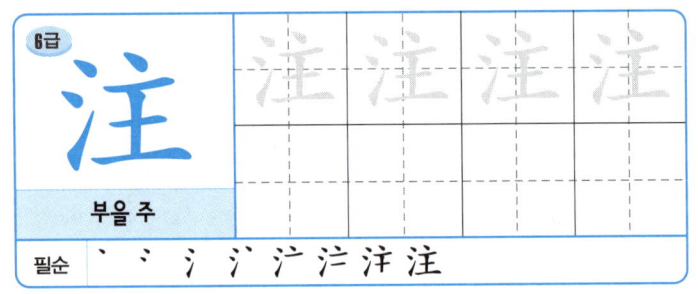
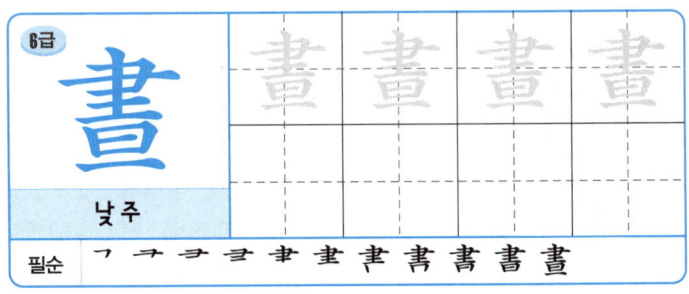
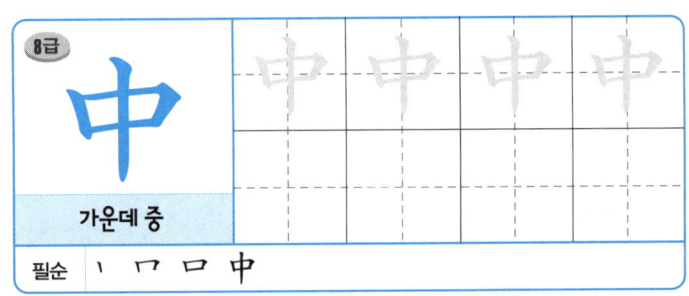
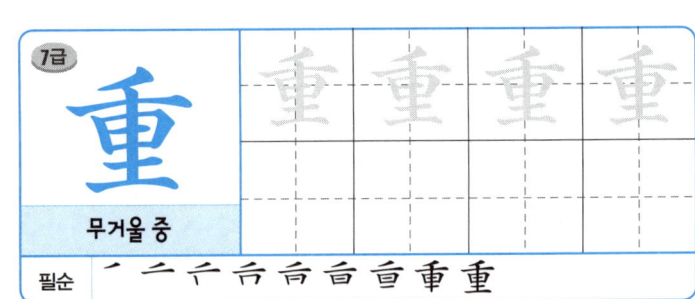
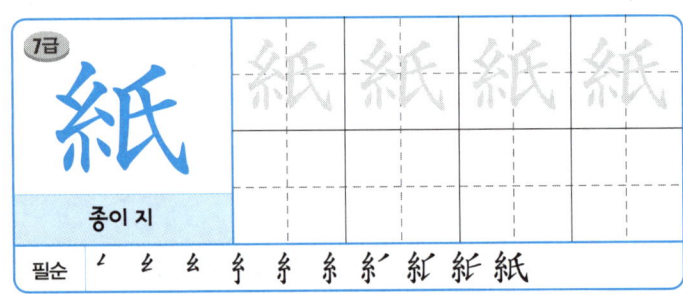
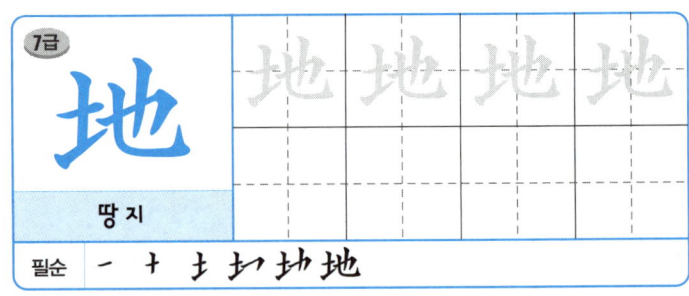
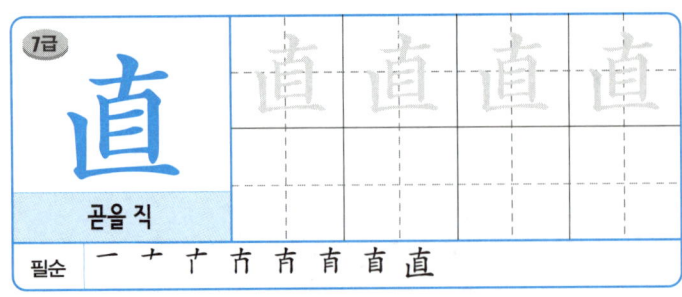
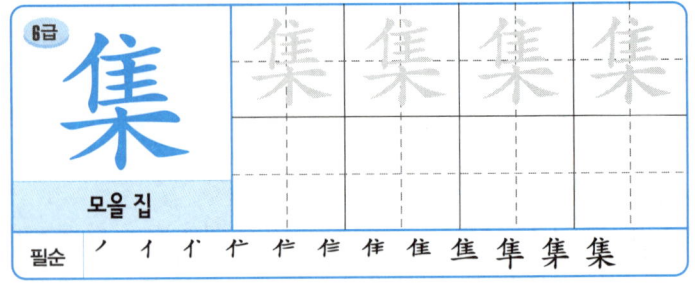
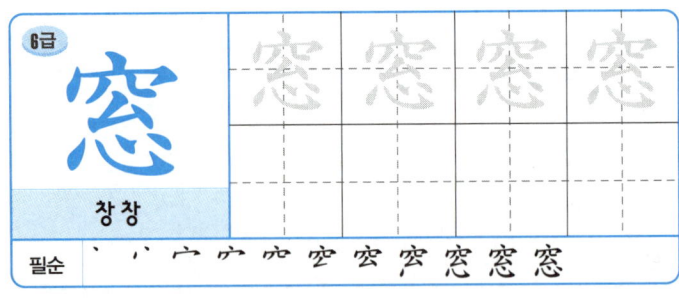
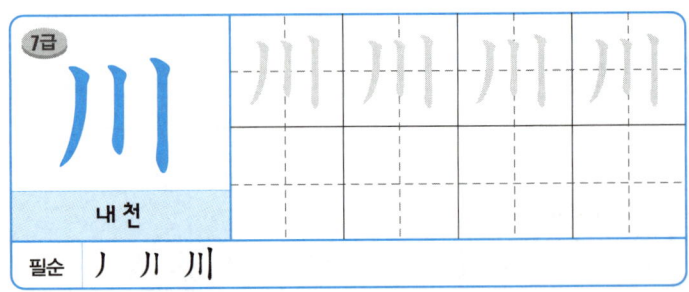

300자 다지기

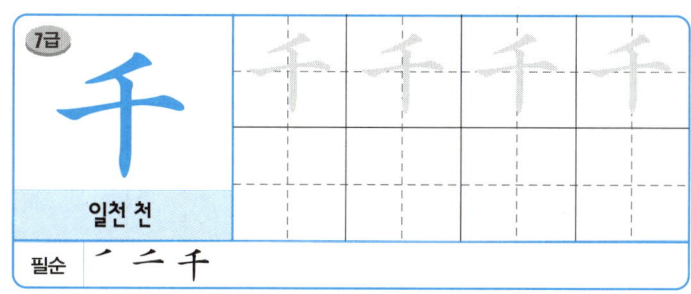
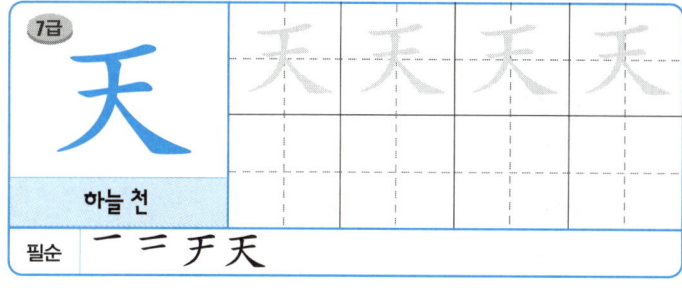
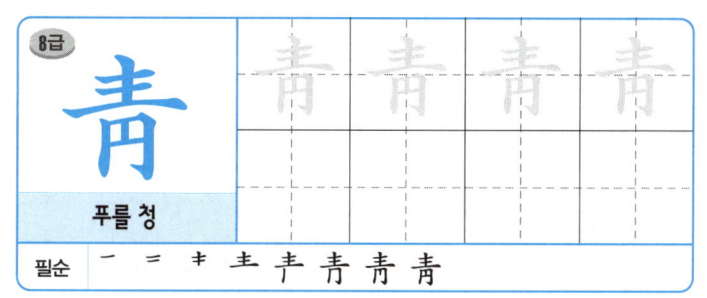
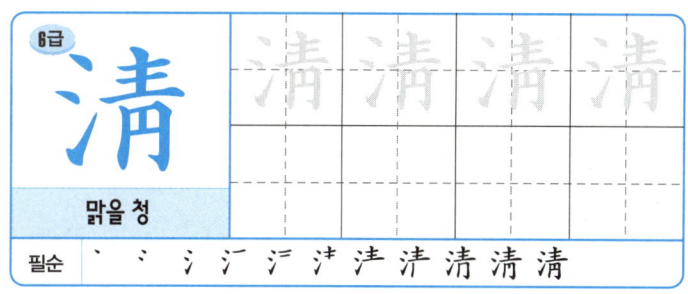
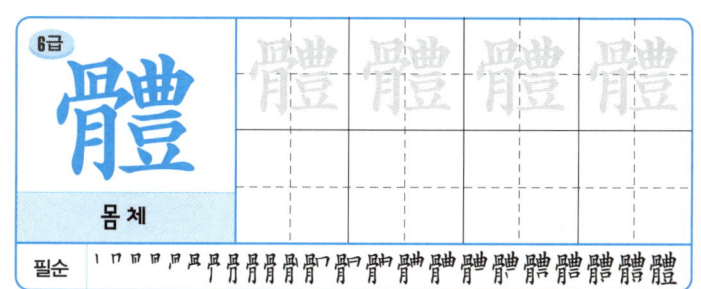
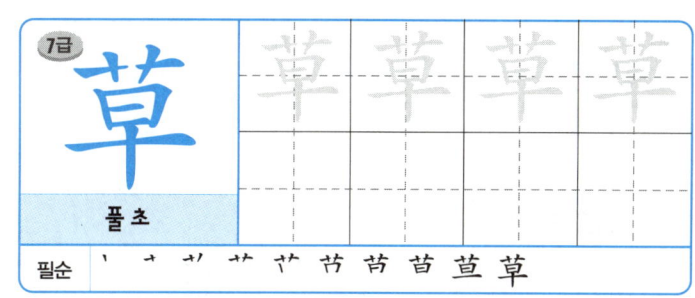
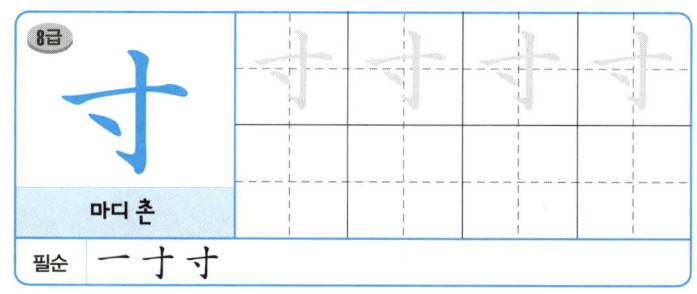
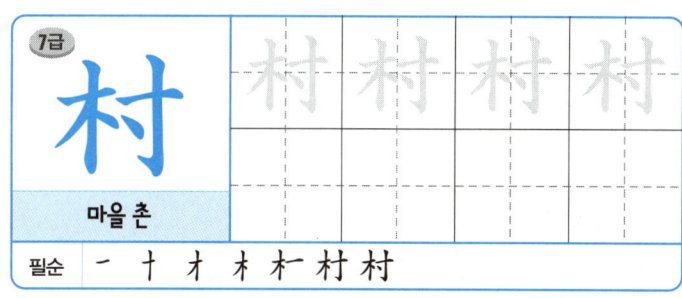
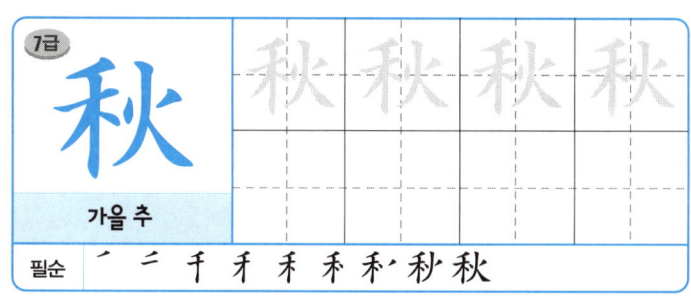
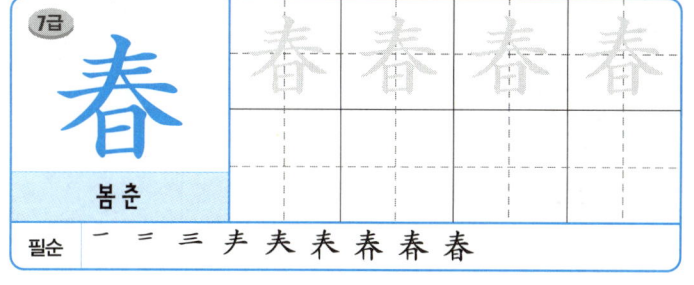
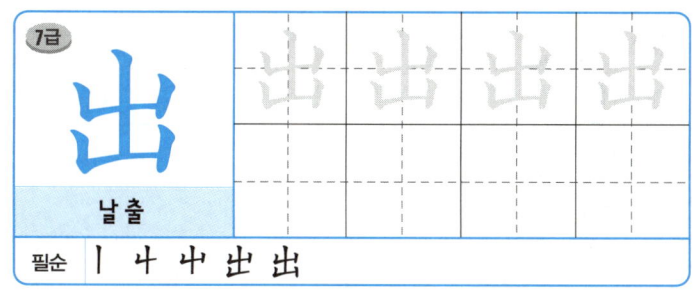
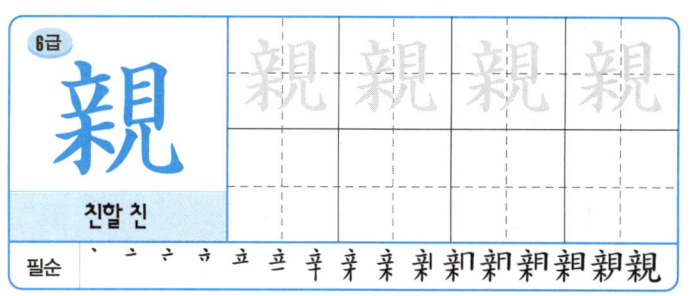

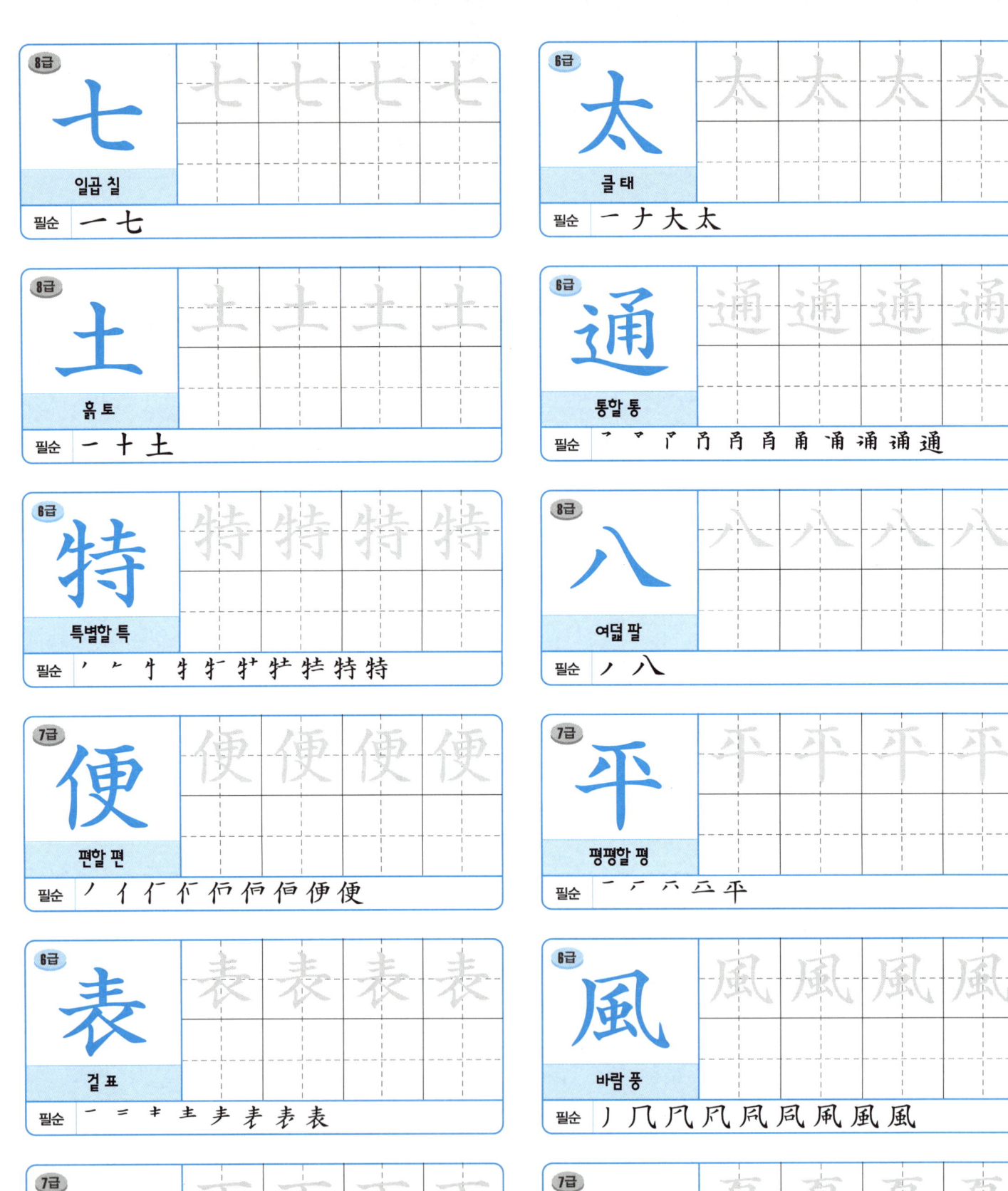

300자 다지기

6급

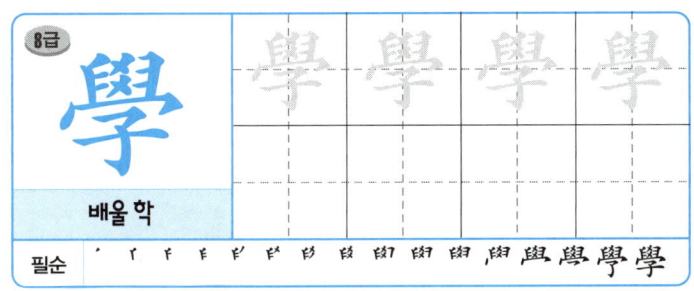
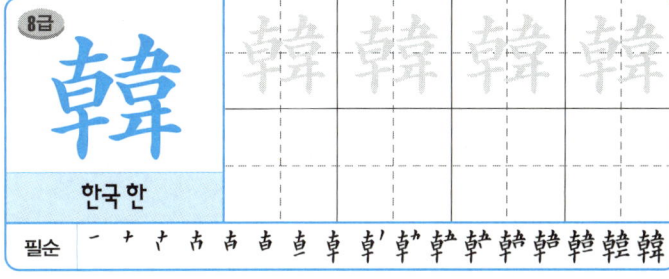
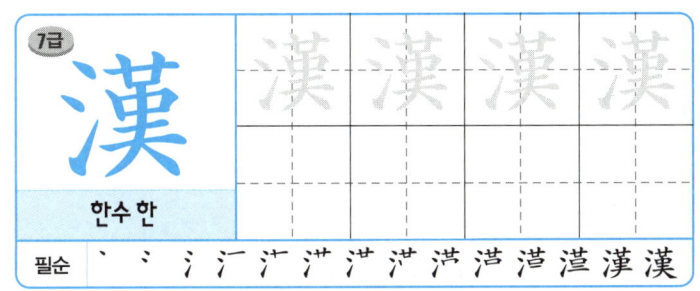
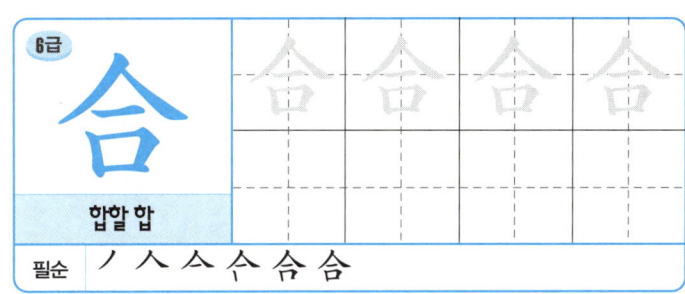
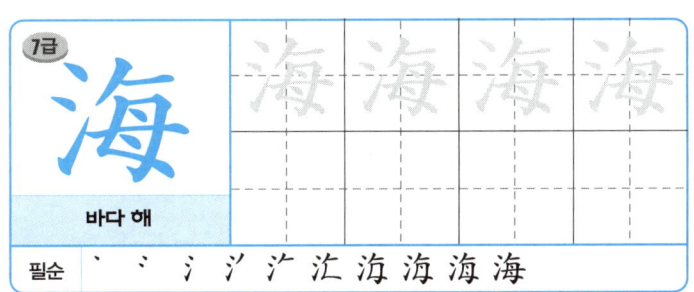
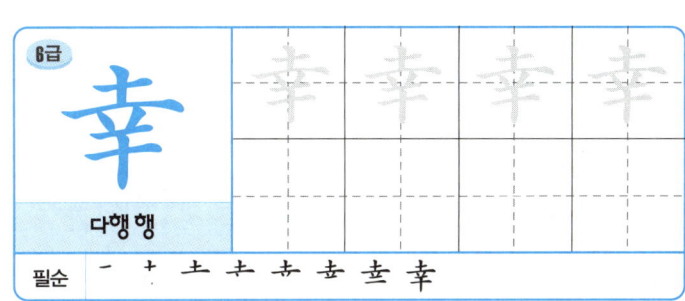
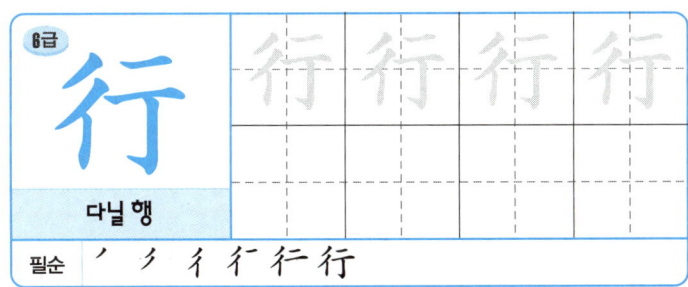
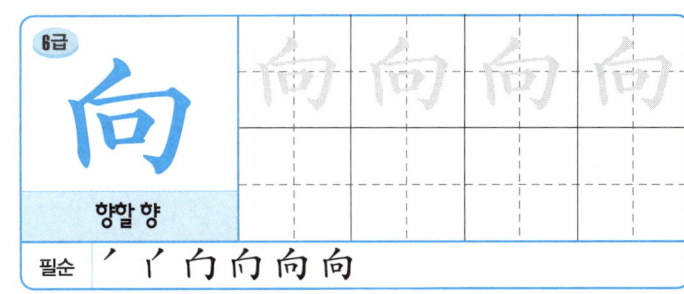
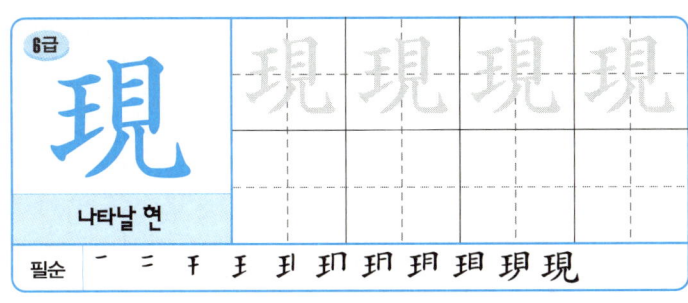
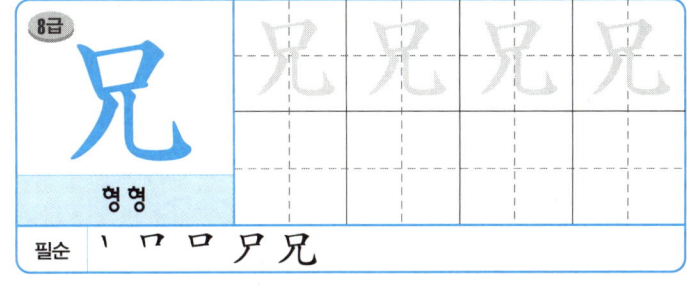
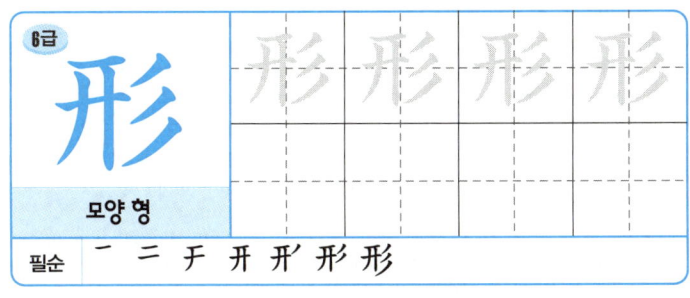
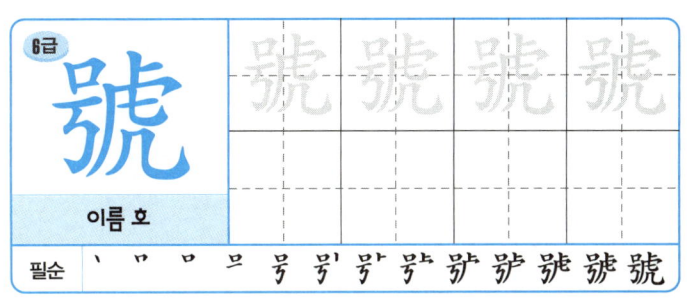

6급

6.급.배.정

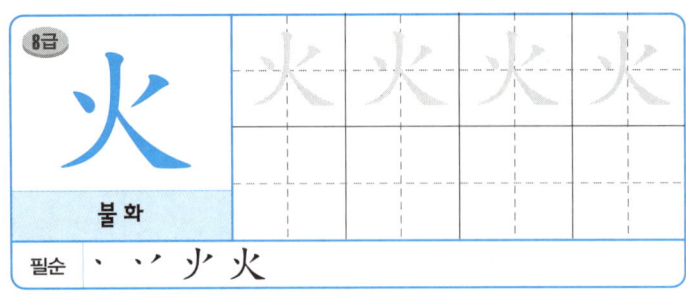
8급 火 불 화
필순: 、 ソ ソ 火

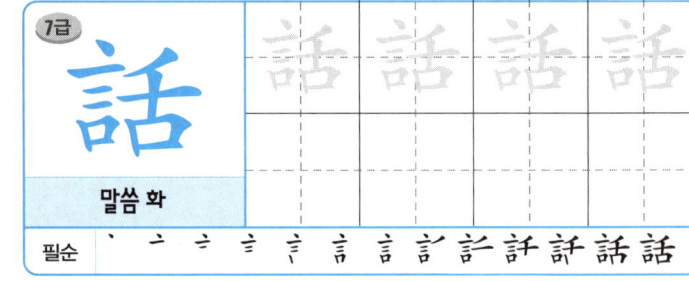
7급 話 말씀 화
필순: 、 二 + ÷ 言 言 言 訂 許 評 話 話

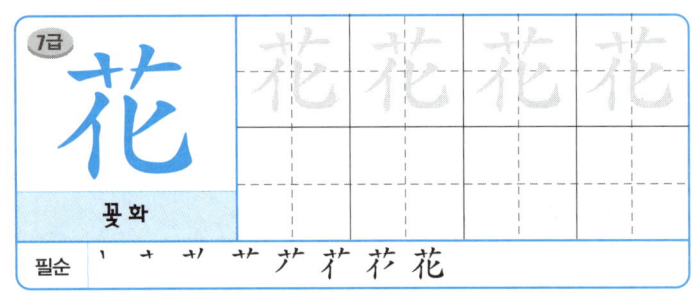
7급 花 꽃 화
필순: 、 + + ++ ++ ガ 花 花

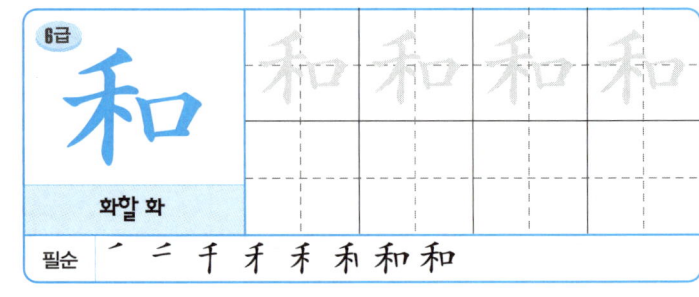
6급 和 화할 화
필순: 一 二 千 千 禾 禾 和 和

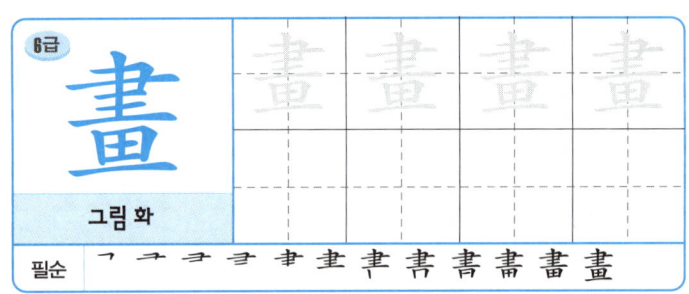
6급 畫 그림 화
필순: 一 ㄱ ㅋ ㅋ ヨ 丰 聿 聿 書 書 畵 畵 畫

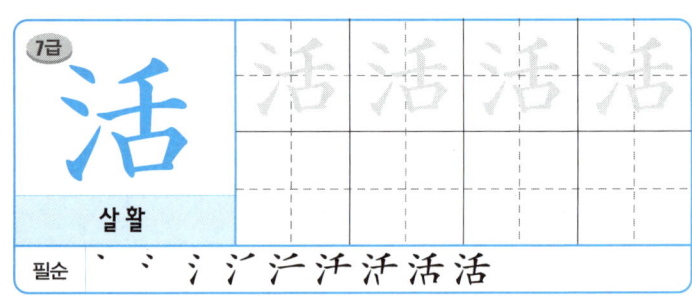
7급 活 살 활
필순: 、 丶 氵 汁 汗 汗 活 活 活

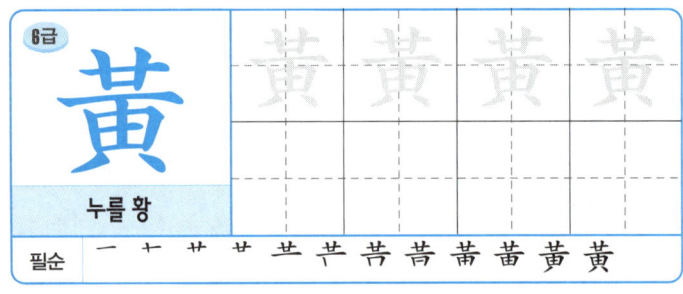
8급 黃 누를 황
필순: 一 + 土 廿 艹 芊 莳 茜 茜 黃 黃

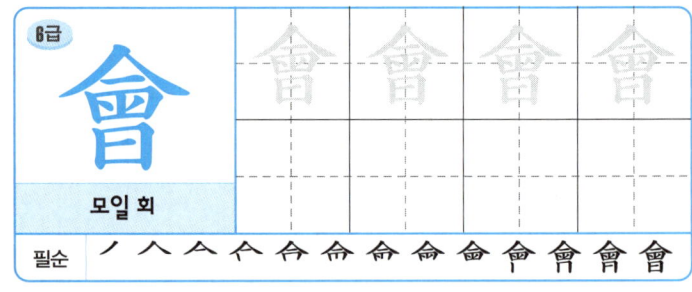
6급 會 모일 회
필순: 丿 人 人 스 스 合 命 命 命 會 會 會

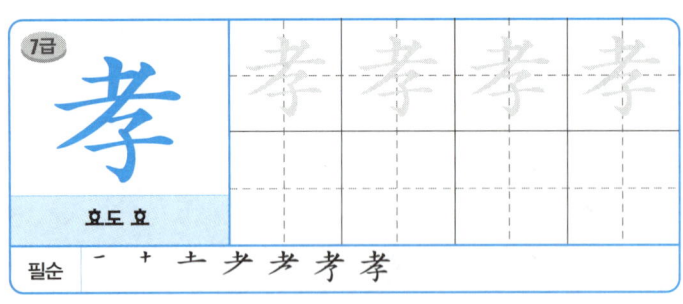
7급 孝 효도 효
필순: 一 + 土 耂 夬 孝 孝

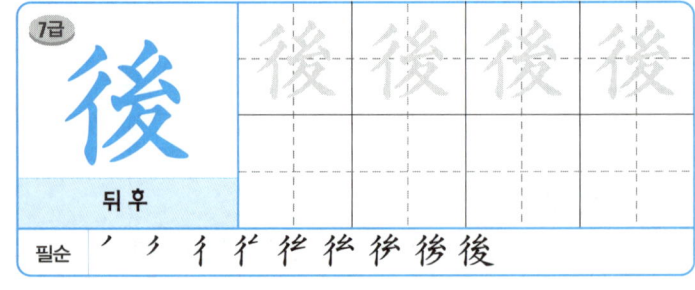
7급 後 뒤 후
필순: 丿 彳 彳 彳 彳 衫 後 後 後

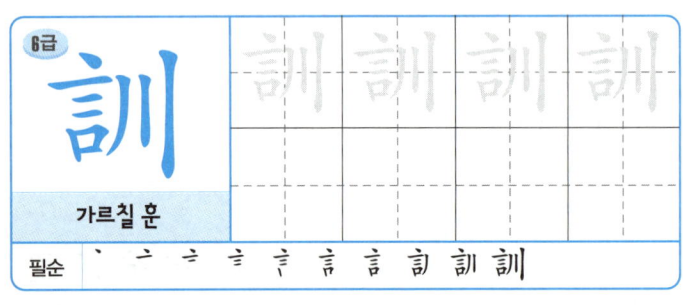
6급 訓 가르칠 훈
필순: 、 二 + 言 言 言 訂 訓 訓

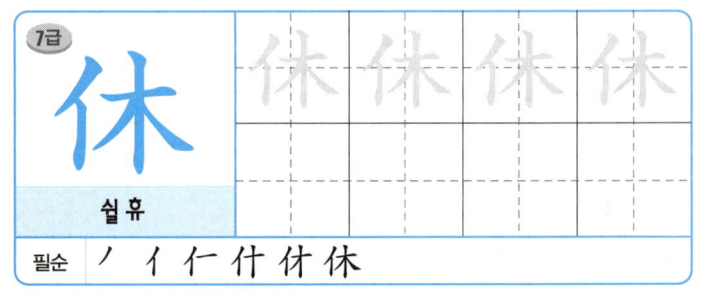
7급 休 쉴 휴
필순: 丿 亻 亻 什 什 休

필순(筆順) 익히기

한자의 쓰는 순서에는 다음과 같이 몇 가지 원칙이 있습니다.

1. 위에서부터 차례로 씁니다.

   丶 亠 亠 言 言 言

2. 왼쪽부터 차례로 씁니다.

   丿 川 川

3. 가로획을 세로획보다 먼저 씁니다.

   一 十 才 木

4. 좌우대칭에서 가운데 획을 먼저 씁니다.

   亅 刁 氺 水

5. 꿰뚫는 획은 나중에 씁니다.

   丶 冂 口 中

6. 꿰뚫는 획의 아래가 막히면 먼저 씁니다.

   丿 亠 匕 牛 生

7. 가로지르는 획은 나중에 씁니다.

   く 夊 女

8. 삐침(丿)은 파임(丶)보다 먼저 씁니다.

   丿 八 父 父

9. 바깥을 먼저 쓰고 안을 나중에 씁니다.

   丨 冂 冂 同 同 同

10. 오른쪽 위의 획은 맨 나중에 씁니다.

    一 ナ 大 犬

11. 아래를 감싼 획은 나중에 씁니다.

    乃 也 也

12. 받침은 맨 나중에 씁니다.

    丿 亻 斤 斤 斤 沂 沂 近

六書(육서) 익히기

한자의 형성을 설명하는 6가지 기본 원리

象形(상형) 문자	대부분 구체적인 사물의 모양을 본떠 만든 글자로 한자가 만들어진 가장 기본이 되는 원리입니다.

⛰ → 山 → 山   ☉ → ⊡ → 日

川 → 小 → 川   門 → 門 → 門

指事(지사) 문자	상형문자처럼 구체적인 모양을 나타낼 수 없는 개념이나 사상 등을 선이나 점으로 나타낸 글자를 말합니다.

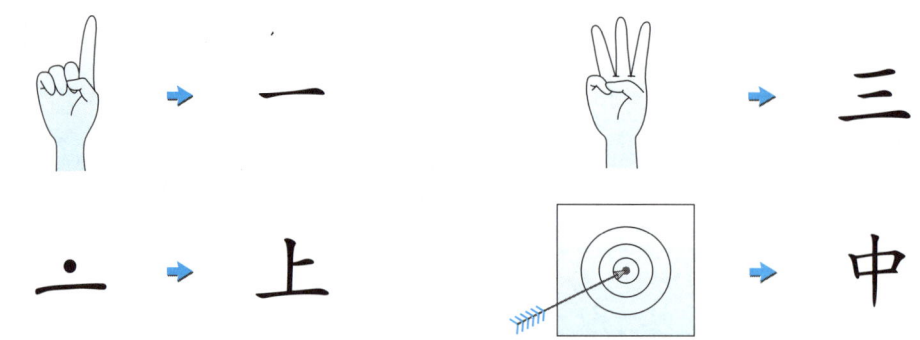

會意(회의) 문자	이미 만들어진 두 개 이상의 글자를 결합하여 새로운 의미를 갖는 한자를 만든 것을 말합니다.

木 + 木 = 林   日 + 月 = 明
(나무 목) (나무 목) (수풀 림)   (날 일) (달 월) (밝을 명)

宀 + 至 = 室   女 + 子 = 好
(집 면) (이를 지) (집 실)   (계집 녀) (아들 자) (좋을 호)

| 形聲(형성) 문자 | 이미 만들어진 글자를 합하여 한 쪽은 음(音)을 다른 한 쪽은 뜻(意)를 나타낸 글자를 말합니다. |

豆 + 頁 = 頭　　　耳 + 門 = 聞
(콩 두) (머리 혈) (머리 두)　　(귀 이) (문 문) (들을 문)

言 + 己 = 記　　　水 + 青 = 淸
(말씀 언) (몸 기) (기록할 기)　　(물 수) (푸를 청) (맑을 청)

| 轉注(전주) 문자 | 이미 완성된 글자의 뜻에서 다른 뜻으로 바꾸어 쓰는 글자로 한 글자에 여러 가지 뜻과 음이 있게 됩니다. |

樂　노래 악　音樂(음악)
　　즐길 락　快樂(쾌락)

惡　악할 악　害惡(해악)
　　미워할 오　憎惡(증오)

| 假借(가차) 문자 | 글자의 뜻과는 상관없이 소리가 같거나 형태가 비슷한 글자를 빌려 쓰는 것으로 외래어 등을 표현할 때 사용됩니다. |

亞細亞(아세아)　　歐羅巴(구라파)

佛蘭西(불란서)　　印度(인도)

部首(부수) 익히기

부수는 위치에 따라 여덟 가지 형태로 구분됩니다.

변(邊) 부수가 글자의 왼쪽에 있는 것

亻 사람인변	仁(어질 인)	代(대신할 대)	件(사건 건)
氵 삼수변	江(강 강)	法(법 법)	油(기름 유)
言 말씀언변	計(셀 계)	記(기록할 기)	訓(가르칠 훈)

방(傍) 부수가 글자의 오른쪽에 있는 것

刂 선칼도방	利(이할 리)	刊(새길 간)	前(앞 전)
阝 우부방	郡(고을 군)	部(떼 부)	邦(나라 방)
卩 병부절	印(도장 인)	卯(토끼 묘)	却(물리칠 각)

머리(頭) 부수가 글자의 윗부분에 있는 것

亠 돼지해머리	交(사귈 교)	亡(망할 망)	京(서울 경)
艹 초두머리	花(꽃 화)	草(풀 초)	苦(쓸 고)
宀 갓머리	守(지킬 수)	宇(집 우)	安(편안 안)

발(脚) 부수가 글자의 아래쪽에 있는 것

儿 어진사람인발	兄(형 형)	光(빛 광)	元(으뜸 원)
灬 연화발	然(그럴 연)	烏(까마귀 오)	無(없을 무)
皿 그릇명	益(더할 익)	盛(성할 성)	盡(다할 진)

| 엄(广) | 부수가 글자의 왼쪽과 위쪽을 에워싸고 있는 것 |

厂 민엄호　　原(언덕 원)　厚(두터울 후)　厄(재앙 액)
广 엄호　　　庭(뜰 정)　　序(차례 서)　　度(법도 도)
虍 범호엄　　虎(범 호)　　處(곳 처)　　　虛(빌 허)

| 받침 | 부수가 글자의 왼쪽과 아랫부분을 에워싸고 있는 것 |

辶 책받침　　近(가까울 근)　送(보낼 송)　迎(맞을 영)
廴 민책받침　建(세울 건)　　延(늘일 연)　廷(조정 정)

| 몸(構) | 부수가 글자 전체를 에워싸고 있는 것 |

口 큰입구몸　　四(넉 사)　　　國(나라 국)　固(굳을 고)
門 문문　　　　間(사이 간)　　開(열 개)　　聞(들을 문)
匚 감출혜몸　　區(구분할 구)　匹(짝 필)　　医(의원 의)
凵 위터진입구　出(날 출)　　　凶(흉할 흉)

| 제부수 | 부수가 그대로 글자로 쓰이는 것 |

馬 말 마　　角 뿔 각　　車 수레 거
鼻 코 비　　夕 저녁 석　豆 콩 두
行 다닐 행　風 바람 풍　鳥 새 조

6급 한자 익히기

상대어 / 반의어

教 ↔ 學	南 ↔ 北	分 ↔ 合	內 ↔ 外
가르칠 교 / 배울 학	남녘 남 / 북녘 북	나눌 분 / 합할 합	안 내 / 바깥 외

大 ↔ 小	多 ↔ 少	老 ↔ 少	問 ↔ 答
큰 대 / 작을 소	많을 다 / 적을 소	늙을 로 / 젊을 소	물을 문 / 대답 답

父 ↔ 子	上 ↔ 下	水 ↔ 火	手 ↔ 足
아비 부 / 아들 자	윗 상 / 아래 하	물 수 / 불 화	손 수 / 발 족

日 ↔ 月	男 ↔ 女	前 ↔ 後	左 ↔ 右
해 일 / 달 월	사내 남 / 계집 녀	앞 전 / 뒤 후	왼 좌 / 오른 우

天 ↔ 地	春 ↔ 秋	出 ↔ 入	兄 ↔ 弟
하늘 천 / 땅 지	봄 춘 / 가을 추	날 출 / 들 입	형 형 / 아우 제

戰 ↔ 和	強 ↔ 弱	長 ↔ 短	朝 ↔ 夕
싸움 전 / 화할 화	강할 강 / 약할 약	긴 장 / 짧을 단	아침 조 / 저녁 석

遠 ↔ 近	生 ↔ 死	古 ↔ 今	苦 ↔ 樂
멀 원 / 가까울 근	날 생 / 죽을 사	예 고 / 이제 금	쓸 고 / 즐길 락

同 ↔ 別	各 ↔ 合	消 ↔ 現
한가지 동 / 다를 별	각각 각 / 합할 합	사라질 소 / 나타날 현

유의어

家	室	堂
집 가	집 실	집 당

算	數	計
셈 산	셈 수	셀 계

言	語	話
말씀 언	말씀 어	말씀 화

文	章	書
글월 문	글 장	글 서

社	集	合
모일 사	모을 집	합할 합

度	例	式
법도 도	법식 례	법 식

安	便
편안 안	편할 편

生	出
날 생	날 출

地	土
땅 지	흙 토

邑	洞
고을 읍	골 동

里	村
마을 리	마을 촌

小	少
작을 소	적을 소

正	直
바를 정	곧을 직

先	前
먼저 선	앞 전

住	活
살 주	살 활

教	訓
가르칠 교	가르칠 훈

親	近
친할 친	가까울 근

道	路
길 도	길 로

圖	畫
그림 도	그림 화

身	體
몸 신	몸 체

永	遠
길 영	멀 원

服	衣
옷 복	옷 의

樹	木
나무 수	나무 목

集	會
모을 집	모일 회

外	表
바깥 외	겉 표

開	放
열 개	놓을 방

公	平
공평할 공	평평할 평

庭	園
뜰 정	동산 원

分	班
나눌 분	나눌 반

別	區
다를 별	구분할 구

海	洋
바다 해	큰바다 양

根	本
뿌리 근	근본 본

陽	光
볕 양	빛 광

共	同
한가지 공	한가지 동

急	速
급할 급	빠를 속

等	級
무리 등	등급 급

6급 한자 익히기

名	號	事	業	消	失	運	動	有	在
이름 명	이름 호	일 사	업 업	사라질 소	잃을 실	옮길 운	움직일 동	있을 유	있을 재

大	太	午	晝	永	長	歌	樂	界	區
큰 대	클 태	낮 오	낮 주	길 영	긴 장	노래 가	노래 악	지경 계	구분할 구

番	第	術	才
차례 번	차례 제	재주 술	재주 재

모양이 닮은 한자

人	入	八	每	母	海	本	木	不
사람 인	들 입	여덟 팔	매양 매	어미 모	바다 해	근본 본	나무 목	아닐 불

靑	春	淸	老	孝	者	書	晝	畵
푸를 청	봄 춘	맑을 청	늙을 로	효도 효	놈 자	글 서	낮 주	그림 화

百	白	自	目	間	問	開	聞
일백 백	흰 백	스스로 자	눈 목	사이 간	물을 문	열 개	들을 문

金	全	寸	村	水	永	車	軍
쇠 금	온전 전	마디 촌	마을 촌	물 수	길 영	수레 거	군사 군

| 王 임금 왕 | 主 주인 주 | 住 살 주 | 注 부을 주 | 動 움직일 동 | 重 무거울 중 | 子 아들 자 | 字 글자 자 |

| 千 일천 천 | 午 낮 오 | 天 하늘 천 | 夫 지아비 부 | 文 글월 문 | 父 아비 부 | 江 강 강 | 工 장인 공 |

| 植 심을 식 | 直 곧을 직 | 樂 즐길 락 | 藥 약 약 | 有 있을 유 | 育 기를 육 | 今 이제 금 | 分 나눌 분 |

| 待 기다릴 대 | 特 특별할 특 | 度 법도 도 | 席 자리 석 | 陽 볕 양 | 場 마당 장 | 弟 아우 제 | 第 차례 제 |

| 音 소리 음 | 意 뜻 의 | 昨 어제 작 | 作 지을 작 | 油 기름 유 | 由 말미암을 유 | 成 이룰 성 | 感 느낄 감 |

| 圖 그림 도 | 園 동산 원 | 在 있을 재 | 左 왼 좌 | 石 돌 석 | 右 오른 우 | 光 빛 광 | 米 쌀 미 |

| 計 셀 계 | 訓 가르칠 훈 |

한자성어

각인각색	사람마다 제각각 특색이 있음

各 人 各 色

견물생심	물건을 보면 욕심이 생김

見 物 生 心

공명정대	조금도 사사로움이 없이 바름

公 明 正 大

구사일생	죽을 고비를 여러 번 넘기고 살아남

九 死 一 生

남남북녀	잘생긴 사람이 남자는 남쪽에 여자는 북쪽에 많다는 말

南 男 北 女

남녀노소	남자, 여자, 늙은이, 젊은이를 함께 이르는 말

男 女 老 少

다정다감	정이 많고 느낌이 많음

多 情 多 感

대대손손	대대로 내려오는 자손

代 代 孫 孫

동고동락	함께 고생도 하고 즐거움도 나눔

同 苦 同 樂

동문서답	질문에 적절한 대답을 하지 않고 엉뚱한 대답을 함

東 問 西 答

양약고구	좋은 약은 입에 씀

良 藥 苦 口

만고불변	오랜 세월을 두고 변하지 않음

萬 古 不 變

명명백백	의심의 여지가 없이 매우 분명함

明 明 白 白

명산대천	이름난 산과 큰 내를 이르는 것으로 자연 경관이 빼어난 곳

名 山 大 川

문전성시	사람들로 매우 붐비는 모습을 비유

門 前 成 市

백년대계	먼 장래를 내다보고 세우는 계획

百 年 大 計

한자성어

백면서생	글만 읽어서 세상 물정에 어두운 사람

白 面 書 生

백발백중	백번 쏘아 백번 모두 정확히 맞힘

百 發 百 中

백의민족	흰 옷을 즐겨 입는 우리 민족을 말함

白 衣 民 族

백전백승	싸울 때마다 번번이 다 이김

百 戰 百 勝

불로장생	늙지 않고 오래 삶

不 老 長 生

불원천리	천리도 멀다고 여기지 않음

不 遠 千 里

부자유친	아버지와 아들 사이에는 친함이 있어야 한다.

父 子 有 親

사방팔방	모든 방향을 함께 이르는 말

四 方 八 方

산 고 수 장	산은 높고 물은 영원히 흐른다는 뜻

山 高 水 長

산 전 수 전	세상일의 온갖 고난을 겪은 경험

山 戰 水 戰

산 천 초 목	산과 내와 풀과 나무 즉 자연을 이르는 말

山 川 草 木

삼 삼 오 오	서너 명이나 대여섯 명의 사람들이 무리지어 다니거나 어떤 일을 하는 모습

三 三 五 五

삼 일 천 하	잠시 정권을 잡았다가 얼마 지나지 않아 실패함을 이르는 말

三 一 天 下

상 하 좌 우	위와 아래 왼쪽 오른쪽을 이르는 말

上 下 左 右

생 로 병 사	태어나서 늙고 병들고 죽는 것

生 老 病 死

생 사 고 락	삶과 죽음, 괴로움과 즐거움

生 死 苦 樂

한자성어

세상만사	세상에서 일어나는 모든 일을 말함

世 上 萬 事

신토불이	몸과 땅은 둘이 아니고 하라는 뜻

身 土 不 二

십중팔구	열 중 여덟이나 아홉은 그러하다는 의미로 거의 틀림없다는 말

十 中 八 九

요산요수	산을 좋아하고 물을 좋아함

樂 山 樂 水

월하노인	중국에서 유래한 말로 부부의 연을 맺어주는 중매쟁이 노인을 말함

月 下 老 人

인명재천	사람의 목숨은 하늘의 뜻에 달려있다는 뜻

人 命 在 天

인사불성	정신을 잃고 의식이 없음

人 事 不 省

인산인해	사람들이 아주 많아 산과 바다처럼 보이는 상태

人 山 人 海

일구이언	한 입으로 두 말을 함

一 口 二 言

일문일답	한 번의 물음에 한 번씩 대답함

一 問 一 答

일심동체	여러 사람이 한 사람처럼 마음을 합침

一 心 同 體

일일삼성	하루에 세 번 스스로를 살핌

一 日 三 省

일일삼추	하루가 삼 년 같다는 뜻으로 매우 지루함을 말함

一 日 三 秋

일장일단	장점도 있고 단점도 있음

一 長 一 短

일조일석	하루 아침이나 하루 저녁

一 朝 一 夕

입신출세	입신하여 세상에 이름을 날림

立 身 出 世

한자성어

자 문 자 답	스스로 묻고 스스로 대답함

自 問 自 答

자 수 성 가	스스로의 힘으로 성공을 이룸

自 手 成 家

자 유 자 재	구속이나 제한이 없이 마음대로 할 수 있음

自 由 自 在

작 심 삼 일	결심한 일이 삼일을 넘기지 못함

作 心 三 日

전 광 석 화	매우 짧거나 빠른 동작을 비유한 말

電 光 石 火

전 후 좌 우	앞, 뒤, 왼쪽, 오른쪽을 모두 이름

前 後 左 右

좌 지 우 지	제 마음대로 다루거나 휘두름

左 之 右 之

주 야 장 천	밤낮 쉬지 않고 잇달은다는 뜻

晝 夜 長 川

천만다행	위험이 있었지만 쉽게 넘김

千萬多幸

천하제일	세상에 견줄만한 것이 없이 최고임

天下第一

청천백일	환하게 밝은 대낮

靑天白日

청풍명월	맑은 바람과 밝은 달

淸風明月

초록동색	이름은 달라도 성질은 같다는 뜻

草綠同色

춘하추동	봄, 여름, 가을, 겨울을 함께 이르는 말

春夏秋冬

팔방미인	여러 방면으로 재주가 뛰어난 사람

八方美人

훈민정음	세종대왕께서 만든 한글의 처음 이름

訓民正音

주의하여 읽기

두음법칙

단어의 첫소리에 'ㄴ'이나 'ㄹ'이 오는 것을 꺼리는 현상으로 이런 한자어가 단어의 맨 처음에 올 때는 다음과 같이 표기합니다.

女 (계집 녀)
- 母女 (모녀)
- 女人 (여인)

女가 맨 앞에 올 때는 '여'로 읽습니다.

年 (해 년)
- 生年 (생년)
- 年金 (연금)

年이 맨 앞에 올 때는 '연'으로 읽습니다.

禮 (예도 례)
- 目禮 (목례)
- 禮物 (예물)

禮가 맨 앞에 올 때는 '예'로 읽습니다.

老 (늙을 로)
- 長老 (장로)
- 老人 (노인)

老가 맨 앞에 올 때는 '노'로 읽습니다.

숫자가 달을 나타낼 때

숫자 六과 十을 달로 나타낼 때는 원래의 소리로 나타내지 않고 다음과 같이 소리 나는 대로 나타냅니다.

六 (여섯 륙) → 六月 (유월)   十 (열 십) → 十月 (시월)

두 가지 음으로 읽는 한자

車
- 수레 거 / 人力車(인력거)
- 차 차 / 下車(하차)

金
- 쇠 금 / 萬金(만금)
- 성 김 / 金氏(김씨)

度
- 법도 도 / 角度(각도)
- 헤아릴 탁 / 度地(탁지)

讀
- 읽을 독 / 速讀(속독)
- 구절 두 / 讀點(두점)

洞
- 골 동 / 洞內(동내)
- 밝을 통 / 洞開(통개)

不
- 아닐 불 / 不問(불문)
- 아닐 부 / 不正(부정)

北
- 북녘 북 / 南北(남북)
- 달아날 배 / 敗北(패배)

省
- 살필 성 / 反省(반성)
- 덜 생 / 省略(생략)

樂
- 즐길 락 / 樂園(낙원)
- 노래 악 / 音樂(음악)

便
- 편할 편 / 便安(편안)
- 똥오줌 변 / 便所(변소)

行
- 다닐 행 / 行動(행동)
- 항렬 항 / 行列(항렬)

畫
- 그림 화 / 名畫(명화)
- 그을 획 / 畫數(획수)

132　한자 익히기

6급 II 기출 예상문제 제1회

〈제한시간 50분〉

1 다음 漢字語의 讀音을 쓰세요. [(1)~(32)]

例
漢字 → 한자

(1) 病苦   (2) 新聞
(3) 感動   (4) 合計
(5) 特別   (6) 頭角
(7) 衣服   (8) 成事
(9) 共同   (10) 多讀
(11) 理科   (12) 高等
(13) 區分   (14) 農夫
(15) 交代   (16) 工場
(17) 勝戰   (18) 數式
(19) 姓名   (20) 飮食
(21) 重油   (22) 便安
(23) 神通   (24) 始作
(25) 放火   (26) 每番
(27) 運命   (28) 野心
(29) 使者   (30) 書藝
(31) 根本   (32) 強度

2 다음 漢字의 訓과 音을 쓰세요. [(33)~(61)]

例
字 → 글자 자

(33) 和   (34) 色
(35) 速   (36) 省
(37) 美   (38) 英
(39) 樹   (40) 溫
(41) 目   (42) 消
(43) 林   (44) 由
(45) 部   (46) 歌
(47) 待   (48) 祖
(49) 才   (50) 用
(51) 在   (52) 愛
(53) 發   (54) 然
(55) 古   (56) 表
(57) 育   (58) 功
(59) 禮   (60) 術
(61) 有

3 다음 밑줄 친 漢字語를 漢字로 쓰세요. [(62)~(71)]

> 例: 한자 → 漢字

(62) 도시를 떠나 청산에 살고 싶다.

(63) 백군과 청군의 응원이 볼만했다.

(64) 부녀지간에 사이가 좋았다.

(65) 세월을 일월이라고도 한다.

(66) 교실에서는 조용히 하자.

(67) 모교의 선생님을 만났다.

(68) 강당에 학생들이 매우 많다.

(69) 선왕의 뜻을 받들어 백성을 아꼈다.

(70) 그는 만민의 존경을 받았다.

(71) 남북으로 큰 도로가 뚫렸다.

4 뜻이 서로 반대(상대)되는 漢字를 例(예)에서 골라 그 번호를 쓰세요. [(72)~(73)]

> 例: ①入 ②行 ③七 ④朝

(72) ( ) ↔ 夕

(73) 出 ↔ ( )

5 다음 漢字語의 알맞은 뜻을 쓰세요. [(74)~(75)]

(74) 晝夜

(75) 遠近

6 다음 ( ) 안에 들어갈 漢字를 例(예)에서 찾아 번호를 쓰세요. [(76)~(77)]

> 例: ①音 ②席 ③所 ④窓

(76) 주( )를 가지고 집을 찾아갔다.

(77) ( )문을 열고 청소를 한다.

7 다음 漢字의 ㉠획은 몇 번째 쓰는지 例(예)에서 찾아 그 번호를 쓰세요. (화살표는 ㉠획의 위치와 더불어 획을 쓰는 방향을 나타냅니다.) [(78)~(80)]

> 例: ①첫 번째 ②두 번째 ③세 번째
> ④네 번째 ⑤다섯 번째 ⑥여섯 번째
> ⑦일곱 번째 ⑧여덟 번째 ⑨아홉 번째

(78) 來

(79) 家

(80) 永

6급 II 한자능력검정시험 기출 예상문제 제2회

〈제한시간 50분〉

1 다음 漢字語의 讀音을 쓰세요. [(1)~(32)]

例	漢字 → 한자

(1) 發表　　(2) 工場
(3) 空氣　　(4) 共同
(5) 百姓　　(6) 靑色
(7) 特別　　(8) 野球
(9) 平和　　(10) 成功
(11) 反省　　(12) 世界
(13) 春秋　　(14) 歌手
(15) 日記　　(16) 農業
(17) 作家　　(18) 上席
(19) 美男　　(20) 理由
(21) 感動　　(22) 書堂
(23) 自習　　(24) 江山
(25) 地圖　　(26) 樹木
(27) 不安　　(28) 使用
(29) 道路　　(30) 草綠
(31) 金銀　　(32) 市民

2 다음 漢字의 훈(訓)과 음(音)을 쓰세요. [(33)~(61)]

例	字 → 글자 자

(33) 來　　(34) 禮
(35) 部　　(36) 雪
(37) 在　　(38) 形
(39) 待　　(40) 行
(41) 話　　(42) 信
(43) 食　　(44) 土
(45) 代　　(46) 童
(47) 間　　(48) 計
(49) 淸　　(50) 重
(51) 京　　(52) 孝
(53) 洋　　(54) 運
(55) 育　　(56) 速
(57) 黃　　(58) 弱
(59) 直　　(60) 住
(61) 足

3 뜻이 서로 반대(상대)되는 漢字끼리 연결되지 않은 것을 고르세요. [(62)~(63)]

(62) ① 古↔新 ② 夏↔冬
　　 ③ 樂↔老 ④ 朝↔夕

(63) ① 祖↔孫 ② 近↔遠
　　 ③ 晝↔夜 ④ 高↔合

4 다음 ( ) 안의 글자에 해당하는 漢字를 例(예)에서 찾아 그 번호를 쓰세요. [(64)~(65)]

例
① 失　② 室　③ 始　④ 時

(64) 여덟시에 영화가 (시)작한다.

(65) 아침에 (실)수로 물을 엎질렀다.

5 다음 漢字語의 알맞은 뜻을 쓰세요. [(66)~(67)]

(66) 正答

(67) 勝戰

6 다음 ( ) 안의 漢字語를 漢字로 쓰세요. [(68)~(77)]

(68) 우리나라 (서)쪽 바다를 황해라고 부른다.

(69) 나와 동생은 다정한 (형제)로 유명하다.

(70) (군인)아저씨들이 나라를 지켜 주신다.

(71) 어제 (부모)님과 함께 동물원에 갔다.

(72) 그분은 나의 (삼촌)이시다.

(73) (학생)들이 한자 공부를 하고 있다.

(74) 국보 1호 (남대문)은 서울에 있다.

(75) (구월)이 되면 날씨가 시원해지기 시작한다.

(76) (교장)선생님께서 우리에게 길을 건널 때는 조심하라고 말씀하셨다.

(77) 올해 우리 할머니께서는 (팔십) 세가 되셨다.

7 다음 漢字의 ㉠획은 몇 번째 쓰는지 例(예)에서 찾아 그 번호를 쓰세요. (화살표는 ㉠획의 위치와 더불어 획을 쓰는 방향을 나타냅니다.) [(78)~(80)]

例
① 첫 번째　② 두 번째　③ 세 번째
④ 네 번째　⑤ 다섯 번째　⑥ 여섯 번째
⑦ 일곱 번째　⑧ 여덟 번째　⑨ 아홉 번째

(78) 年

(79) 衣

(80) 四

6급 한자능력검정시험 기출 예상문제 제1회

〈제한시간 50분〉

1 다음 漢字語의 讀音을 쓰세요. [(1)~(33)]

예: 漢字 → 한자

(1) 禮式 (2) 時空
(3) 白旗 (4) 海洋
(5) 頭角 (6) 世間
(7) 強風 (8) 地圖
(9) 郡民 (10) 童心
(11) 電話 (12) 區別
(13) 番號 (14) 太陽
(15) 美色 (16) 面目
(17) 計算 (18) 發育
(19) 注意 (20) 物理
(21) 登場 (22) 果樹
(23) 病苦 (24) 溫室
(25) 球根 (26) 交通
(27) 林業 (28) 書記
(29) 百合 (30) 青軍
(31) 本部 (32) 使用
(33) 運命

2 다음 漢字의 訓과 音을 쓰세요. [(34)~(56)]

예: 字 → 글자 자

(34) 集 (35) 各
(36) 安 (37) 親
(38) 待 (39) 飮
(40) 雪 (41) 習
(42) 然 (43) 黃
(44) 淸 (45) 公
(46) 勇 (47) 術
(48) 消 (49) 孝
(50) 同 (51) 米
(52) 席 (53) 始
(54) 油 (55) 聞
(56) 重

3 다음 밑줄 친 漢字語를 漢字로 쓰세요. [(57)~(76)]

예: 한국 → 韓國

(57) 자신의 <u>성명</u>을 한자로 쓴다.
(58) <u>조상</u>으로부터 물려받은 재산이 많다.
(59) 그는 8시에 <u>학교</u>에 간다.
(60) 그럴 줄 알고 <u>선수</u>를 쳤다.
(61) <u>농사</u>를 짓는 일이 힘들다.
(62) <u>정도</u>를 걷는 사람이 성공한다.

(63) 식구가 많은데도 화목하게 산다.
(64) 주소만 알고 집을 찾기가 어렵다.
(65) 많은 인부들이 땀 흘리며 일하고 있다.
(66) 오늘은 읍내에 장이 서는 날이다.
(67) 교회 장로로서 많은 일을 하고 있다.
(68) 주교님으로부터 좋은 강론을 들었다.
(69) 소수의 의견도 존중되어야 한다.
(70) 인간은 직립으로 걷는다.
(71) 모녀 모두가 미인이었다.
(72) 이 번 달에는 휴일이 많다.
(73) 사방으로 큰 길이 났다.
(74) 시외로 나가니 공기가 좋다.
(75) 그는 열심히 봉사 활동을 한다.
(76) 나와 그는 같은 동리에 산다.

4 다음 漢字의 反對字(반대자) 또는 相對字(상대자)를 골라 번호를 쓰세요. [(77)~(78)]

(77) 前 : ① 班 ② 後 ③ 信 ④ 弟
(78) 出 : ① 車 ② 金 ③ 入 ④ 不

5 다음 (　) 안에 들어갈 漢字를 例(예)에서 찾아 그 번호를 쓰세요. [(79)~(80)]

> 例
> ① 今　② 朝　③ 言　④ 月

(79) 一(　)一夕
(80) 東西古(　)

6 다음 漢字와 뜻이 비슷한 漢字를 골라 그 번호를 쓰세요. [(81)~(82)]

(81) 家 : ① 代 ② 李 ③ 成 ④ 堂
(82) 晝 : ① 足 ② 午 ③ 石 ④ 失

7 다음에서 소리는 같으나 뜻이 다른 漢字를 골라 그 번호를 쓰세요. [(83)~(85)]

(83) 和 : ① 五 ② 畫 ③ 王 ④ 來
(84) 幸 : ① 火 ② 行 ③ 天 ④ 光
(85) 神 : ① 新 ② 省 ③ 北 ④ 千

8 다음 뜻을 가진 단어를 쓰세요. [(86)~(87)]

> 例
> 쉬는 날 → 휴일

(86) 멀고 가까움 → (　　)
(87) 강가의 마을 → (　　)

9 다음 漢字의 ㉠획은 몇 번째 쓰는지 例(예)에서 찾아 그 번호를 쓰세요. (화살표는 ㉠ 획의 위치와 더불어 획을 쓰는 방향을 나타냅니다.) [(88)~(90)]

> 例
> ① 첫 번째　② 두 번째　③ 세 번째
> ④ 네 번째　⑤ 다섯 번째　⑥ 여섯 번째
> ⑦ 일곱 번째　⑧ 여덟 번째　⑨ 아홉 번째
> ⑩ 열 번째　⑪ 열한 번째

(88) 夜
(89) 夏
(90) 等

6급 한자능력검정시험 기출 예상문제 제2회

〈제한시간 50분〉

1 다음 漢字語의 讀音을 쓰세요. [(1)~(33)]

> 例: 漢字 → 한자

(1) 始作 (2) 失神
(3) 空軍 (4) 天下
(5) 通話 (6) 便利
(7) 代表 (8) 草木
(9) 言行 (10) 出金
(11) 形體 (12) 答信
(13) 洋服 (14) 太陽
(15) 分班 (16) 直角
(17) 感度 (18) 名醫
(19) 現在 (20) 開學
(21) 育成 (22) 植物
(23) 發病 (24) 集合
(25) 兄弟 (26) 科目
(27) 算術 (28) 勇氣
(29) 愛用 (30) 幸運
(31) 生色 (32) 手足
(33) 登校

2 다음 漢字의 訓과 音을 쓰세요. [(34)~(55)]

> 例: 字 → 글자 자

(34) 交 (35) 章
(36) 雪 (37) 京
(38) 頭 (39) 寸
(40) 外 (41) 族
(42) 圖 (43) 明
(44) 共 (45) 死
(46) 意 (47) 號
(48) 綠 (49) 歌
(50) 昨 (51) 聞
(52) 午 (53) 英
(54) 多 (55) 林

3 다음 밑줄 친 漢字語를 漢字로 쓰세요. [(56)~(75)]

> 例: 한국 → 韓國

(56) 세상 사람을 모두 놀라게 할 일이 벌어졌다.
(57) 오늘은 장마가 끝난 후 첫 휴일이다.
(58) 고려는 어떤 방법으로 북방 민족의 침략을 극복하였는가?
(59) 학교와 집의 중간에 문구점이 있다.
(60) 그는 요즘 매우 활발하게 활동하고 있다.
(61) 할머니는 원래 읍내 나들이가 드문 편이셨다.

(62) 주민의 반대로 공사가 중단되었다.
(63) 소수의 사람만 그 의견에 동의했다.
(64) 여기가 우리 집안의 선조를 모신 사당이다.
(65) 그런 일을 면전에서 말하기는 쑥스럽구나.
(66) 농가 소득 증대를 위한 사업이 추진된다.
(67) 입학 원서에 주소를 기입했다.
(68) 그는 자연을 벗 삼아 노래한다.
(69) 지금의 노력이 성패를 좌우할 것이다.
(70) 중학교 3년 동안 같은 교실에서 공부하였다.
(71) 약속 장소를 모른다.
(72) 그 방법은 정도가 아니라고 생각합니다.
(73) 적은 궁지에 몰리자 곧 백기를 들었다.
(74) 그는 팔십 난 노인인데도 늙은 태가 없었다.
(75) 밤 열한 시부터 오전 한 시까지를 자시라고 한다.

4 다음 漢字語의 反對字(반대자) 또는 相對字(상대자)를 골라 번호를 쓰세요. [(76)~(78)]

(76) 樂 : ① 洞 ② 向 ③ 苦 ④ 理
(77) 和 : ① 戰 ② 消 ③ 油 ④ 郡
(78) 江 : ① 平 ② 車 ③ 由 ④ 山

5 다음 ( ) 안에 들어갈 漢字를 例(예)에서 찾아 그 번호를 쓰세요. [(79)~(81)]

例 ① 夏 ② 強 ③ 南 ④ 古

(79) 春(   )秋冬
(80) 長短(   )弱
(81) 東西(   )今

6 다음 漢字와 뜻이 비슷한 漢字를 골라 그 번호를 쓰세요. [(82)~(83)]

(82) 等 : ① 省 ② 勝 ③ 習 ④ 級
(83) 根 : ① 孝 ② 本 ③ 路 ④ 花

7 다음에서 소리는 같으나 뜻이 다른 漢字를 골라 그 번호를 쓰세요. [(84)~(85)]

(84) 式 : ① 食 ② 淸 ③ 功 ④ 堂
(85) 禮 : ① 樹 ② 例 ③ 藥 ④ 番

8 다음 뜻을 가진 단어를 쓰세요. [(86)~(87)]

例 쉬는 날 → 휴일

(86) 새해   → (   )
(87) 아침과 저녁 → (   )

9 다음 漢字의 ㉠획은 몇 번째 쓰는지 例(예)에서 찾아 그 번호를 쓰세요. (화살표는 ㉠획의 위치와 더불어 획을 쓰는 방향을 나타냅니다.) [(88)~(90)]

例
① 첫 번째   ② 두 번째   ③ 세 번째
④ 네 번째   ⑤ 다섯 번째 ⑥ 여섯 번째
⑦ 일곱 번째 ⑧ 여덟 번째 ⑨ 아홉 번째
⑩ 열 번째   ⑪ 열한 번째 ⑫ 열두 번째

(88) 級
(89) 風
(90) 後

6급 한자능력검정시험 기출 예상문제 제3회

〈제한시간 50분〉

1 다음 漢字語의 讀音을 쓰세요. [(1)~(33)]

> 例
> 漢字 → 한자

(1) 成年 (2) 樹林
(3) 勝戰 (4) 始祖
(5) 生命 (6) 短答
(7) 南部 (8) 消失
(9) 家計 (10) 農事
(11) 科目 (12) 特別
(13) 便利 (14) 洋服
(15) 開業 (16) 度數
(17) 線路 (18) 感氣
(19) 童話 (20) 運動
(21) 急速 (22) 等式
(23) 近方 (24) 書記
(25) 新綠 (26) 番地
(27) 先頭 (28) 區分
(29) 出發 (30) 天然
(31) 立席 (32) 長孫
(33) 算術

2 다음 漢字의 訓과 音을 쓰세요. [(34)~(56)]

> 例
> 字 → 글자 자

(34) 由   (35) 意
(36) 注   (37) 信
(38) 使   (39) 功
(40) 在   (41) 通
(42) 物   (43) 放
(44) 身   (45) 苦
(46) 省   (47) 習
(48) 空   (49) 表
(50) 永   (51) 陽
(52) 野   (53) 遠
(54) 理   (55) 間
(56) 每

3 다음 밑줄 친 漢字語를 漢字로 쓰세요.
[(57)~(76)]

> 例
> 한국 → 韓國

(57) <u>등교</u>하는 길에 선생님을 만났다.
(58) 그는 많은 재물을 <u>소유</u>하고 있다.
(59) <u>입구</u>에 사람들이 많이 몰렸다.
(60) <u>충효</u>는 인륜의 대도이다.
(61) 아름다운 <u>강산</u>에 살고 싶다.
(62) 죽은 뒤 미래의 세상을 <u>내세</u>라 한다.
(63) 열흘마다 <u>시장</u>이 선다.
(64) <u>성명</u>을 한자로 쓴다.

(65) 청색은 시원한 느낌을 준다.
(66) 마을을 동리라고 한다.
(67) 수족이 찬 것은 건강에 좋지 않다.
(68) 오전 중에 시험이 끝났다.
(69) 읍내에 가면 큰 교회가 있다.
(70) 도시의 중심에 병원이 있다.
(71) 바람이 불고 동시에 비가 쏟아진다.
(72) 정원에 화초가 만발하였다.
(73) 전차를 타고 학교에 다녔다.
(74) 그 동네 주민들은 부자가 많다.
(75) 그의 가족은 미국과 한국에서 이중생활을 한다.
(76) 그는 정직한 사람이다.

4 다음 漢字語의 反對字(반대자) 또는 相對字(상대자)를 골라 번호를 쓰세요. [(77)~(78)]

(77) 夕 : ① 日 ② 白 ③ 上 ④ 朝
(78) 强 : ① 面 ② 銀 ③ 弱 ④ 川

5 다음 ( ) 안에 들어갈 漢字를 例(예)에서 찾아 그 번호를 쓰세요. [(79)~(80)]

例
① 作 ② 古 ③ 明 ④ 用

(79) 淸風(　　)月
(80) (　　)今東西

6 다음 漢字와 뜻이 비슷한 漢字를 골라 그 번호를 쓰세요. [(81)~(82)]

(81) 堂 : ① 半 ② 木 ③ 食 ④ 室
(82) 集 : ① 合 ② 夏 ③ 勇 ④ 水

7 다음에서 소리는 같으나 뜻이 다른 漢字를 골라 그 번호를 쓰세요. [(83)~(85)]

(83) 者 : ① 主 ② 弟 ③ 自 ④ 七
(84) 郡 : ① 軍 ② 根 ③ 公 ④ 界
(85) 美 : ① 米 ② 門 ③ 本 ④ 死

8 다음 뜻을 가진 단어를 쓰세요. [(86)~(87)]

例
쉬는 날 → 휴일

(86) 밤낮　　　→ (　　　)
(87) 학업을 쉼　→ (　　　)

9 다음 漢字의 ㉠획은 몇 번째 쓰는지 例(예)에서 찾아 그 번호를 쓰세요. (화살표는 ㉠획의 위치와 더불어 획을 쓰는 방향을 나타냅니다.) [(88)~(90)]

例
① 첫 번째   ② 두 번째   ③ 세 번째
④ 네 번째   ⑤ 다섯 번째 ⑥ 여섯 번째
⑦ 일곱 번째 ⑧ 여덟 번째 ⑨ 아홉 번째
⑩ 열 번째   ⑪ 열한 번째 ⑫ 열두 번째

(88)

(89) 雪

(90)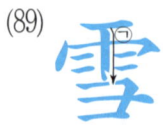

※ 6급 과정을 모두 마친 후, 가위로 잘라 기출 예상문제의 답안지로 사용합니다.

수험번호 ☐☐☐-☐☐-☐☐☐☐　　　성명 ☐☐☐☐☐

주민등록번호 ☐☐☐☐☐☐-☐☐☐☐☐☐☐

※ 유성 싸인펜, 붉은색 필기구 사용 불가.

※ 답안지는 컴퓨터로 처리되므로 구기거나 더럽히지 마시고 정답 칸 안에만 쓰십시오.
　글씨가 채점란으로 들어오면 오답처리가 됩니다.

제1회 한자능력검정시험 6급Ⅱ 답안지(1)

답안란		채점란		답안란		채점란		답안란		채점란	
번호	정답	1검	2검	번호	정답	1검	2검	번호	정답	1검	2검
1				14				27			
2				15				28			
3				16				29			
4				17				30			
5				18				31			
6				19				32			
7				20				33			
8				21				34			
9				22				35			
10				23				36			
11				24				37			
12				25				38			
13				26				39			

감독위원	채점위원(1)		채점위원(2)		채점위원(3)	
(서명)	(득점)	(서명)	(득점)	(서명)	(득점)	(서명)

※ 뒷면으로 이어짐

※ 본 답안지는 컴퓨터로 처리되므로 구겨지거나 더럽혀지지 않도록 조심하시고 글씨를 칸 안에 또박또박 쓰십시오.

제1회 한자능력검정시험 6급Ⅱ 답안지(2)

번호	정답	1검	2검	번호	정답	1검	2검	번호	정답	1검	2검
40				54				68			
41				55				69			
42				56				70			
43				57				71			
44				58				72			
45				59				73			
46				60				74			
47				61				75			
48				62				76			
49				63				77			
50				64				78			
51				65				79			
52				66				80			
53				67							

※ 6급 과정을 모두 마친 후, 가위로 잘라 기출 예상문제의 답안지로 사용합니다.

수험번호	☐☐☐-☐☐-☐☐☐☐					성명	☐☐☐☐☐		
주민등록번호	☐☐☐☐☐☐-☐☐☐☐☐☐☐					※ 유성 싸인펜, 붉은색 필기구 사용 불가.			

※ 답안지는 컴퓨터로 처리되므로 구기거나 더럽히지 마시고 정답 칸 안에만 쓰십시오.
　글씨가 채점란으로 들어오면 오답처리가 됩니다.

제2회 한자능력검정시험 6급Ⅱ 답안지(1)

답안란		채점란		답안란		채점란		답안란		채점란	
번호	정답	1검	2검	번호	정답	1검	2검	번호	정답	1검	2검
1				14				27			
2				15				28			
3				16				29			
4				17				30			
5				18				31			
6				19				32			
7				20				33			
8				21				34			
9				22				35			
10				23				36			
11				24				37			
12				25				38			
13				26				39			

감독위원	채점위원(1)		채점위원(2)		채점위원(3)	
(서명)	(득점)	(서명)	(득점)	(서명)	(득점)	(서명)

※ 뒷면으로 이어짐

※ 본 답안지는 컴퓨터로 처리되므로 구겨지거나 더럽혀지지 않도록 조심하시고 글씨를 칸 안에 또박또박 쓰십시오.

제2회 한자능력검정시험 6급Ⅱ 답안지(2)

답안란		채점란		답안란		채점란		답안란		채점란	
번호	정답	1검	2검	번호	정답	1검	2검	번호	정답	1검	2검
40				54				68			
41				55				69			
42				56				70			
43				57				71			
44				58				72			
45				59				73			
46				60				74			
47				61				75			
48				62				76			
49				63				77			
50				64				78			
51				65				79			
52				66				80			
53				67							

※ 6급 과정을 모두 마친 후, 가위로 잘라 기출 예상문제의 답안지로 사용합니다.

수험번호 ☐☐☐-☐☐-☐☐☐☐ 성명 ☐☐☐☐☐

주민등록번호 ☐☐☐☐☐☐-☐☐☐☐☐☐☐

※ 유성 싸인펜, 붉은색 필기구 사용 불가.

※ 답안지는 컴퓨터로 처리되므로 구기거나 더럽히지 마시고 정답 칸 안에만 쓰십시오. 글씨가 채점란으로 들어오면 오답처리가 됩니다.

제1회 한자능력검정시험 6급 답안지(1)

번호	정답	1검	2검	번호	정답	1검	2검	번호	정답	1검	2검
1				15				29			
2				16				30			
3				17				31			
4				18				32			
5				19				33			
6				20				34			
7				21				35			
8				22				36			
9				23				37			
10				24				38			
11				25				39			
12				26				40			
13				27				41			
14				28				42			

감독위원	채점위원(1)		채점위원(2)		채점위원(3)	
(서명)	(득점)	(서명)	(득점)	(서명)	(득점)	(서명)

※ 뒷면으로 이어짐

※ 본 답안지는 컴퓨터로 처리되므로 구겨지거나 더럽혀지지 않도록 조심하시고 글씨를 칸 안에 또박또박 쓰십시오.

제1회 한자능력검정시험 6급 답안지(2)

번호	정답 (답안란)	1검 (채점란)	2검	번호	정답 (답안란)	1검 (채점란)	2검	번호	정답 (답안란)	1검 (채점란)	2검
43				59				75			
44				60				76			
45				61				77			
46				62				78			
47				63				79			
48				64				80			
49				65				81			
50				66				82			
51				67				83			
52				68				84			
53				69				85			
54				70				86			
55				71				87			
56				72				88			
57				73				89			
58				74				90			

※ 6급 과정을 모두 마친 후, 가위로 잘라 기출 예상문제의 답안지로 사용합니다.

수험번호 ☐☐☐-☐☐-☐☐☐☐   성명 ☐☐☐☐☐

주민등록번호 ☐☐☐☐☐☐-☐☐☐☐☐☐☐   ※ 유성 싸인펜, 붉은색 필기구 사용 불가.

※ 답안지는 컴퓨터로 처리되므로 구기거나 더럽히지 마시고 정답 칸 안에만 쓰십시오.
   글씨가 채점란으로 들어오면 오답처리가 됩니다.

제2회 한자능력검정시험 6급 답안지(1)

답안란		채점란		답안란		채점란		답안란		채점란	
번호	정답	1검	2검	번호	정답	1검	2검	번호	정답	1검	2검
1				15				29			
2				16				30			
3				17				31			
4				18				32			
5				19				33			
6				20				34			
7				21				35			
8				22				36			
9				23				37			
10				24				38			
11				25				39			
12				26				40			
13				27				41			
14				28				42			

감독위원	채점위원(1)		채점위원(2)		채점위원(3)	
(서명)	(득점)	(서명)	(득점)	(서명)	(득점)	(서명)

※ 뒷면으로 이어짐

※ 본 답안지는 컴퓨터로 처리되므로 구겨지거나 더럽혀지지 않도록 조심하시고 글씨를 칸 안에 또박또박 쓰십시오.

제2회 한자능력검정시험 6급 답안지(2)

답안란		채점란		답안란		채점란		답안란		채점란	
번호	정답	1검	2검	번호	정답	1검	2검	번호	정답	1검	2검
43				59				75			
44				60				76			
45				61				77			
46				62				78			
47				63				79			
48				64				80			
49				65				81			
50				66				82			
51				67				83			
52				68				84			
53				69				85			
54				70				86			
55				71				87			
56				72				88			
57				73				89			
58				74				90			

※ 6급 과정을 모두 마친 후, 가위로 잘라 기출 예상문제의 답안지로 사용합니다.

수험번호 ☐☐☐-☐☐-☐☐☐☐

성명 ☐☐☐☐☐

주민등록번호 ☐☐☐☐☐☐-☐☐☐☐☐☐☐

※ 유성 싸인펜, 붉은색 필기구 사용 불가.

※ 답안지는 컴퓨터로 처리되므로 구기거나 더럽히지 마시고 정답 칸 안에만 쓰십시오.
　글씨가 채점란으로 들어오면 오답처리가 됩니다.

제3회 한자능력검정시험 6급 답안지(1)

답안란		채점란		답안란		채점란		답안란		채점란	
번호	정답	1검	2검	번호	정답	1검	2검	번호	정답	1검	2검
1				15				29			
2				16				30			
3				17				31			
4				18				32			
5				19				33			
6				20				34			
7				21				35			
8				22				36			
9				23				37			
10				24				38			
11				25				39			
12				26				40			
13				27				41			
14				28				42			

감독위원	채점위원(1)		채점위원(2)		채점위원(3)	
(서명)	(득점)	(서명)	(득점)	(서명)	(득점)	(서명)

※ 뒷면으로 이어짐

※ 본 답안지는 컴퓨터로 처리되므로 구겨지거나 더럽혀지지 않도록 조심하시고 글씨를 칸 안에 또박또박 쓰십시오.

제3회 한자능력검정시험 6급 답안지(2)

답안란		채점란		답안란		채점란		답안란		채점란	
번호	정답	1검	2검	번호	정답	1검	2검	번호	정답	1검	2검
43				59				75			
44				60				76			
45				61				77			
46				62				78			
47				63				79			
48				64				80			
49				65				81			
50				66				82			
51				67				83			
52				68				84			
53				69				85			
54				70				86			
55				71				87			
56				72				88			
57				73				89			
58				74				90			

6급Ⅱ 한자능력검정시험 적중 예상문제 제1회

〈제한시간 50분〉

1 다음 漢字語의 讀音을 쓰세요. [(1)~(32)]

例: 漢字 → 한자

(1) 利用   (2) 英才
(3) 特別   (4) 注入
(5) 姓名   (6) 苦生
(7) 感動   (8) 上席
(9) 便安   (10) 石油
(11) 樹林   (12) 農業
(13) 戰線   (14) 同窓
(15) 使命   (16) 病死
(17) 新聞   (18) 部分
(19) 植樹   (20) 電氣
(21) 南向   (22) 自習
(23) 住所   (24) 空氣
(25) 角木   (26) 老母
(27) 登山   (28) 夕陽
(29) 代表   (30) 交通
(31) 幸運   (32) 敎室

2 다음 漢字의 訓과 音을 쓰세요. [(33)~(61)]

例: 字 → 글자 자

(33) 特   (34) 現
(35) 油   (36) 答
(37) 衣   (38) 溫
(39) 植   (40) 遠
(41) 然   (42) 民
(43) 間   (44) 雪
(45) 作   (46) 育
(47) 運   (48) 飮
(49) 算   (50) 神
(51) 命   (52) 夏
(53) 和   (54) 里
(55) 花   (56) 空
(57) 頭   (58) 川
(59) 失   (60) 章
(61) 場

3 다음 밑줄 친 漢字語를 漢字로 쓰세요.
[(62)~(71)]

> 例
> 한자 → 漢字

(62) 가게에서 생수를 샀다.

(63) 청산에 살으리랏다.

(64) 대문 앞을 깨끗이 청소하여라.

(65) 삼월이 되니 공기가 다르다.

(66) 교실에서는 조용히 해야 한다.

(67) 국보 제1호 남대문이 소실되었다.

(68) 사촌 동생은 머리가 좋다.

(69) 그는 남을 잘 돕는 멋있는 청년이다.

(70) 책상의 폭이 육십 센티미터(㎝) 정도이다.

(71) 오늘은 친구의 생일이다.

4 뜻이 서로 반대(상대)되는 漢字를 例(예)에서 골라 그 번호를 쓰세요. [(72)~(73)]

> 例
> ① 後   ② 答   ③ 朝   ④ 不

(72) 問 ↔ (　　)

(73) 夕 ↔ (　　)

5 다음 漢字語의 알맞은 뜻을 쓰세요.
[(74)~(75)]

(74) 讀書

(75) 靑天

6 다음 (　　) 안에 들어갈 漢字를 例(예)에서 찾아 번호를 쓰세요. [(76)~(77)]

> 例
> ① 幸   ② 行   ③ 始   ④ 集

(76) 운동장으로 모두 (　　)합했다.

(77) 시험에 합격해서 多(　　)이다.

7 다음 漢字의 ㉠획의 쓰는 순서를 아래에서 골라 번호를 쓰세요. (화살표는 ㉠획의 위치와 더불어 획을 쓰는 방향을 나타냅니다.)
[(88)~(90)]

(78) 長   ① 다섯 번째 ② 여섯 번째
         ③ 일곱 번째 ④ 여덟 번째

(79) 風   ① 여섯 번째 ② 일곱 번째
         ③ 여덟 번째 ④ 아홉 번째

(80) 野   ① 일곱 번째 ② 여덟 번째
         ③ 아홉 번째 ④ 열 번째

6급II 한자능력검정시험 적중 예상문제 제2회

〈제한시간 50분〉

1 다음 漢字語의 讀音을 쓰세요. [(1)~(32)]

例: 漢字 → 한자

(1) 自然　　(2) 開花
(3) 世上　　(4) 方向
(5) 道路　　(6) 感動
(7) 民族　　(8) 百姓
(9) 父母　　(10) 安心
(11) 自身　　(12) 樹林
(13) 幸運　　(14) 根本
(15) 工科　　(16) 歌手
(17) 電氣　　(18) 孝子
(19) 工場　　(20) 分班
(21) 林業　　(22) 新聞
(23) 衣服　　(24) 野球
(25) 路面　　(26) 高等
(27) 世界　　(28) 發明
(29) 名勝　　(30) 急行
(31) 代身　　(32) 頭目

2 다음 漢字의 訓과 音을 쓰세요. [(33)~(61)]

例: 字 → 글자 자

(33) 休　　(34) 食
(35) 米　　(36) 登
(37) 速　　(38) 發
(39) 習　　(40) 部
(41) 在　　(42) 失
(43) 成　　(44) 集
(45) 昨　　(46) 短
(47) 綠　　(48) 立
(49) 才　　(50) 信
(51) 合　　(52) 高
(53) 海　　(54) 有
(55) 共　　(56) 飮
(57) 死　　(58) 美
(59) 服　　(60) 根
(61) 色

3 뜻이 서로 반대(상대)되는 漢字끼리 연결되지 않은 것을 고르세요. [(62)~(63)]

(62) ① 外 ↔ 內   ② 長 ↔ 高
    ③ 遠 ↔ 近   ④ 大 ↔ 小

(63) ① 朝 ↔ 石   ② 出 ↔ 入
    ③ 前 ↔ 後   ④ 老 ↔ 少

4 다음 밑줄 친 단어의 ( ) 안의 글자에 해당하는 漢字를 例(예)에서 찾아 번호를 쓰세요. [(64)~(65)]

例
① 聞   ② 家   ③ 足   ④ 問

(64) 하루종일 밖에 있었더니 수( )이 차가웠다.

(65) 매일 아침 일찍 신( )이 온다.

5 다음 漢字語의 알맞은 뜻을 쓰세요. [(66)~(67)]

(66) 前後

(67) 植木

6 다음 밑줄 친 漢字語를 漢字로 쓰세요. [(68)~(77)]

(68) 추석은 음력 팔월 십오 일이다.

(69) 서대문 형무소 근처에 있다.

(70) 엄마와 나는 모녀 사이다.

(71) 내가 가장 존경하는 분은 삼촌이시다.

(72) 모든 백성을 만민이라고 한다.

(73) 형제 사이에 우의가 좋았다.

(74) 수중에 사는 생물을 탐사할 계획이다.

(75) 그는 일 년 후에 학교에 입학했다.

(76) 청군과 백군으로 나누어 축구를 했다.

(77) 우리 나라 국토를 사랑하자.

7 다음 漢字의 ㉠획은 몇 번째 쓰는지 例(예)에서 찾아 그 번호를 쓰세요. (화살표는 ㉠획의 위치와 더불어 획을 쓰는 방향을 나타냅니다.) [(78)~(80)]

例
① 첫 번째   ② 두 번째   ③ 세 번째
④ 네 번째   ⑤ 다섯 번째 ⑥ 여섯 번째
⑦ 일곱 번째 ⑧ 여덟 번째 ⑨ 아홉 번째
⑩ 열 번째   ⑪ 열한 번째

(78) 萬

(79) 命

(80) 衣

6급 한자능력검정시험 적중 예상문제 제1회

〈제한시간 50분〉

1 다음 漢字語의 讀音을 쓰세요. [(1)~(33)]

> 例: 漢字 → 한자

(1) 軍歌 (2) 工業
(3) 幸運 (4) 新式
(5) 成功 (6) 習作
(7) 短命 (8) 孫子
(9) 直線 (10) 愛用
(11) 病室 (12) 父母
(13) 算術 (14) 勝利
(15) 公式 (16) 農事
(17) 急行 (18) 每番
(19) 登場 (20) 運動
(21) 道路 (22) 始作
(23) 祖父 (24) 特別
(25) 太陽 (26) 登校
(27) 醫術 (28) 靑色
(29) 不利 (30) 空間
(31) 休日 (32) 中等
(33) 王道

2 다음 漢字의 訓과 音을 쓰세요. [(34)~(56)]

> 例: 字 → 글자 자

(34) 場 (35) 神
(36) 黃 (37) 窓
(38) 勝 (39) 英
(40) 童 (41) 來
(42) 禮 (43) 使
(44) 感 (45) 住
(46) 路 (47) 京
(48) 共 (49) 圖
(50) 急 (51) 特
(52) 雪 (53) 和
(54) 米 (55) 聞
(56) 近

3 다음 밑줄 친 漢字語를 漢字로 쓰세요. [(57)~(76)]

> 例: 한국 → 韓國

(57) 군대를 파병하는 것은 <u>소수</u>의 견해이다.
(58) 민주주의는 <u>시민</u>의 힘으로 지켜졌다.
(59) 물건 값은 모두 오 만원 <u>내외</u>가 될 것 같다.
(60) 그 사람은 그 일로 <u>천하</u>의 웃음거리가 되었다.
(61) <u>해초</u>를 많이 먹으면 건강에 도움이 된다.
(62) 아버지가 옆에 계시니 <u>안심</u>이다.
(63) 내일 <u>오전</u>에는 무척 바쁘다.
(64) 삼촌은 <u>해군</u>으로 입대했다.
(65) <u>강촌</u>에 살고 싶다.
(66) <u>천리</u>길도 한 걸음부터.

(67) 선생님으로부터 훌륭한 교육을 받았다.

(68) 아저씨는 동네에서 효자로 소문이 났다.

(69) 식목일에 함께 나무를 심었다.

(70) 정답을 맞추기가 너무 어려웠다.

(71) 길을 만들기 위해 토목공사를 진행하고 있다.

(72) 저 가수는 요즘 거의 활동을 안 하고 있다.

(73) 오늘은 동생의 생일이다.

(74) 전산 처리 속도가 대단히 향상되었다.

(75) 청산에서 살고 싶다.

(76) 동물과 식물의 차이를 조사하였다.

4 다음 漢字의 反對字(반대자) 또는 相對字(상대자)를 골라 번호를 쓰세요. [(77)~(78)]

(77) 夜 : ① 內 ② 門 ③ 晝 ④ 訓

(78) 前 : ① 答 ② 後 ③ 冬 ④ 苦

5 다음 (   ) 안에 들어갈 漢字를 例(예)에서 찾아 그 번호를 쓰세요. [(79)~(80)]

例 ① 果   ② 方   ③ 生   ④ 計

(79) 九死一(   )

(80) 八(   )美人

6 다음 漢字와 뜻이 비슷한 漢字를 골라 그 번호를 쓰세요. [(81)~(82)]

(81) 邑 : ① 英 ② 向 ③ 洞 ④ 勇

(82) 文 : ① 章 ② 左 ③ 白 ④ 友

7 다음에서 소리는 같으나 뜻이 다른 漢字를 골라 그 번호를 쓰세요. [(83)~(85)]

(83) 庭 : ① 章 ② 前 ③ 自 ④ 正

(84) 話 : ① 火 ② 銀 ③ 答 ④ 便

(85) 所 : ① 頭 ② 老 ③ 消 ④ 省

8 다음 뜻을 가진 단어를 쓰세요. [(86)~(87)]

例 삶과 죽음 → 생사

(86) 바람이 부는 방향 → (   )

(87) 손과 발 → (   )

9 다음 漢字의 ㉠획은 몇 번째 쓰는지 例(예)에서 찾아 그 번호를 쓰세요. (화살표는 ㉠획의 위치와 더불어 획을 쓰는 방향을 나타냅니다.) [(88)~(90)]

例 ① 첫 번째 ② 두 번째 ③ 세 번째
    ④ 네 번째 ⑤ 다섯 번째 ⑥ 여섯 번째
    ⑦ 일곱 번째 ⑧ 여덟 번째 ⑨ 아홉 번째

(88)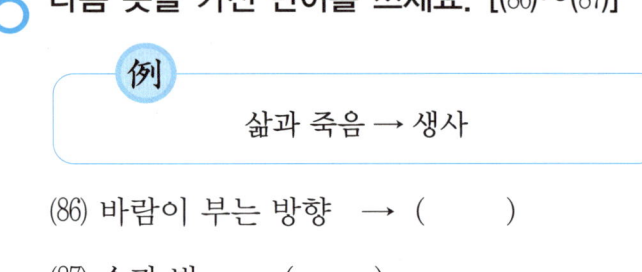

(89)

(90)

6급 한자능력검정시험 적중 예상문제 제2회

〈제한시간 50분〉

1. 다음 漢字語의 讀音을 쓰세요. [(1)~(33)]

例: 漢字 → 한자

(1) 溫度 (2) 反對
(3) 親族 (4) 急行
(5) 音樂 (6) 光明
(7) 敎訓 (8) 庭園
(9) 班長 (10) 感動
(11) 局面 (12) 發表
(13) 感電 (14) 算術
(15) 新式 (16) 對話
(17) 病弱 (18) 禮服
(19) 各界 (20) 苦戰
(21) 防音 (22) 三角
(23) 共和 (24) 會計
(25) 題號 (26) 信者
(27) 始作 (28) 親愛
(29) 代理 (30) 書堂
(31) 部族 (32) 死別
(33) 醫科

2. 다음 漢字의 訓과 音을 쓰세요. [(34)~(56)]

例: 字 → 글자 자

(34) 頭   (35) 本
(36) 親   (37) 由
(38) 理   (39) 感
(40) 席   (41) 線
(42) 社   (43) 通
(44) 強   (45) 圖
(46) 讀   (47) 明
(48) 窓   (49) 米
(50) 在   (51) 發
(52) 京   (53) 始
(54) 幸   (55) 太
(56) 球

3. 다음 밑줄 친 漢字語를 漢字로 쓰세요. [(57)~(76)]

例: 한국 → 韓國

(57) 대문에 문패를 달았다.
(58) 그는 뛰어난 가수다.
(59) 교실에서는 뛰어다니면 안 된다.
(60) 우리 모두는 자연을 지켜야 한다.
(61) 우리 형제는 사이가 좋다.
(62) 인간은 사회적 동물이다.

(63) 도로가 팔방으로 뻗어 있다.

(64) 시장에는 많은 물건들이 있다.

(65) 세상은 넓고 할 일은 많다.

(66) 아저씨는 지방에 사신다.

(67) 교실 정면에 태극기가 있다.

(68) 아파트 입구에 노점이 들어섰다.

(69) 그가 내심을 털어놓았다.

(70) 일기를 쓰는 습관을 기르자.

(71) 식후 30분마다 약을 먹었다.

(72) 청산을 벗삼아 살다.

(73) 수족을 다루기가 힘들다.

(74) 그의 집 주소를 잘 모른다.

(75) 드디어 출동 명령이 떨어졌다.

(76) 한 학기 휴학할 계획이다.

4 다음 漢字語의 反對字 또는 相對字(상대자)를 골라 번호를 쓰세요. [(77)~(78)]

(77) 老 : ① 少 ② 光 ③ 衣 ④ 小

(78) 新 : ① 古 ② 口 ③ 强 ④ 期

5 다음 ( ) 안에 들어갈 漢字를 例(예)에서 찾아 그 번호를 쓰세요. [(79)~(80)]

例

① 石 ② 親 ③ 明 ④ 才

(79) 父子有( )

(80) 天地神( )

6 다음 漢字와 뜻이 비슷한 漢字를 골라 그 번호를 쓰세요. [(81)~(82)]

(81) 樹 : ① 木 ② 東 ③ 角 ④ 安

(82) 村 : ① 計 ② 孝 ③ 里 ④ 勇

7 다음에서 소리는 같으나 뜻이 다른 漢字를 골라 그 번호를 쓰세요. [(83)~(85)]

(83) 和 : ① 火 ② 七 ③ 南 ④ 方

(84) 工 : ① 九 ② 夕 ③ 校 ④ 共

(85) 永 : ① 然 ② 英 ③ 衣 ④ 孝

8 다음 뜻을 가진 단어를 쓰세요. [(86)~(87)]

例

삶과 죽음 → 생사

(86) 몸과 마음 → (   )

(87) 어떤 장소에 들어감 → (   )

9 다음 漢字의 ㉠획은 몇 번째 쓰는지 例(예)에서 찾아 그 번호를 쓰세요. (화살표는 ㉠획의 위치와 더불어 획을 쓰는 방향을 나타냅니다.) [(88)~(90)]

例

① 첫 번째 ② 두 번째 ③ 세 번째
④ 네 번째 ⑤ 다섯 번째 ⑥ 여섯 번째
⑦ 일곱 번째 ⑧ 여덟 번째 ⑨ 아홉 번째

(88) 中㉠

(89) 民㉠

(90) 男㉠

6급 한자능력검정시험 적중 예상문제 제3회

〈제한시간 50분〉

1 다음 漢字語의 讀音을 쓰세요. [(1)~(33)]

> 例
> 漢字 → 한자

(1) 衣服　　(2) 朝夕
(3) 軍歌　　(4) 庭園
(5) 民族　　(6) 正午
(7) 科目　　(8) 集合
(9) 兄弟　　(10) 左右
(11) 發明　　(12) 親族
(13) 世界　　(14) 信者
(15) 番號　　(16) 東南
(17) 北部　　(18) 分別
(19) 野球　　(20) 圖面
(21) 强弱　　(22) 不幸
(23) 太陽　　(24) 作者
(25) 遠近　　(26) 春秋
(27) 父親　　(28) 樹木
(29) 空中　　(30) 交感
(31) 林業　　(32) 通話
(33) 金銀

2 다음 漢字의 訓과 音을 쓰세요. [(34)~(56)]

> 例
> 字 → 글자 자

(34) 特　　(35) 雪
(36) 童　　(37) 綠
(38) 書　　(39) 式
(40) 通　　(41) 夏
(42) 苦　　(43) 樹
(44) 童　　(45) 邑
(46) 言　　(47) 待
(48) 米　　(49) 角
(50) 例　　(51) 勇
(52) 多　　(53) 成
(54) 溫　　(55) 理
(56) 代

3 다음 밑줄 친 漢字語를 漢字로 쓰세요. [(57)~(76)]

> 例
> 한국 → 韓國

(57) 올해는 날씨가 좋아 <u>농사</u>가 잘 된다.
(58) 제 <u>세상</u>을 만난 것처럼 날뛰다.
(59) <u>매일</u> 아침 신문이 온다.
(60) 저분이 우리 대학의 <u>학장</u>님입니다.
(61) <u>공교육</u>이 정상화되어야 한다.
(62) <u>자연</u> 자원을 아껴씁시다.
(63) <u>식전</u>에 무리한 운동을 하였다.

(64) 협상을 앞두고 농가의 반발이 심하다.
(65) 이번 추석에는 고향에 가지 못했다.
(66) 모양이 평면이어서 실망했다.
(67) 주인을 알아보지 못한다.
(68) 문간을 넘어서면 바로 체포될 것이다.
(69) 효녀 심청을 기리자.
(70) 주민번호와 성명을 쓰세요.
(71) 공장의 시설이 모두 불탔다.
(72) 사물을 똑바로 쳐다봐야 한다.
(73) 옛날 왕실에서 사용하던 것이다.
(74) 민속촌에서 초가집을 구경하였다.
(75) 500자 내외로 글을 쓰시오.
(76) 그 책은 중간까지 읽었다.

4 다음 漢字의 反對字(반대자) 또는 相對字(상대자)를 골라 번호를 쓰세요. [(77)~(78)]

(77) 死 : ① 主 ② 外 ③ 生 ④ 水
(78) 孫 : ① 祖 ② 省 ③ 答 ④ 合

5 다음 ( ) 안에 들어갈 漢字를 例(예)에서 찾아 그 번호를 쓰세요. [(79)~(80)]

例
① 孫   ② 頭   ③ 作   ④ 花

(79) ( )心三日
(80) 子( )萬代

6 다음 漢字와 뜻이 비슷한 漢字를 골라 그 번호를 쓰세요. [(81)~(82)]

(81) 堂 : ① 家 ② 石 ③ 寸 ④ 土
(82) 根 : ① 花 ② 所 ③ 本 ④ 美

7 다음에서 소리는 같으나 뜻이 다른 漢字를 골라 그 번호를 쓰세요. [(83)~(85)]

(83) 戰 : ① 江 ② 京 ③ 車 ④ 全
(84) 班 : ① 集 ② 半 ③ 席 ④ 章
(85) 部 : ① 注 ② 油 ③ 夫 ④ 發

8 다음 뜻을 가진 단어를 쓰세요. [(86)~(87)]

例
삶과 죽음 → 생사

(86) 먹을 것과 마실 것 → (   )
(87) 불을 끔 → (   )

9 다음 漢字의 ㉠획은 몇 번째 쓰는지 例(예)에서 찾아 그 번호를 쓰세요. (화살표는 ㉠획의 위치와 더불어 획을 쓰는 방향을 나타냅니다.) [(88)~(90)]

例
① 첫 번째   ② 두 번째   ③ 세 번째
④ 네 번째   ⑤ 다섯 번째 ⑥ 여섯 번째
⑦ 일곱 번째 ⑧ 여덟 번째 ⑨ 아홉 번째
⑩ 열 번째   ⑪ 열한 번째 ⑫ 열두 번째

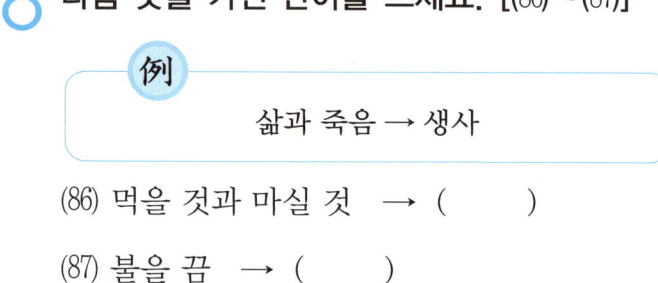

(88) 運
(89) 校
(90) 綠

6급 한자능력검정시험 적중 예상문제 제4회

〈제한시간 50분〉

1 다음 漢字語의 讀音을 쓰세요. [(1)~(33)]

例 漢字 → 한자

(1) 太陽
(2) 歌手
(3) 空氣
(4) 班長
(5) 工業
(6) 身命
(7) 信號
(8) 昨今
(9) 高等
(10) 飮食
(11) 數理
(12) 姓名
(13) 開花
(14) 根本
(15) 溫度
(16) 消火
(17) 電話
(18) 後聞
(19) 急行
(20) 便利
(21) 左右
(22) 番號
(23) 平和
(24) 洋藥
(25) 心身
(26) 明白
(27) 醫術
(28) 晝夜
(29) 表現
(30) 南風
(31) 世界
(32) 野球
(33) 新綠

2 다음 漢字의 訓과 音을 쓰세요. [(34)~(56)]

例 字 → 글자 자

(34) 目
(35) 各
(36) 孫
(37) 勇
(38) 樹
(39) 愛
(40) 界
(41) 堂
(42) 消
(43) 信
(44) 開
(45) 黃
(46) 英
(47) 油
(48) 發
(49) 古
(50) 計
(51) 郡
(52) 米
(53) 病
(54) 分
(55) 用
(56) 交

3 다음 밑줄 친 漢字語를 漢字로 쓰세요. [(57)~(76)]

例 한국 → 韓國

(57) 남녀가 모두 힘써야 한다.
(58) 민주주의는 만민을 위한 것이다.
(59) 편안한 마음으로 일했다.
(60) 남북으로 이어져 있다.
(61) 약속을 소중히 생각해야 한다.
(62) 동구밖으로 큰 길이 났다.
(63) 소년은 너무 어려서 알 수 없었다.
(64) 노인을 위한 정책을 세워야 한다.

(65) 모든 사람들의 생활이 어려웠다.
(66) 인간은 직립하여 걸어가는 동물이다.
(67) 국 내외로 고난이 많았다.
(68) 자연으로 돌아가다.
(69) 교육 환경이 좋아졌다.
(70) 바람이 온 천지를 흔들었다.
(71) 정원에 백화가 만발하였다.
(72) 번개가 쳐서 전기 공급이 중단되었다.
(73) 그들은 모두 청년이다.
(74) 아름다운 강산을 누비고 돌아다니다.
(75) 사방에서 노래 소리가 들렸다.
(76) 그는 매일 밤잠을 설친다.

4 다음 漢字語의 反對字(반대자) 또는 相對字(상대자)를 골라 번호를 쓰세요. [(77)~(78)]

(77) 短 : ① 始 ② 言 ③ 長 ④ 米
(78) 問 : ① 大 ② 答 ③ 秋 ④ 南

5 다음 (   )안에 들어갈 漢字를 例(예)에서 찾아 그 번호를 쓰세요. [(79)~(80)]

例
① 外 ② 南 ③ 兄
④ 出 ⑤ 痛 ⑥ 樂

(79) 生死苦(   )
(80) 東西(   )北

6 다음 漢字와 뜻이 비슷한 漢字를 골라 그 번호를 쓰세요. [(81)~(82)]

(81) 圖 : ① 音 ② 月 ③ 晝 ④ 畫
(82) 光 : ① 色 ② 金 ③ 旗 ④ 形

7 다음에서 소리는 같으나 뜻이 다른 漢字를 골라 그 번호를 쓰세요. [(83)~(85)]

(83) 半 : ① 方 ② 分 ③ 反 ④ 在
(84) 父 : ① 李 ② 夫 ③ 全 ④ 石
(85) 社 : ① 小 ② 四 ③ 明 ④ 水

8 다음 뜻을 가진 단어를 쓰세요. [(86)~(87)]

例
삶과 죽음 → 생사

(86) 많이 읽음 → (   )
(87) 전기로 움직이는 차 → (   )

9 다음 漢字의 ㉠획은 몇 번째 쓰는지 例(예)에서 찾아 그 번호를 쓰세요. (화살표는 ㉠획의 위치와 더불어 획을 쓰는 방향을 나타냅니다.) [(88)~(90)]

例
① 첫 번째   ② 두 번째   ③ 세 번째
④ 네 번째   ⑤ 다섯 번째 ⑥ 여섯 번째
⑦ 일곱 번째 ⑧ 여덟 번째 ⑨ 아홉 번째
⑩ 열 번째   ⑪ 열한 번째 ⑫ 열두 번째

(88) 國㉠
(89) 苦㉠
(90) 油㉠

※ 6급 과정을 모두 마친 후, 가위로 잘라 적중 예상문제의 답안지로 사용합니다.

수험번호 ☐☐☐-☐☐-☐☐☐☐ 성명 ☐☐☐☐☐

주민등록번호 ☐☐☐☐☐☐-☐☐☐☐☐☐☐

※ 유성 싸인펜, 붉은색 필기구 사용 불가.

※ 답안지는 컴퓨터로 처리되므로 구기거나 더럽히지 마시고 정답 칸 안에만 쓰십시오.
　글씨가 채점란으로 들어오면 오답처리가 됩니다.

제1회 한자능력검정시험 6급Ⅱ 답안지(1)

번호	정답	1검	2검	번호	정답	1검	2검	번호	정답	1검	2검
1				14				27			
2				15				28			
3				16				29			
4				17				30			
5				18				31			
6				19				32			
7				20				33			
8				21				34			
9				22				35			
10				23				36			
11				24				37			
12				25				38			
13				26				39			

감독위원	채점위원(1)		채점위원(2)		채점위원(3)	
(서명)	(득점)	(서명)	(득점)	(서명)	(득점)	(서명)

※ 뒷면으로 이어짐

※ 본 답안지는 컴퓨터로 처리되므로 구겨지거나 더럽혀지지 않도록 조심하시고 글씨를 칸 안에 또박또박 쓰십시오.

제1회 한자능력검정시험 6급Ⅱ 답안지(2)

번호	정답	1검	2검	번호	정답	1검	2검	번호	정답	1검	2검
40				54				68			
41				55				69			
42				56				70			
43				57				71			
44				58				72			
45				59				73			
46				60				74			
47				61				75			
48				62				76			
49				63				77			
50				64				78			
51				65				79			
52				66				80			
53				67							

※ 6급 과정을 모두 마친 후, 가위로 잘라 적중 예상문제의 답안지로 사용합니다.

수험번호 ☐☐☐-☐☐-☐☐☐☐   성명 ☐☐☐☐☐

주민등록번호 ☐☐☐☐☐☐-☐☐☐☐☐☐☐

※ 유성 싸인펜, 붉은색 필기구 사용 불가.

※ 답안지는 컴퓨터로 처리되므로 구기거나 더럽히지 마시고 정답 칸 안에만 쓰십시오.
  글씨가 채점란으로 들어오면 오답처리가 됩니다.

제2회 한자능력검정시험 6급Ⅱ 답안지(1)

번호	정답	1검	2검	번호	정답	1검	2검	번호	정답	1검	2검
1				14				27			
2				15				28			
3				16				29			
4				17				30			
5				18				31			
6				19				32			
7				20				33			
8				21				34			
9				22				35			
10				23				36			
11				24				37			
12				25				38			
13				26				39			

감독위원	채점위원(1)		채점위원(2)		채점위원(3)	
(서명)	(득점)	(서명)	(득점)	(서명)	(득점)	(서명)

※ 뒷면으로 이어짐

※ 본 답안지는 컴퓨터로 처리되므로 구겨지거나 더럽혀지지 않도록 조심하시고 글씨를 칸 안에 또박또박 쓰십시오.

제2회 한자능력검정시험 6급Ⅱ 답안지(2)

번호	정답	1검	2검	번호	정답	1검	2검	번호	정답	1검	2검
40				54				68			
41				55				69			
42				56				70			
43				57				71			
44				58				72			
45				59				73			
46				60				74			
47				61				75			
48				62				76			
49				63				77			
50				64				78			
51				65				79			
52				66				80			
53				67							

※ 6급 과정을 모두 마친 후, 가위로 잘라 적중 예상문제의 답안지로 사용합니다.

수험번호 ☐☐☐-☐☐-☐☐☐☐   성명 ☐☐☐☐☐

주민등록번호 ☐☐☐☐☐☐-☐☐☐☐☐☐☐

※ 유성 싸인펜, 붉은색 필기구 사용 불가.

※ 답안지는 컴퓨터로 처리되므로 구기거나 더럽히지 마시고 정답 칸 안에만 쓰십시오.
　글씨가 채점란으로 들어오면 오답처리가 됩니다.

제1회 한자능력검정시험 6급 답안지(1)

번호	정답	1검	2검	번호	정답	1검	2검	번호	정답	1검	2검
1				15				29			
2				16				30			
3				17				31			
4				18				32			
5				19				33			
6				20				34			
7				21				35			
8				22				36			
9				23				37			
10				24				38			
11				25				39			
12				26				40			
13				27				41			
14				28				42			

감독위원	채점위원(1)		채점위원(2)		채점위원(3)	
(서명)	(득점)	(서명)	(득점)	(서명)	(득점)	(서명)

※ 뒷면으로 이어짐

※ 본 답안지는 컴퓨터로 처리되므로 구겨지거나 더럽혀지지 않도록 조심하시고 글씨를 칸 안에 또박또박 쓰십시오.

제1회 한자능력검정시험 6급 답안지(2)

번호	정답	1검	2검	번호	정답	1검	2검	번호	정답	1검	2검
43				59				75			
44				60				76			
45				61				77			
46				62				78			
47				63				79			
48				64				80			
49				65				81			
50				66				82			
51				67				83			
52				68				84			
53				69				85			
54				70				86			
55				71				87			
56				72				88			
57				73				89			
58				74				90			

수험번호 ☐☐☐-☐☐-☐☐☐☐ 성명 ☐☐☐☐☐

주민등록번호 ☐☐☐☐☐☐-☐☐☐☐☐☐☐

※ 유성 싸인펜, 붉은색 필기구 사용 불가.

※ 답안지는 컴퓨터로 처리되므로 구기거나 더럽히지 마시고 정답 칸 안에만 쓰십시오.
  글씨가 채점란으로 들어오면 오답처리가 됩니다.

제2회 한자능력검정시험 6급 답안지(1)

번호	정답	1검	2검	번호	정답	1검	2검	번호	정답	1검	2검
1				15				29			
2				16				30			
3				17				31			
4				18				32			
5				19				33			
6				20				34			
7				21				35			
8				22				36			
9				23				37			
10				24				38			
11				25				39			
12				26				40			
13				27				41			
14				28				42			

감독위원	채점위원(1)		채점위원(2)		채점위원(3)	
(서명)	(득점)	(서명)	(득점)	(서명)	(득점)	(서명)

※ 뒷면으로 이어짐

※ 6급 과정을 모두 마친 후, 가위로 잘라 적중 예상문제의 답안지로 사용합니다.

제2회 한자능력검정시험 6급 답안지(2)

번호	정답	1검	2검	번호	정답	1검	2검	번호	정답	1검	2검
43				59				75			
44				60				76			
45				61				77			
46				62				78			
47				63				79			
48				64				80			
49				65				81			
50				66				82			
51				67				83			
52				68				84			
53				69				85			
54				70				86			
55				71				87			
56				72				88			
57				73				89			
58				74				90			

※ 본 답안지는 컴퓨터로 처리되므로 구겨지거나 더럽혀지지 않도록 조심하시고 글씨를 칸 안에 또박또박 쓰십시오.

※ 6급 과정을 모두 마친 후, 가위로 잘라 적중 예상문제의 답안지로 사용합니다.

수험번호 ☐☐☐-☐☐-☐☐☐☐ 성명 ☐☐☐☐

주민등록번호 ☐☐☐☐☐☐-☐☐☐☐☐☐☐

※ 유성 싸인펜, 붉은색 필기구 사용 불가.

※ 답안지는 컴퓨터로 처리되므로 구기거나 더럽히지 마시고 정답 칸 안에만 쓰십시오.
  글씨가 채점란으로 들어오면 오답처리가 됩니다.

제3회 한자능력검정시험 6급 답안지(1)

번호	정답	1검	2검	번호	정답	1검	2검	번호	정답	1검	2검
1				15				29			
2				16				30			
3				17				31			
4				18				32			
5				19				33			
6				20				34			
7				21				35			
8				22				36			
9				23				37			
10				24				38			
11				25				39			
12				26				40			
13				27				41			
14				28				42			

감독위원	채점위원(1)		채점위원(2)		채점위원(3)	
(서명)	(득점)	(서명)	(득점)	(서명)	(득점)	(서명)

※ 뒷면으로 이어짐

※ 본 답안지는 컴퓨터로 처리되므로 구겨지거나 더럽혀지지 않도록 조심하시고 글씨를 칸 안에 또박또박 쓰십시오.

제3회 한자능력검정시험 6급 답안지(2)

번호	정답	1검	2검	번호	정답	1검	2검	번호	정답	1검	2검
43				59				75			
44				60				76			
45				61				77			
46				62				78			
47				63				79			
48				64				80			
49				65				81			
50				66				82			
51				67				83			
52				68				84			
53				69				85			
54				70				86			
55				71				87			
56				72				88			
57				73				89			
58				74				90			

※ 6급 과정을 모두 마친 후, 가위로 잘라 적중 예상문제의 답안지로 사용합니다.

수험번호 ☐☐☐-☐☐-☐☐☐☐   성명 ☐☐☐☐

주민등록번호 ☐☐☐☐☐☐-☐☐☐☐☐☐☐   ※ 유성 싸인펜, 붉은색 필기구 사용 불가.

※ 답안지는 컴퓨터로 처리되므로 구기거나 더럽히지 마시고 정답 칸 안에만 쓰십시오.
  글씨가 채점란으로 들어오면 오답처리가 됩니다.

제 4 회 한자능력검정시험 6급 답안지(1)

번호	답안란 정답	채점란 1검	채점란 2검	번호	답안란 정답	채점란 1검	채점란 2검	번호	답안란 정답	채점란 1검	채점란 2검
1				15				29			
2				16				30			
3				17				31			
4				18				32			
5				19				33			
6				20				34			
7				21				35			
8				22				36			
9				23				37			
10				24				38			
11				25				39			
12				26				40			
13				27				41			
14				28				42			

감독위원	채점위원(1)	채점위원(2)	채점위원(3)
(서명)	(득점) (서명)	(득점) (서명)	(득점) (서명)

※ 뒷면으로 이어짐

※ 본 답안지는 컴퓨터로 처리되므로 구겨지거나 더럽혀지지 않도록 조심하시고 글씨를 칸 안에 또박또박 쓰십시오.

제4회 한자능력검정시험 6급 답안지(2)

번호	정답	1검	2검	번호	정답	1검	2검	번호	정답	1검	2검
43				59				75			
44				60				76			
45				61				77			
46				62				78			
47				63				79			
48				64				80			
49				65				81			
50				66				82			
51				67				83			
52				68				84			
53				69				85			
54				70				86			
55				71				87			
56				72				88			
57				73				89			
58				74				90			

모범답안

확인평가 1강

1. (1) 강 (2) 경 (3) 계 (4) 고 (5) 각
   (6) 고 (7) 공 (8) 공 (9) 과 (10) 각
2. (1) ① (2) ⑦ (3) ③ (4) ② (5) ⑥ (6) ⑤
3. (1) 高 (2) 强 (3) 角 (4) 界
4. (1) 감기 (2) 고행 (3) 공리 (4) 개방 (5) 강군
   (6) 공평 (7) 계산 (8) 성과 (9) 두각 (10) 세계
5. (1) 感動 (2) 共通 (3) 高級 (4) 上京
6. (1) 公共 (2) 高度 (3) 各各

확인평가 2강

1. (1) 군 (2) 근 (3) 급 (4) 단 (5) 당
   (6) 대 (7) 근 (8) 구 (9) 광 (10) 과
2. (1) ② (2) ③ (3) ⑧ (4) ⑥ (5) ⑦ (6) ⑩
3. (1) 根 (2) 近 (3) 科 (4) 代
4. (1) 과학 (2) 광명 (3) 근성 (4) 교대 (5) 화급
   (6) 급수 (7) 근래 (8) 군민 (9) 시대 (10) 장단
5. (1) 地球 (2) 食堂 (3) 區間 (4) 多幸
6. (1) 野球 (2) 方今 (3) 科學者

확인평가 3강

1. (1) 도 (2) 도 (3) 독 (4) 례 (5) 례
   (6) 두 (7) 리 (8) 리 (9) 동 (10) 대
2. (1) ① (2) ⑧ (3) ④ (4) ③ (5) ⑦ (6) ⑥
3. (1) 讀 (2) 對 (3) 李 (4) 度
4. (1) 이화 (2) 예외 (3) 기대 (4) 답례 (5) 음악
   (6) 선두 (7) 대립 (8) 편리 (9) 강도 (10) 신동
5. (1) 讀書 (2) 圖面 (3) 利子 (4) 對等
6. (1) 先頭 (2) 新綠 (3) 圖畫紙

확인평가 4강

1. (1) 발 (2) 방 (3) 반 (4) 반 (5) 미
   (6) 명 (7) 문 (8) 반 (9) 번 (10) 별
2. (1) ② (2) ④ (3) ⑥ (4) ⑨ (5) ⑩ (6) ③
3. (1) 米 (2) 明 (3) 別 (4) 反
4. (1) 합리 (2) 별세 (3) 반문 (4) 목전 (5) 반장
   (6) 군번 (7) 소문 (8) 병자 (9) 실명 (10) 박직
5. (1) 美人 (2) 出發 (3) 放生 (4) 白米
6. (1) 別名 (2) 反省 (3) 地理

확인평가 5강

1. (1) 본 (2) 선 (3) 석 (4) 서 (5) 부
   (6) 설 (7) 성 (8) 성 (9) 소 (10) 사
2. (1) ② (2) ⑧ (3) ⑨ (4) ⑦ (5) ④ (6) ③
3. (1) 成 (2) 消 (3) 席 (4) 使
4. (1) 서기 (2) 천사 (3) 부분 (4) 전선 (5) 공석
   (6) 본사 (7) 복용 (8) 자성 (9) 소화 (10) 본가
5. (1) 生死 (2) 石油 (3) 成分 (4) 直線
6. (1) 本然 (2) 會社 (3) 出席

확인평가 6강

1. (1) 야 (2) 실 (3) 수 (4) 습 (5) 승
   (6) 신 (7) 신 (8) 손 (9) 속 (10) 애
2. (1) ① (2) ⑧ (3) ③ (4) ⑤ (5) ⑦ (6) ⑥
3. (1) 勝 (2) 樹 (3) 信 (4) 失
4. (1) 개식 (2) 손자 (3) 심신 (4) 야행 (5) 속력
   (6) 풍습 (7) 신용 (8) 애국 (9) 미술 (10) 시발
5. (1) 神話 (2) 植樹 (3) 勝敗 (4) 失意
6. (1) 愛人 (2) 名勝地 (3) 新世代

확인평가 7강

1. (1) 업 (2) 영 (3) 양 (4) 약 (5) 야
   (6) 약 (7) 용 (8) 운 (9) 원 (10) 원
2. (1) ② (2) ⑦ (3) ⑨ (4) ③ (5) ① (6) ⑧
3. (1) 遠 (2) 英 (3) 洋 (4) 野
4. (1) 야외 (2) 용례 (3) 정원 (4) 언동 (5) 약초

한자검정능력 6급 -177

(6) 원대 (7) 육영 (8) 동양 (9) 학업 (10) 영생
5. (1) 强弱   (2) 名言   (3) 氣運   (4) 農業
6. (1) 勇氣   (2) 太陽   (3) 英才

확인평가 8강

1. (1) 의 (2) 의 (3) 장 (4) 재 (5) 재
   (6) 전 (7) 작 (8) 작 (9) 유 (10) 은
2. (1) ⑤ (2) ① (3) ⑨ (4) ③ (5) ② (6) ⑥
3. (1) 章   (2) 由   (3) 意   (4) 醫
4. (1) 의술 (2) 작금 (3) 이유 (4) 재경 (5) 문장
   (6) 석유 (7) 미음 (8) 근자 (9) 의리 (10) 음속
5. (1) 記者   (2) 衣食住   (3) 天才   (4) 戰線
6. (1) 銀行   (2) 白衣   (3) 戰術書

확인평가 9강

1. (1) 정 (2) 제 (3) 조 (4) 친 (5) 태
   (6) 통 (7) 청 (8) 집 (9) 주 (10) 체
2. (1) ⑦ (2) ⑤ (3) ⑨ (4) ⑥ (5) ④ (6) ②
3. (1) 集   (2) 通   (3) 庭   (4) 體
4. (1) 안정 (2) 집계 (3) 차창 (4) 선친 (5) 조식
   (6) 체중 (7) 태조 (8) 제명 (9) 제삼자 (10) 주목
5. (1) 通話   (2) 民族   (3) 親庭   (4) 淸算
6. (1) 校庭   (2) 同窓生   (3) 注意

확인평가 10강

1. (1) 형 (2) 호 (3) 현 (4) 특 (5) 풍
   (6) 화 (7) 황 (8) 화 (9) 행 (10) 합
2. (1) ① (2) ⑤ (3) ⑥ (4) ⑧ (5) ④ (6) ⑩
3. (1) 現   (2) 黃   (3) 向   (4) 形
4. (1) 특색 (2) 현대 (3) 화가 (4) 합성 (5) 풍물
   (6) 급행 (7) 불행 (8) 회화 (9) 형체 (10) 황해
5. (1) 方向   (2) 平和   (3) 表明   (4) 訓育
6. (1) 形言   (2) 訓話   (3) 國號

기출 예상문제 6급Ⅱ 1회

1. (1) 병고   (2) 신문   (3) 감동   (4) 합계
   (5) 특별   (6) 두각   (7) 의복   (8) 성사
   (9) 공동   (10) 다독   (11) 이과   (12) 고등
   (13) 구분   (14) 농부   (15) 교대   (16) 공장
   (17) 승전   (18) 수식   (19) 성명   (20) 음식
   (21) 중유   (22) 편안   (23) 신통   (24) 시작
   (25) 방화   (26) 매번   (27) 운명   (28) 야심
   (29) 사자   (30) 서체   (31) 근본   (32) 강도
2. (33) 화할 화   (34) 빛 색   (35) 빠를 속
   (36) 살필 성   (37) 아름다울 미   (38) 꽃부리 영
   (39) 나무 수   (40) 따뜻할 온   (41) 눈 목
   (42) 사라질 소   (43) 수풀 림   (44) 말미암을 유
   (45) 떼 부   (46) 노래 가   (47) 기다릴 대
   (48) 할아비 조   (49) 재주 재   (50) 쓸 용
   (51) 있을 재   (52) 사랑 애   (53) 필 발
   (54) 그럴 연   (55) 예 고   (56) 겉 표
   (57) 기를 육   (58) 공 공   (59) 예도 례
   (60) 재주 술   (61) 있을 유
3. (62) 靑山   (63) 白軍   (64) 父女
   (65) 日月   (66) 敎室   (67) 母校
   (68) 學生   (69) 先王   (70) 萬民   (71) 南北
4. (72) ④   (73) ①
5. (74) 밤낮   (75) 멀고 가까움
6. (76) ③   (77) ④
7. (78) ⑥   (79) ⑥   (80) ②

기출 예상문제 6급Ⅱ 2회

1. (1) 발표   (2) 공장   (3) 공기   (4) 공동
   (5) 백성   (6) 청색   (7) 특별   (8) 야구
   (9) 평화   (10) 성공   (11) 반성   (12) 세계
   (13) 춘추   (14) 가수   (15) 일기   (16) 농업
   (17) 작가   (18) 상석   (19) 미남   (20) 이유
   (21) 감동   (22) 서당   (23) 자습   (24) 강산
   (25) 지도   (26) 수목   (27) 불안   (28) 사용

(29) 도로 (30) 초록 (31) 금은 (32) 시민
2. (33) 올 래 (34) 예도 례 (35) 떼 부
   (36) 눈 설 (37) 있을 재 (38) 꼴 형
   (39) 기다릴 대 (40) 갈 행 (41) 말씀 화
   (42) 믿을 신 (43) 먹을 식 (44) 흙 토
   (45) 대신 대 (46) 아이 동 (47) 사이 간
   (48) 셀 계 (49) 맑을 청 (50) 무거울 중
   (51) 서울 경 (52) 효도 효 (53) 큰바다 양
   (54) 옮길 운 (55) 기를 육 (56) 빠를 속
   (57) 누를 황 (58) 약할 약 (59) 곧을 직
   (60) 살 주 (61) 발 족
3. (62) ③ (63) ④
4. (64) ③ (65) ①
5. (66) 바른 답
   (67) 경기나 전쟁 등에서 겨루어서 이기는 것
6. (68) 西 (69) 兄弟 (70) 軍人
   (71) 父母 (72) 三寸 (73) 學生
   (74) 南大門 (75) 九月 (76) 校長
   (77) 八十
7. (78) ④ (79) ⑥ (80) ③

기출 예상문제 6급 1회

1. (1) 예식 (2) 시공 (3) 백기 (4) 해양
   (5) 두각 (6) 세간 (7) 강풍 (8) 지도
   (9) 군민 (10) 동심 (11) 전화 (12) 구별
   (13) 번호 (14) 태양 (15) 미색 (16) 면목
   (17) 계산 (18) 발육 (19) 주의 (20) 물리
   (21) 등장 (22) 과수 (23) 병고 (24) 온실
   (25) 구근 (26) 교통 (27) 임업 (28) 서기
   (29) 백합 (30) 청군 (31) 본부 (32) 사용
   (33) 운명
2. (34) 모을 집 (35) 각각 각 (36) 편안 안
   (37) 친할 친 (38) 기다릴 대 (39) 마실 음
   (40) 눈 설 (41) 익힐 습 (42) 그럴 연
   (43) 누를 황 (44) 맑을 청 (45) 공평할 공
   (46) 날랠 용 (47) 재주 술 (48) 사라질 소
   (49) 효도 효 (50) 한가지 동 (51) 쌀 미
   (52) 자리 석 (53) 비로소 시 (54) 기름 유
   (55) 들을 문 (56) 무거울 중
3. (57) 姓名 (58) 祖上 (59) 學校 (60) 先手
   (61) 農事 (62) 正道 (63) 食口 (64) 住所
   (65) 人夫 (66) 邑內 (67) 長老 (68) 主教
   (69) 少數 (70) 直立 (71) 母女 (72) 休日
   (73) 四方 (74) 市外 (75) 活動 (76) 洞里
4. (77) ② (78) ③
5. (79) ② (80) ①
6. (81) ④ (82) ②
7. (83) ② (84) ② (85) ①
8. (86) 원근 (87) 강촌
9. (88) ⑥ (89) ⑧ (90) ⑩

기출 예상문제 6급 2회

1. (1) 시작 (2) 실신 (3) 공군 (4) 천하
   (5) 통화 (6) 편리 (7) 대표 (8) 초목
   (9) 언행 (10) 출금 (11) 형체 (12) 답신
   (13) 양복 (14) 태양 (15) 분반 (16) 직각
   (17) 감도 (18) 명의 (19) 현재 (20) 개학
   (21) 육성 (22) 식물 (23) 발병 (24) 집합
   (25) 형제 (26) 과목 (27) 산술 (28) 용기
   (29) 애용 (30) 행운 (31) 생색 (32) 수족
   (33) 등교
2. (34) 사귈 교 (35) 글 장 (36) 눈 설
   (37) 서울 경 (38) 머리 두 (39) 마디 촌
   (40) 바깥 외 (41) 겨레 족 (42) 그림 도
   (43) 밝을 명 (44) 한가지 공 (45) 죽을 사
   (46) 뜻 의 (47) 이름 호 (48) 푸를 록
   (49) 노래 가 (50) 어제 작 (51) 들을 문
   (52) 낮 오 (53) 꽃부리 영
   (54) 많을 다 (55) 수풀 림
3. (56) 世上 (57) 休日 (58) 北方 (59) 中間
   (60) 活動 (61) 邑內 (62) 住民 (63) 少數
   (64) 先祖 (65) 面前 (66) 農家 (67) 記入

(68) 自然 (69) 左右 (70) 敎室 (71) 場所
(72) 正道 (73) 白旗 (74) 老人 (75) 子時

4. (76) ③ (77) ① (78) ④
5. (79) ① (80) ② (81) ④
6. (82) ④ (83) ②
7. (84) ① (85) ②
8. (86) 신년 (87) 조석
9. (88) ⑩ (89) ① (90) ⑥

기출 예상문제 6급 3회

1. (1) 성년 (2) 수립 (3) 승전 (4) 시조
   (5) 생명 (6) 단답 (7) 남부 (8) 소실
   (9) 가계 (10) 농사 (11) 과목 (12) 특별
   (13) 편리 (14) 양복 (15) 개업 (16) 도수
   (17) 선로 (18) 감기 (19) 동화 (20) 운동
   (21) 급속 (22) 등식 (23) 근방 (24) 서기
   (25) 신록 (26) 번지 (27) 선두 (28) 구분
   (29) 출발 (30) 천연 (31) 입석 (32) 장손
   (33) 산술

2. (34) 말미암을 유 (35) 뜻 의 (36) 부을 주
   (37) 믿을 신 (38) 하여금 사 (39) 공 공
   (40) 있을 재 (41) 통할 통 (42) 물건 물
   (43) 놓을 방 (44) 몸 신 (45) 쓸 고
   (46) 살필 성 (47) 익힐 습 (48) 빌 공
   (49) 겉 표 (50) 길 영 (51) 별 양
   (52) 들 야 (53) 멀 원 (54) 다스릴 리
   (55) 사이 간 (56) 매양 매

3. (57) 登校 (58) 所有 (59) 入口 (60) 大道
   (61) 江山 (62) 來世 (63) 市場 (64) 姓名
   (65) 靑色 (66) 洞里 (67) 手足 (68) 午前
   (69) 邑內 (70) 中心 (71) 同時 (72) 花草
   (73) 電車 (74) 住民 (75) 二重 (76) 正直

4. (77) ④ (78) ③
5. (79) ③ (80) ②
6. (81) ④ (82) ①

7. (83) ③ (84) ① (85) ①
8. (86) 주야 (87) 휴학
9. (88) ⑩ (89) ④ (90) ⑪

적중 예상문제 6급II 1회

1. (1) 이용 (2) 영재 (3) 특별 (4) 주입
   (5) 성명 (6) 고생 (7) 감동 (8) 상석
   (9) 편안 (10) 석유 (11) 수립 (12) 농업
   (13) 전선 (14) 동창 (15) 사명 (16) 병사
   (17) 신문 (18) 부분 (19) 식수 (20) 전기
   (21) 남향 (22) 자습 (23) 주소 (24) 공기
   (25) 각목 (26) 노모 (27) 등산 (28) 석양
   (29) 대표 (30) 교통 (31) 행운 (32) 교실

2. (33) 특별할 특 (34) 나타날 현 (35) 기름 유
   (36) 대답 답 (37) 옷 의 (38) 따뜻할 온
   (39) 심을 식 (40) 멀 원 (41) 그럴 연
   (42) 백성 민 (43) 사이 간 (44) 눈 설
   (45) 지을 작 (46) 기를 육 (47) 옮길 운
   (48) 마실 음 (49) 셈 산 (50) 귀신 신
   (51) 목숨 명 (52) 여름 하 (53) 화할 화
   (54) 마을 리 (55) 꽃 화 (56) 빌 공
   (57) 머리 두 (58) 내 천 (59) 잃을 실
   (60) 글 장 (61) 마당 장

3. (62) 生水 (63) 靑山 (64) 大門
   (65) 三月 (66) 敎室 (67) 南大門
   (68) 四寸 (69) 靑年 (70) 六十 (71) 生日

4. (72) ② (73) ③
5. (74) 책을 읽다. (75) 푸른 하늘
6. (76) ④ (77) ①
7. (78) ④ (79) ② (80) ②

적중 예상문제 6급II 2회

1. (1) 자연 (2) 개화 (3) 세상 (4) 방향
   (5) 도로 (6) 감동 (7) 민족 (8) 백성
   (9) 부모 (10) 안심 (11) 자신 (12) 수립

(13) 행운 (14) 근본 (15) 공과 (16) 가수
(17) 전기 (18) 효자 (19) 공장 (20) 분반
(21) 임업 (22) 신문 (23) 의복 (24) 야구
(25) 노면 (26) 고등 (27) 세계 (28) 발명
(29) 명승 (30) 급행 (31) 대신 (32) 두목

2. (33) 쉴 휴 (34) 먹을 식 (35) 쌀 미
(36) 오를 등 (37) 빠를 속 (38) 필 발
(39) 익힐 습 (40) 떼 부 (41) 있을 재
(42) 잃을 실 (43) 이룰 성 (44) 모을 집
(45) 어제 작 (46) 짧을 단 (47) 푸를 록
(48) 설 립 (49) 재주 재 (50) 믿을 신
(51) 합할 합 (52) 높을 고 (53) 바다 해
(54) 있을 유 (55) 함께 공 (56) 마실 음
(57) 죽을 사 (58) 아름다울 미 (59) 옷 복
(60) 뿌리 근 (61) 빛 색

3. (62) ② (63) ①
4. (64) ③ (65) ①
5. (66) 앞과 뒤 (67) 나무를 심다.
6. (68) 八月 (69) 西大門 (70) 母女
(71) 三寸 (72) 萬民 (73) 兄弟
(74) 水中 (75) 學校 (76) 白軍
(77) 國土
7. (78) ⑪ (79) ⑧ (80) ⑥

적중 예상문제 6급 1회

1. (1) 군가 (2) 공업 (3) 행운 (4) 신식
(5) 성공 (6) 습작 (7) 단명 (8) 손자
(9) 직선 (10) 애용 (11) 병실 (12) 부모
(13) 산술 (14) 승리 (15) 공식 (16) 농사
(17) 급행 (18) 매번 (19) 등장 (20) 운동
(21) 도로 (22) 시작 (23) 조부 (24) 특별
(25) 태양 (26) 등교 (27) 의술 (28) 청색
(29) 불리 (30) 공간 (31) 휴일 (32) 중등
(33) 왕도

2. (34) 마당 장 (35) 귀신 신 (36) 누를 황
(37) 창 창 (38) 이길 승 (39) 꽃부리 영
(40) 아이 동 (41) 올 래 (42) 예도 례
(43) 부릴 사 (44) 느낄 감 (45) 머무를 주
(46) 길 로 (47) 서울 경 (48) 한가지 공
(49) 그림 도 (50) 급할 급 (51) 특별할 특
(52) 눈 설 (53) 화할 화 (54) 쌀 미
(55) 들을 문 (56) 가까울 근

3. (57) 少數 (58) 市民 (59) 內外 (60) 天下
(61) 海草 (62) 安心 (63) 午前 (64) 海軍
(65) 江村 (66) 千里 (67) 敎育 (68) 孝子
(69) 植木 (70) 正答 (71) 土木 (72) 活動
(73) 生日 (74) 電算 (75) 靑山 (76) 植物

4. (77) ③ (78) ②
5. (79) ③ (80) ②
6. (81) ③ (82) ①
7. (83) ④ (84) ① (85) ③
8. (86) 풍향 (87) 수족
9. (88) ⑤ (89) ⑥ (90) ②

적중 예상문제 6급 2회

1. (1) 온도 (2) 반대 (3) 친족 (4) 급행
(5) 음악 (6) 광명 (7) 교훈 (8) 정원
(9) 반장 (10) 감동 (11) 국면 (12) 발표
(13) 감전 (14) 산술 (15) 신식 (16) 대화
(17) 병약 (18) 예복 (19) 각계 (20) 고전
(21) 방음 (22) 삼각 (23) 공화 (24) 회계
(25) 제호 (26) 신자 (27) 시작 (28) 친애
(29) 대리 (30) 서당 (31) 부족 (32) 사별
(33) 의과

2. (34) 머리 두 (35) 근본 본 (36) 친할 친
(37) 말미암을 유 (38) 이치 리 (39) 느낄 감
(40) 자리 석 (41) 줄 선 (42) 모일 사
(43) 통할 통 (44) 강할 강 (45) 그림 도
(46) 읽을 독 (47) 밝을 명 (48) 창 창
(49) 쌀 미 (50) 있을 재 (51) 필 발
(52) 서울 경 (53) 비로소 시 (54) 다행 행
(55) 클 태 (56) 공 구

3. (57) 大門 (58) 歌手 (59) 教室 (60) 自然
   (61) 兄弟 (62) 人間 (63) 八方 (64) 市場
   (65) 世上 (66) 地方 (67) 正面 (68) 入口
   (69) 內心 (70) 日記 (71) 食後 (72) 靑山
   (73) 手足 (74) 住所 (75) 出動 (76) 休學
4. (77) ① (78) ①
5. (79) ② (80) ③
6. (81) ① (82) ③
7. (83) ① (84) ④ (85) ②
8. (86) 심신 (87) 입장
9. (88) ③ (89) ⑤ (90) ⑥

적중 예상문제 6급 3회

1. (1) 의복 (2) 조석 (3) 군가 (4) 정원
   (5) 민족 (6) 정오 (7) 과목 (8) 집합
   (9) 형제 (10) 좌우 (11) 발명 (12) 친족
   (13) 세계 (14) 신자 (15) 번호 (16) 동남
   (17) 북부 (18) 분별 (19) 야구 (20) 도면
   (21) 강약 (22) 불행 (23) 태양 (24) 작자
   (25) 원근 (26) 춘추 (27) 부친 (28) 수목
   (29) 공중 (30) 교감 (31) 임업 (32) 통화
   (33) 금은
2. (34) 특별할 특 (35) 눈 설 (36) 아이 동
   (37) 푸를 록 (38) 글 서 (39) 법 식
   (40) 통할 통 (41) 여름 하 (42) 쓸 고
   (43) 나무 수 (44) 아이 동 (45) 고을 읍
   (46) 말씀 언 (47) 기다릴 대 (48) 쌀 미
   (49) 뿔 각 (50) 법식 례 (51) 날랠 용
   (52) 많을 다 (53) 이룰 성 (54) 따뜻할 온
   (55) 다스릴 리 (56) 대신할 대
3. (57) 農事 (58) 世上 (59) 每日 (60) 學長
   (61) 敎育 (62) 自然 (63) 食前 (64) 農家
   (65) 秋夕 (66) 平面 (67) 主人 (68) 門間
   (69) 孝女 (70) 姓名 (71) 工場 (72) 事物
   (73) 王室 (74) 草家 (75) 內外 (76) 中間
4. (77) ③ (78) ①
5. (79) ③ (80) ①
6. (81) ① (82) ③
7. (83) ④ (84) ② (85) ③
8. (86) 음식 (87) 소화
9. (88) ⑨ (89) ⑩ (90) ⑧

적중 예상문제 6급 4회

1. (1) 태양 (2) 가수 (3) 공기 (4) 반장
   (5) 공업 (6) 신명 (7) 신호 (8) 작금
   (9) 고등 (10) 음식 (11) 수리 (12) 성명
   (13) 개화 (14) 근본 (15) 온도 (16) 소화
   (17) 전화 (18) 후문 (19) 급행 (20) 편리
   (21) 좌우 (22) 번호 (23) 평화 (24) 양약
   (25) 심신 (26) 명백 (27) 의술 (28) 주야
   (29) 표현 (30) 남풍 (31) 세계 (32) 야구
   (33) 신록
2. (34) 눈 목 (35) 각각 각 (36) 손자 손
   (37) 날랠 용 (38) 나무 수 (39) 사랑 애
   (40) 지경 계 (41) 집 당 (42) 사라질 소
   (43) 믿을 신 (44) 열 개 (45) 누를 황
   (46) 꽃부리 영 (47) 기름 유 (48) 필 발
   (49) 예 고 (50) 셈할 계 (51) 고을 군
   (52) 쌀 미 (53) 병 병 (54) 나눌 분
   (55) 쓸 용 (56) 사귈 교
3. (57) 男女 (58) 萬民 (59) 便安 (60) 南北
   (61) 所重 (62) 洞口 (63) 少年 (64) 老人
   (65) 生活 (66) 直立 (67) 內外 (68) 自然
   (69) 敎育 (70) 天地 (71) 百花 (72) 電氣
   (73) 靑年 (74) 江山 (75) 四方 (76) 每日
4. (77) ③ (78) ②
5. (79) ⑥ (80) ②
6. (81) ④ (82) ①
7. (83) ③ (84) ② (85) ②
8. (86) 다독 (87) 전차
9. (88) ⑨ (89) ⑤ (90) ⑤